Wildpflanzen für die Küche

François Couplan

Wildpflanzen für die Küche

Botanik, Sammeltips und Rezepte

Mit Rezepten von Jean-Marie Dumaine

Aus dem Französischen übersetzt von Petra Wucher

Für meinen Sohn Sylvain, der kürzlich mit seinen gerade dreieinhalb Jahren sein erstes Pflanzenseminar gegeben hat …

Für meine Tochter Melissa, die im Moment die Wildpflanzen noch nicht so recht zu schätzen weiss, höchstens in der Muttermilch.

In Erinnerung an meine Mutter, durch die ich die Natur entdecken und lieben lernte.

AT Verlag, Aarau, Schweiz
Gestaltung: Renata Minoretti, Zürich
Fotografie: François Couplan
Lithos und Druck: AZ Grafische Betriebe AG, Aarau
Bindearbeiten: Buchbinderei Schumacher, Schmitten
Printed in Switzerland

ISBN 3-85502-571-1

Inhaltsverzeichnis

Vorwort

Die Welt der Pflanzen ist vielfältig und faszinierend. Schon in meiner frühen Kindheit begann ich, ihre Geheimnisse zu entdecken. Wenn ich die Augen schliesse und meine ersten Kindheitserlebnisse vor mir Revue passieren lasse, sehe ich mich wieder als kleinen Jungen mit grossen, staunenden Augen. Gerade habe ich einen kleinen aprikosenfarbenen Punkt entdeckt, der sich im Moos unter einer mir riesig erscheinenden Rottanne verbirgt. Vorsichtig schiebe ich das schützende grüne Moos zur Seite und pflücke ganz aufgeregt einen kleinen Pfifferling. Einen Moment lang betrachte ich den Schatz, den mir die Natur soeben geschenkt hat. Freudig und lauthals kündige ich meinen Eltern meinen Fund an und lege den winzigen Pfifferling andächtig zu den anderen duftenden Pilzen in unseren halb gefüllten Korb. Das Pilzomelett am Abend war ein wahrer Genuss ...

An dieses Gefühl, zum ersten Mal in die geheimnisvolle Welt der Pflanzen vorgedrungen zu sein, kann ich mich erinnern, als sei es erst gestern gewesen. Und das Bild meines ersten Pfifferlings, das ich heute noch so deutlich vor mir sehe, hat mich ein Leben lang begleitet. Kindheitserlebnisse können uns für unser weiteres Leben prägen – mir wurde die Begeisterung für die Pflanzen mitgegeben. Es bedarf aber nicht unbedingt solcher Erlebnisse, um seine Liebe zu den Pflanzen zu entdecken.

Die Bedeutung der Wildpflanzen

Auf dem europäischen Kontinent wachsen über 12 000 verschiedene Pflanzenarten. Ungefähr 1500 davon, also zwölf Prozent, sind als geniessbar bekannt, in Wirklichkeit dürften es aber viel mehr sein, da nur einige wenige hundert unter den 12 000 Pflanzen als giftig eingestuft sind. Geschmack, Geruch und Beschaffenheit der Wildpflanzen sind so facettenreich, dass sich unseren Sinnen ein wahres Feuerwerk an den verschiedensten Genüssen bietet. Wildpflanzen sind mehr als eine Notlösung, wenn es nichts anderes zu essen gibt. Sie bieten kreativen Köchen und Geniessern eine schier unerschöpfliche Quelle an feinen Aromen.

Wer hätte gedacht, dass gebratener Beinwell nach Seezunge schmeckt oder die Fruchtböden der Grossen Klette noch zarter sind als Artischockenherzen, dass die Vogelmiere ein köstliches Aroma von Nüssen besitzt und die Früchte des Speierlings weich und aromatisch sind wie tropische Früchte? Und dies sind nur einige wenige Beispiele aus dem Fundus der Natur. Mit Wildpflanzen lassen sich von der Vorspeise bis zum Dessert raffinierte Gerichte zubereiten. Als Brennnesselbutter auf einem Brötchen gereicht, haben die jungen Brennnesseltriebe nichts Brennendes und sind ein guter Appetitanreger. Die Blätter des Bärenklaus, den wir überall auf unseren Wiesen finden, ergeben köstliche Aufläufe, während seine Blütenstände, kurz in Wasser gegart, den Spargel an Zartheit noch übertreffen. In Salaten schmecken Wildpflanzen knackig und frisch wie zum Beispiel der wilde Portulak, zart und schmelzend wie die Blätter der Linde, oder sie verleihen ihnen ein köstliches Aroma wie die jungen Triebe des Geissfusses. Aus Holunderblüten kann man ganz aussergewöhnliche Kuchen backen oder einen Wein keltern, der eine feine Muskatnussnote besitzt. Das unnachahmliche Aroma des Waldmeisters, das an wilde Vanille erinnert, verleiht Nachspeisen eine ganz besondere Note. Und wie Bonbons kann man die rohen, geschälten Triebe des Bärenklaus essen. In diesem Buch werden Sie noch viele Beispiele dafür finden, wie man mit Wildpflanzen aussergewöhnliche Speisen zubereitet.

Wildpflanzen sind nicht nur ein Gaumenschmaus, sondern auch eine wichtige Nährstoffquelle: Sie enthalten erstaunlich viele Vitamine und Mineralsalze. Die Hagebutte zum Beispiel enthält dreissigmal mehr Vitamin C als die Zitrone, und der Löwenzahn ist ebenso reich an Provitamin A wie die Karotte. Die Blätter der Wildpflanzen sind zudem sehr calcium- und eisenhaltig und, was kaum bekannt ist, reich an Proteinen, die aufgrund ihrer Aminosäurenstruktur eine hohe biologische Wertigkeit haben und daher den tierischen Eiweissen gleichwertig sind.

Ganz allgemein kann man sagen, dass wild wachsende Pflanzen schon deshalb einen Vorteil haben, weil sie dort wachsen, wo es ihnen am besten bekommt, und durch die natürliche Auslese nur die kräftigsten überleben. Man wird auch sehr schnell feststellen, wie sättigend Wildpflanzen – die älteste Nahrung des Menschen – sind. Neben ihrem hohen Nährwert verfügen viele von ihnen über gute Heilwirkungen und helfen Krankheiten vorzubeugen. Unseren Vorfahren war dies bewusst, denn schon Hippokrates sagte: «Deine Nahrung sei deine Medizin.»

Mit Wildpflanzen lassen sich farbenfrohe Salate zubereiten, die sowohl dem Gaumen als auch dem Auge einen besonderen Genuss bieten.

Es macht Spass, sein Essen selbst zu sammeln, und gleichzeitig tut man etwas für seine Gesundheit – man ist an der frischen Luft, in der Sonne, hat Bewegung und ist weitab von der Hektik der Städte und des Alltags, was dem physischen und psychischen Gleichgewicht nur zugute kommt. Beim Sammeln werden alle unsere Sinne angeregt; Seh-, Tast-, Geruchs- und Geschmackssinn und manchmal sogar das Gehör sind dabei ständig gefordert. Besonders gross ist die Freude, wenn man eine neue Pflanze entdeckt hat! Eine gute Gelegenheit, die grüne Welt der Kräuter, die für manchen auch etwas Bedrohliches haben mag, kennenzulernen. Und vergessen wir nicht, dass den Menschen der Antike schon empfohlen wurde, sich hauptsächlich von dem zu ernähren, was in ihrer näheren Umgebung zu der jeweiligen Jahreszeit wächst. So fühlt sich der Mensch wohl und ausgeglichen. Und was gäbe es da Besseres als die Wildpflanzen mit ihrer Lebenskraft?

Und sollte es wirklich einmal ums «Überleben» gehen, kann das Wissen um die in der Natur zu findende Nahrung von grossem Nutzen sein. Schliesslich kann man sich ja auch einmal im Wald verlaufen, oder man will einfach seinen Rucksack um einige schwere und platzraubende Konservendosen erleichtern! Es ist gut zu wissen, dass sich, egal wo man ist, immer etwas zum Essen findet. Das Leben im Einklang mit der Natur verleiht uns eine innere Kraft, aus der wir unser Leben lang schöpfen können.

Der Mensch und die Wildpflanzen

Woran liegt es, dass die Wildpflanzen kaum bekannt sind und so selten verwendet werden, wo sie doch so wertvoll sind? Dies ist eine lange Geschichte. Seit ungefähr viereinhalb Millionen Jahren leben nach Expertenmeinung schon Menschen auf der Erde. Die meiste Zeit haben sie sich von den wild in ihrer Umgebung wachsenden Pflanzen ernährt. Die ersten Spuren von Ackerbau gehen in der Tat kaum mehr als 10 000 Jahre zurück. Und von Fleisch allein kann sich der Mensch nicht ernähren. Wissenschaftler haben herausgefunden, dass bei den Jägern und Sammlern die Pflanzen einen wichtigen und die Jagdbeute zumeist überwiegenden Bestandteil der Nahrung darstellten.

Auch als der Ackerbau sich zuerst örtlich begrenzt und später weltweit durchsetzte, nahm das Sammeln von Pflanzen noch einen wichtigen Stellenwert ein, der sich in Europa, wie andernorts übrigens auch, in gewissem

Masse bis in unsere Tage erhalten hat. Auch wenn in Zeiten der Not (meist durch politische Krisen bedingt) dem Sammeln von Pflanzen mehr Bedeutung zukam, heisst dies noch lange nicht, dass die Menschen dies ungern taten. Das Sammeln war im Gegenteil ein geschätztes jahrtausendealtes Brauchtum, das sich zum Beispiel in Griechenland fast unverändert bis in die heutige Zeit erhalten hat.

Mit dem Ausgang des Mittelalters verlor das Sammeln von Pflanzen jedoch mehr und mehr an Ansehen. Die Feudalherrschaft teilte die Gesellschaft in zwei völlig gegensätzliche Klassen. Die grosse Masse der Bauern ernährte sich von widerstandsfähigem und leicht anzubauendem Getreide und Gemüse sowie von zahlreichen Wildpflanzen, die sie regelmässig sammelten. Demgegenüber standen der Adel und später das Bürgertum, die sich vorwiegend von Fleisch, Weissbrot, Zucker und anderen verfeinerten Produkten ernährten. Das Gemüse und Obst, das sie assen, stammte zumeist aus fernen Ländern und bedurfte bei der Aufzucht intensiver Pflege, doch konnten sie sich zu diesem Zweck ja Gärtner leisten. Diese Entwicklung verstärkte sich, als die grossen Entdecker von ihren Expeditionen zurückkehrten und zahlreiche neue Pflanzen aus allen Teilen der Erde mitbrachten. Interessanterweise stellt die Nahrung des früheren Adels unsere heutige Ernährungsgrundlage dar, aber bestimmt nicht, weil diese Produkte gesünder für uns sind. Im Gegenteil, die moderne Ernährungswissenschaft steht diesen Nahrungsmitteln inzwischen ausgesprochen kritisch gegenüber. Es ist aber nachvollziehbar, was damals geschehen ist: Die Ernährung der einfachen Landbevölkerung wurde verachtet. Die gewöhnlichen Bauern, die sich von «Wurzeln» ernährten, genossen kein hohes Ansehen. Sobald es die wirtschaftlichen und sozialen Umbrüche in der Gesellschaft ermöglichten, verliessen die Bauern ihr Land, um sich als Arbeiter in der Stadt zu verdingen. Dort waren sie eifrig darauf bedacht, sich den Lebens- und insbesondere den Ernährungsgewohnheiten des Bürgertums anzupassen. Alles, was an ihre bäuerliche Herkunft erinnerte, wurde schnell vergessen. So verloren sich innerhalb kürzester Zeit jahrtausendealte, in den verlassenen Böden verwurzelte Traditionen. Die früheren, widerstandsfähigen, Boden und Klima hervorragend angepassten Pflanzen (wie zum Beispiel die Pastinake) wurden nicht mehr angebaut. Das Sammeln von Pflanzen wurde zu einer für kultivierte Menschen unwürdigen Tätigkeit, und die Wildpflanzen wurden mehr und mehr mit dem Schreckgespenst von Hunger und Armut in Verbindung gebracht …

Die fortschreitende Entwicklung von Landwirtschaft und Ernährungsindustrie tat das ihre, um die Artenvielfalt der Nutzpflanzen drastisch zu reduzieren.

Seit einiger Zeit jedoch wird eine neue Entwicklung spürbar. Mehr und mehr Menschen beginnen, sich für die in Vergessenheit geratenen Wildpflanzen zu interessieren. Ihre Heilwirkung erfährt neue Anerkennung und hat sich inzwischen als gewinnbringende Einnahmequelle erwiesen. Auch renommierte Köche lassen sich für die Geschmacksvielfalt der Wildpflanzen begeistern, und so mancher unter ihnen verdankt seinen Ruhm dieser neuen Leidenschaft. Eine schöne Genugtuung für die so lange Zeit vernachlässigten Pflänzchen!

Einige Vorsichtsmassnahmen

Natürlich kann man nicht einfach losziehen und irgendwelche Pflanzen sammeln. Einige Wildpflanzen, die man gut kennen sollte, sind giftig, manche von ihnen sogar schon in kleinsten Mengen. Bestimmte Pflanzen können zudem Inhaltsstoffe haben, die nicht oder nur in geringen Mengen zum Verzehr geeignet sind. Das trifft zum Beispiel auf die in den Gänsefussgewächsen enthaltenen Oxalsäuren zu (sie kommen auch in Spinat und Mangold vor). Die Alkaloide des Beinwells sind giftig für die Leber, und die Triebe der Farne enthalten eine Substanz, die im Körper das Vitamin B_1 zerstört.

Auch die besten Pflanzen werden schädlich, wenn sie durch Umweltverschmutzung mit Schadstoffen belastet sind. Um solche Risiken auszuschliessen, sollten Sie die Ratschläge beherzigen, die Sie im Abschnitt über das richtige Sammeln von Wildpflanzen (Seite 12–13) finden.

Mit jedem Tag wird die Liste der vom Aussterben bedrohten Pflanzen länger. Die Hauptursachen hierfür liegen in der zunehmenden Zerstörung der natürlichen Umgebung der Pflanzen und in einer übermässigen Ernte. Vom Aussterben bedrohte Pflanzen dürfen niemals gesammelt werden. Dazu muss man aber erst wissen, um welche Pflanzen es sich dabei handelt und wie man sie erkennt. Glücklicherweise gehören die besten Wildpflanzen zu den Arten, die gewöhnlich häufig und weitverbreitet vorkommen. Dazu zählen vor allem die sogenannten Unkräuter, die oft – ob mit oder ohne Grund – systematisch ausgerottet werden.

Leider gibt es in bezug auf geschützte Pflanzen keine einheitliche europäische Gesetzgebung. Vor dem Sammeln sollten Sie sich deshalb die «Rote Liste» der gefährdeten und geschützen Pflanzen besorgen. In Deutschland wird sie von den Landesämtern für Umweltschutz der jeweiligen Bundesländer kostenlos verschickt. In der Schweiz ist sie zu beziehen bei der Eidgenössischen Drucksachen- und Materialzentrale, 3000 Bern. Informationen über geschützte und gefährdete Pflanzen sind auch erhältlich bei Pro Natura/Schweizerischer Bund für Naturschutz, Postfach, 4020 Basel.

Lernen wir die Natur besser kennen

Der Reiz des Sammelns liegt darin, dass wir ständig Neues entdecken können und dabei in unmittelbare Beziehung zu unserer natürlichen Umwelt treten. Dass dies nicht nur philosophisch gemeint ist, wird jeder erfahren, der einmal die jungen, köstlichen Triebe des Geissfusses gekostet hat. Er wird zu den «Unkräutern» in seinem Garten eine ganz neue Einstellung bekommen und ihnen dort einen festen Platz einräumen, und sei er auch noch so klein. So kann sich einerseits die Natur wieder ein Stückchen Land zurückerobern, und andererseits kommen wir in den Genuss, die jungen Blattrosetten des Hirtentäschels, die Blätter der Gänsedistel, der Gänsefussgewächse oder der zarten Vogelmiere zu ernten. Da kann es schon passieren, dass wir eine ganz andere Sicht der Dinge entwickeln.

Natur finden wir nicht nur im Wald und im Gebirge, sondern überall, selbst im ungleich unattraktiver scheinenden Brachland. Aber nur in Wäldern und in den Bergen finden wir die duftende Wurzel der Nelkenwurz, die säuerlichen Blattstengel des grossen Alpen-Ampfers oder den Englischen Spinat. Wenn wir unsere Umgebung aufmerksam betrachten, werden wir feststellen, dass auch das, was wir für wilde, unberührte Natur halten, fast überall vom Menschen stark beeinflusst und tiefgreifend verändert worden ist.

Eine stattliche Ernte von Blättern des Wiesen-Bärenklaus am Sommeranfang.

Wildpflanzen lassen sich auf vielerlei Art und Weise zubereiten: von einfachen Gerichten bis zu raffinierten Menüs.

Die Blattstengel des Wiesen-Bärenklaus werden geschält und in Stücke geschnitten zu einem köstlichen Auflauf verarbeitet.

Das Wort Natur ist für viele zu einem abstrakten Begriff geworden für etwas, das es zu schützen gilt. Schützen kann man aber nur das, was man respektiert, und respektieren kann man nur, was man kennt. Ein umsichtiger Sammler wird der Natur nie Schaden zufügen, im Gegenteil, er wird seiner Umgebung gegenüber einen tiefen Respekt entwickeln und sich unmittelbar bewusst werden, welch wichtige Rolle die Natur für unser Leben spielt: Mutter Erde ist unsere wahre Ernährerin!

Seit der Mensch auf der Erde lebt, ist er ständig bemüht, Mittel und Wege zu finden, wie er sich die Natur untertan machen kann. Sein Gehirn hat sich dabei als wirksame Waffe erwiesen. Zu wirksam, denn heute ist er an einem Punkt angelangt, wo er so nicht mehr weiterkommt. Das muss auch nicht mehr sein. Vielmehr muss der Mensch heute lernen, sein Handeln mit dem Kreislauf der Natur in Einklang zu bringen. Und das betrifft uns alle.

Es ist durchaus möglich, dass durch das Sammeln und Essen von Wildpflanzen die beiden Gegensätze Natur und Zivilisation, zwischen denen sich das Leben abspielt, einander ein Stück näher gebracht werden. Das Interesse, das neuerdings den Wildpflanzen entgegengebracht wird, kann vielleicht verhindern, dass auch die letzten noch nicht betonierten Stückchen Erde zerstört werden. Vielleicht erhält die wilde Natur sogar zunehmend Freiräume für ihre ungestörte Entwicklung, weil wir uns ihrer Schönheit und Nützlichkeit bewusst werden. Auch unsere Kinder möchten all das entdecken, was ihnen die Natur bieten kann, und sie sind bereit, wieder ein harmonisches Gleichgewicht zwischen Mensch und Natur herzustellen. Es liegt nur an uns!

Zu diesem Buch

Ich möchte Ihnen mit diesem Buch einige meiner Lieblingspflanzen vorstellen und habe zu diesem Zweck 55 weit verbreitete Pflanzen ausgewählt, die leicht zu bestimmen und meiner Ansicht nach von besonderem Interesse sind. Aussehen und Standort jeder Wildpflanze werden genau beschrieben. Der Ursprung des botanischen Namens wird erklärt, so dass man ihn sich leichter merken kann, denn oft muss man den botanischen Pflanzennamen wissen, um jeden Irrtum ausschliessen zu können. Des weiteren werden Verwendungs- und Zubereitungsmöglichkeiten, Inhaltsstoffe und Heilwirkung angegeben. In der Folge werden die verwandten Arten kurz beschrieben, so dass Sie mit diesem Buch noch eine Vielzahl weiterer Pflanzen kennenlernen. Und schliesslich wird auf eventuelle Verwechslungsmöglichkeiten vor allem mit gesundheitsschädlichen und giftigen, aber auch geschützten und vom Aussterben bedrohten Pflanzen hingewiesen. Natürlich gibt es noch zahlreiche weitere Wildpflanzen, die es zu sammeln lohnt. Die Übersicht im Anhang (Seite 134–137) beschreibt noch zwanzig weitere Pflanzen, so dass Ihnen beim Entdecken der Gemüse, Früchte und Gewürze, die uns die Natur bietet, keine Grenzen gesetzt sind.

Zu jeder beschriebenen Pflanze werden ein bis zwei Rezepte für einfach und schnell zuzubereitende Gerichte vorgestellt, die sich als tägliches Mahl genauso gut eignen wie für ein Festessen. Zum Teil sind es traditionelle Rezepte, zum Teil stammen sie von mir selbst (alle nicht namentlich gekennzeichneten Rezepte) oder wurden von meinem Freund Jean-Marie Dumaine, dem Besitzer des Restaurants Vieux Sinzig in Sinzig bei Köln, entwickelt. Zusammen mit seiner Frau Colette schuf er mit selbst gesammelten essbaren Wildpflanzen eine ganz neue Kochkunst voll aussergewöhnlicher Genüsse. Das Restaurant Vieux Sinzig verwöhnt seine Gäste in einem gemütlich eingerichteten Fachwerkhaus nahe der Ahr. Colette und Jean-Marie Dumaine widmen sich in erster Linie einer kreativen, frischen Naturküche mit vielen Delikatessen aus heimischen Wildkräutern und -gemüsen.

Die unterschiedlichsten Aktivitäten wie Kochseminare, Kräuter- und Pilzwanderungen gehören genauso zum Angebot des Vieux Sinzig wie die zahlreichen hausgemachten Spezialitäten zum Mitnehmen und Verschenken: Pasteten, Konfitüren, Chutneys, Suppen, Cidre usw.

Entdecken Sie dieses aussergewöhnliche Restaurant:
Jean-Marie und Colette Dumaine
Restaurant Vieux Sinzig
Kölner Strasse 5
D-53489 Sinzig
Tel. 02642/427 57 und Fax 02642/430 51

Was Sie beim Sammeln von Wildpflanzen beachten sollten

Viele der nachfolgenden Ratschläge betreffen den Schutz unserer Flora. Wir wissen alle, auch wenn wir es nicht gerne wahrhaben möchten, dass der Mensch es im Verändern und Zerstören seiner natürlichen Umgebung zu höchster Perfektion gebracht hat. Seit mehr als einem Jahrhundert vollzieht die Umweltzerstörung eine rasend schnelle Entwicklung und hat sich inzwischen zu einem globalen Problem ausgeweitet. Natürlich sind die Schäden, die ein einzelner Mensch anrichten kann, im Vergleich zu dem, was ein ganzes Heer von Bulldozern zerstört, minimal, und trotzdem sollte man die nachfolgenden Ratschläge stets beherzigen:

- Sammeln Sie niemals Pflanzen, die einer vom Aussterben bedrohten Art angehören oder an der Fundstelle nur vereinzelt vorkommen. Die Indianer Amerikas waren der Natur sehr verbunden und wussten um ihre Bedeutung für den Menschen. Sie liessen deshalb das erste Exemplar einer bestimmten Pflanzenart immer stehen und sammelten sie erst, wenn sie noch weitere Pflanzen dieser Art gefunden hatten.
- Sammeln Sie nur so viel, wie Sie wirklich benötigen, denn alle Pflanzen, ob wild wachsende oder Kulturpflanzen, sollte man immer so frisch wie möglich essen. Wo der Nachschub direkt vor der Haustüre wächst, muss man ja auch nicht Unmengen von Pflanzen sammeln, die dann wochenlang im Kühlschrank liegen.
- Pflücken Sie niemals zu viel ab! Ganz allgemein gilt die Regel, dass man von jeder Pflanze je nach Grösse nur einige Blätter abpflücken sollte, damit sie nicht eingeht.
- Sammeln Sie bei einjährigen Pflanzen nicht alle Blüten und Samen, sie können sich sonst nicht mehr vermehren.
- Reissen Sie niemals die Pflanze mit der Wurzel aus, es sei denn, Sie wollen diese verwenden. Und auch in diesem Fall sollten Sie die Wurzel nur dann ernten, wenn Sie wissen, dass die Pflanze weit verbreitet und an diesem Ort in grossen Beständen vorkommt. Wenn man sehr dicht gewachsene Bestände von Zwiebeln oder Löwenzahn lichtet, kann das für die verbleibenden Pflanzen nur von Vorteil sein.
- Lassen Sie auch den Tieren noch einige Früchte und Samen übrig, denn sie stellen für zahlreiche Tierarten (Vögel, Eichhörnchen usw.) die Hauptnahrungsquelle dar.
- Pflücken Sie die jungen Triebe, Blätter und Blüten vorsichtig ab, indem Sie sie zwischen Daumen und Zeigefinger nehmen und abzwicken beziehungsweise mit einer Drehbewegung des Handgelenks abdrehen (nicht, wie es oft gemacht wird, am Trieb fassen und ruckartig reissen). Auf diese Weise können Sie die Triebe und Stengel mit dem Nagel abtrennen und reissen nicht gleich die ganze Pflanze aus. So erntet man in der Regel auch nur die zarten, essbaren Teile der Pflanze. Es ist ohnehin besser, schon beim Sammeln zu überlegen, was man verwenden möchte, und nicht wahllos ganze Pflanzen zu ernten, die man dann zu Hause mühsam von der Erde befreien und lange zum Kochen vorbereiten muss.
- Sortieren Sie die Pflanzen beim Sammeln nach Arten, und achten Sie darauf, dass Ihnen keine Gräser oder Erdbrocken mit hineingeraten. Am besten verwenden Sie dafür Stofftaschen oder Papiertüten. Um die Pflanzen frisch zu halten, können Sie sie in ein feuchtes Tuch wickeln und in einer Plastiktüte an einem kühlen, vor Sonneneinstrahlung geschützten Ort lagern.

Am sinnvollsten ist es natürlich, mit Fachkundigen vor Ort die essbaren Wildflanzen eindeutig bestimmen und optimal zubereiten zu lernen. Interessierten Lesern empfehlen wir, sich an das Institut IRPF zu wenden, das in Deutschland, Österreich und der Schweiz regelmässig deutschsprachige Seminare durchführt, bei denen Sie unter der Anleitung des Autors die Welt der Wildpflanzen entdecken und erkunden können.

Der Autor würde sich freuen zu erfahren, welche Erfahrungen Sie mit essbaren Wildpflanzen gemacht haben, welches Ihre Lieblingsrezepte sind und welche in Ihrer Gegend typische Anwendung es für bestimmte Wildpflanzen noch gibt.

Zögern Sie also nicht und schreiben Sie an:

IRPF/François Couplan
CH-1692 Massonnens
Telefon und Fax 0041/26/653 19 78,
in der Schweiz 026/653 19 78

Gemeinsam macht das Wildpflanzensammeln am meisten Spass. Hier sammeln wir am Fuss eines Walliser Gletschers Huflattichblätter.

Einige Tips zu Ihrem eigenen Schutz

- Gehen Sie ganz sicher, dass Sie die Pflanze, die Sie ernten möchten, auch richtig – und möglichst nach der genauen Art – bestimmt haben.
- Um alle Gefahren auszuschliessen, sollten Sie die giftigen Pflanzen unserer Flora genau kennen, bevor Sie sich zum Sammeln aufmachen. Studieren Sie diese Pflanzen vorher gründlich.
- Vorsicht vor Pflanzen, die versehentlich oder absichtlich (in der Nähe von Gemüsegärten und Feldern) mit Pestiziden, chemischen Düngemitteln oder Unkrautvernichtungsmitteln behandelt wurden. Vermeiden Sie Orte mit hoher Umweltbelastung wie zum Beispiel Strassenränder. Pflücken Sie keine Pflanzen, die anormal, krank oder zerzaust aussehen. Sammeln Sie nur Pflanzen, die vor Gesundheit strotzen.
- Waschen Sie die gesammelten Pflanzen sehr sorgfältig und schauen Sie dabei jedes einzelne Pflänzchen nochmals genau an, um jeglichen Irrtum auszuschliessen. Es kann leicht vorkommen, dass Ihnen beim Sammeln für Ihren Vogelmierensalat auch ein oder zwei Blätter eines giftigen Hahnenfusses oder ein kleines Wolfsmilchgewächs untergekommen sind. Besser Ihre Augen warnen Sie rechtzeitig, als dass der Gaumen Alarm schlagen muss.

Anmerkung der Übersetzerin

Die botanischen Pflanzennamen entsprechen den in dem Standardwerk «Flora europaea» von Tutin et al., Cambridge University Press, Cambridge, 1964–1980, angegebenen botanischen Namen.

In den verschiedenen deutschsprachigen Pflanzenbüchern und -enzyklopädien werden häufig voneinander abweichende deutsche Pflanzennamen angegeben. In der Übersetzung wurde auf die in Oberdorfer, «Pflanzensoziologische Exkursionsflora» (7. Auflage), Ulmer Verlag, Stuttgart 1994, verwendeten Bezeichnungen zurückgegriffen, ergänzt durch Hess/Landolt/Hirzel, «Bestimmungsschlüssel zur Flora der Schweiz und angrenzender Gebiete» (3. Auflage), Birkhäuser Verlag, Basel 1991, sowie Lauber/Wagner, «Flora Helvetica», Haupt Verlag, Bern 1996.

Achillea millefolium

Schafgarbe

Asteraceae (Compositae), Korbblütengewächse

Junge Blätter: Februar bis April
Entwickelte Blätter: beinahe ganzjährig

Zu Beginn des Frühjahrs sind die Blätter der Wiesen-Schafgarbe noch zart. Und so schmecken sie auch am besten.

Beschreibung: Stark fiederteilige Blätter

Die Schafgarbe, auch Gemeine oder Wiesen-Schafgarbe genannt, ist eine ausdauernde Pflanze, die einen kampferähnlichen Geruch verbreitet, wenn man die Blätter zwischen den Fingern zerreibt. Ihre Blätter sind stark gefiedert und bilden zarte Büschel. Die kleinen, schmalen Blattteilchen sind auf verschiedenen Ebenen angeordnet, was den Schafgarbenblättern ein duftig buschiges Aussehen verleiht. Im Laufe des Sommers entwickeln sich aus den Rosetten kräftige, aufrechte Blütenstengel, die von Juni bis November abgeflachte Blütenstände mit weissen Blütenköpfchen tragen. Vor allem in den Bergen haben die Blütenköpfchen manchmal eine liebliche, mehr oder weniger kräftige rosa Färbung. Die Blüten der Schafgarbe duften intensiver und zugleich zarter als die Blätter.

Standort: Man findet sie auf Wiesen

Die Schafgarbe kommt überall in unseren Breiten zumeist in grösseren Beständen auf Wiesen, in lichten Wäldern, an Böschungen oder am Wegrand vor.

Namensursprung: Die Pflanze des Achilles

Der botanische Pflanzenname geht auf den griechischen Helden Achilles zurück, der auf Anraten der Göttin Venus mit der Schafgarbe seine im Kampf verwundeten Krieger behandelt haben soll. Der Zusatz *millefolium* weist auf ihre stark gefiederten Blätter hin.

Anwendung: Eine Pflanze mit ausgeprägtem Aroma

Die Blätter sollten sehr jung geerntet werden, bevor der Blütenstengel wächst und solange sie noch besonders zart und schmackhaft sind. Sie passen hervorragend in gemischte Salate. Später werden sie härter und bitter, aber auch dann kann man sie noch klein gehackt wie Petersilie als Gewürz verwenden, in Wasser kochen oder, wie früher in England üblich, in Butter anbraten. In der Vergangenheit wurde mit den Blättern der Schafgarbe Bier aromatisiert, und es hiess, dass sie dessen berauschende Wirkung noch erhöhten.

Im 16. Jahrhundert wurden in Deutschland die Blütenköpfchen der Schafgarbe in die Weinfässer gegeben, um den Wein haltbarer zu machen. Ein köstliches Getränk lässt sich herstellen, indem man einige Blütenköpfchen in ein durchsichtiges Glas mit Wasser gibt und das Ganze einige Stunden an der Sonne ziehen lässt.

Inhaltsstoffe und Heilwirkung:

Die Schafgarbe fördert die Wundheilung

Die Schafgarbe enthält ein bitteres ätherisches Öl, Gerbstoffe und Pflanzenschleim.

Umschläge mit zerriebenen frischen Schafgarbenblättern sowie der aus den Blättern extrahierte Saft fördern die Wundheilung und wirken bei Hämorrhoiden stark ausflussstillend. Schon in der Antike wurden die Blätter zur Behandlung von Schnittwunden und anderen Verletzungen eingesetzt. Aus den Blättern lässt sich eine Salbe herstellen, die bei Brustwarzenentzündungen und -rissen sehr gut hilft.

Der aus den Blütenköpfchen zubereitete leicht bittere Tee stärkt den Organismus, regt die Lebertätigkeit an und fördert das Einsetzen der Monatsblutung, ohne eine eventuell nicht erkannte Schwangerschaft zu gefährden. Es wird allerdings darauf hingewiesen, dass eine anhaltende Anwendung unter Umständen die Lichtempfindlichkeit der Haut erhöhen kann.

In China legte man mit den getrockneten Blütenstengeln das berühmte I-Ging-Orakel nach dem «Buch der Wandlungen».

Verwandte Arten

Von der Gattung *Achillea* gibt es in Europa 51 weitere Arten.

In den höheren Alpenregionen wachsen mehrere Arten der *Achillea* mit sehr stark gefiederten Blättern und oft sehr intensivem Duft. Bei all diesen Arten sind die Blattteilchen auf einer Ebene angeordnet und die Blätter folglich flach. Einige unter ihnen, insbesondere die **Moschus-Schafgarbe** *(Achillea moschata)* und die **Schwarze Schafgarbe** *(Achillea atrata),* wurden früher für Kräutertees und zum Aromatisieren von Likören verwendet.

Verwechslungsgefahren

Vor der Blütezeit kann man die zart eingeschnittenen Blätter der Schafgarbe mit jenen verschiedener Doldengewächse oder sogar der Farne verwechseln. Dies ist aber eher unwahrscheinlich. Bei oberflächlicher Betrachtung sieht der abgeflachte Blütenstand der Schafgarbe wie kleine Dolden aus, doch macht der starke, charakteristische Duft der Blüten eine Unterscheidung leicht.

Im Sommer zeigt die Wiesen-Schafgarbe fast nur noch ihre Blüten.

Schafgarben-Rührei

Für 4 Portionen

200 g junge Schafgarbenblätter, 8 Eier, 50 ml Milch, 1 Prise Salz, Pfeffer, 25 g Butter, 25 g Pflanzenfett, 100 g Brot

1. Die Schafgarbenblätter waschen. Die Mittelrippe entfernen, indem man das Blatt an der Spitze hält und die Blattrippe zum Stengel hin abzieht.
2. Die Blätter in kaltem Wasser langsam zum Kochen bringen, nach einer Viertelstunde vom Herd nehmen und das Wasser abgiessen.
3. Die Eier mit Milch, Salz und Pfeffer in einer Schüssel verquirlen.
4. Butter und Pflanzenfett in einer Pfanne zergehen lassen und die Schafgarbenblätter bei niedriger Hitze einige Minuten anbraten, dann die verquirlten Eier dazugeben.
5. Die Eimasse auf niedriger Flamme garen und unter ständigem Rühren die am Boden festsitzende Schicht lösen.
   Das Rührei auf frisch getoastetem Brot servieren.

Aegopodium podagraria

Geissfuss

Apiaceae (Umbelliferae), Doldengewächse

Junge Blätter: April bis Mai
Entwickelte Blätter: Mai bis Oktober

Mit dem Beginn des Frühjahrs spriessen die Geissfussblätter aus der Erde hervor. Die jungen Blätter sind zart und schmackhaft – ein wahrer Genuss!

Beschreibung: **Die Blätter haben die Form eines Geissfusses**

Der Geissfuss oder Giersch ist eine ausdauernde Pflanze, die sich mit Hilfe ihrer langen Erdsprossen weiträumig fortpflanzt und grosse Kolonien bildet. Charakteristisch für die Pflanze sind die dreiteiligen Blätter, die wiederum – mehr oder weniger vollständig – dreifach eingeschnitten sind. Der lange, dreikantige Blattstengel ist am Grund hohl ausgebuchtet. Wie die Karotte oder die Petersilie gehört auch der Geissfuss der grossen Familie der Doldengewächse *(Apiaceae/Umbelliferae)* an. An der Spitze der kräftigen, hohlen und längs gerillten Stengel bilden kleine, weisse Blütenköpfchen anmutig zarte halbkugelförmige Dolden. Die Blüten bringen kleine, länglich-eiförmige Früchte hervor.

Standort: **Ein hartnäckiges «Unkraut»**

Jeder Gärtner kann ein Lied von dieser Pflanze singen, die mit ihren langen Erdsprossen den Garten überwuchert. Der Geissfuss ist ein Zeichen dafür, dass an der betreffenden Stelle früher einmal ein Wald gestanden haben muss, denn sein natürlicher Standort ist der Wald. Wir finden den Geissfuss überall in unseren Breiten in feuchten Wäldern, Hecken und Gärten.

Namensursprung: **Ein sprechender Name**

Der botanische Name des Geissfusses oder Gierschs setzt sich aus den griechischen Wörtern *aix, aigos,* Ziege, und *podion,* Fuss, zusammen und verweist auf die Blattform, in der die Menschen der Antike einen Ziegenfuss sahen. Der Zusatz *podagraria* ist ein Hinweis auf die Heilwirkung, die man dem Geissfuss bei der Behandlung von Gicht und Podagra, wie die Fussgicht damals genannt wurde, zuschrieb.

Anwendung: **Ein aromatisches Gemüse**

Der Geissfuss ist eine der besten Wildgemüsearten. Seine jungen Blätter sind im Frühjahr hellgrün, leicht gekräuselt, glänzend und oft rötlich gefärbt. Mit ihrem zarten, aromatischen Geschmack eignen sie sich in rohem Zustand hervorragend für Salate.

Die entwickelten Blätter sind dunkelgrün und leicht matt. Da sie etwas härter sind, sollte man sie besser kochen und die Blattstengel entfernen. Sie sind äusserst schmackhaft und eignen sich für die verschiedensten Speisen wie Aufläufe, pikante Kuchen (Wähen), Quiches oder auch Soufflés. Auch wenn der Pflanzenstengel schon voll entwickelt ist, kann man die Blätter des Geissfusses noch sammeln.

Inhaltsstoffe und Heilwirkung: **Das «Gichtkraut»**

Der Geissfuss war früher berühmt für seine schmerzstillende Wirkung bei Harnsäurestau, besser bekannt unter dem Namen Gicht oder Podagra (Fussgicht). Bei regelmässiger Anwendung soll er den Körper entgiften.

Die Pflanze wurde früher sowohl als Gemüse wie auch als Heilkraut angebaut.

Verwandte Arten

Es gibt keine weitere Art dieser Gattung.

Verwechslungsgefahren

Der Geissfuss kann mit anderen Doldengewächsen verwechselt werden, die an denselben Orten wachsen, insbesondere mit der **Wald-Engelwurz** oder **Brustwurz** *(Angelica silvestris)*, deren Blätter allerdings viel mehr Abschnitte aufweisen und deren Blattstengel an der Scheide bauchig ausgebuchtet sind (siehe auch Seite 24).

Sobald sich die feinen, weissen Dolden ausbilden, kann der Geissfuss seine Zugehörigkeit zur grossen Familie der Doldenblütengewächse, der auch die Karotte und der Bärenklau angehören, nicht mehr verbergen.

Beim **Wiesen-Kerbel** *(Anthriscus silvestris)*, bei den Kälberkopfarten (*Chaerophyllum* spp.) und den giftigen Doldengewächsen *(Umbelliferae)* sind die Blätter viel feiner gefiedert. Mit Ausnahme der **Hundspetersilie** *(Aethusa cynapium)* bevorzugen die giftigen Doldengewächse in der Regel auch andere Standorte als der Geissfuss. Man erkennt den Geissfuss aber in jedem Fall an seinem V-förmigen Blattstengel.

Geissfuss-Truffade

Rezept von Jean-Marie Dumaine

Truffade ist ursprünglich ein Kartoffelgericht aus dem französischen Zentralmassiv.

Für 4 Portionen

600 g neue Kartoffeln, 200 g Geissfussblätter, 50 g Butter, 50 ml Öl, Salz, Pfeffer, Muskatnuss, 1 Knoblauchzehe, 200 g geriebener Käse (Greyerzer)

1. Die Kartoffeln waschen, schälen und in dünne Scheiben schneiden.
2. Die Geissfussblätter in feine Streifen schneiden.
3. Die Butter und das Öl in einer Pfanne erhitzen und die Kartoffeln darin auf beiden Seiten goldbraun anbraten. Mit Salz, Pfeffer, Muskatnuss und der zerdrückten Knoblauchzehe würzen. Den geriebenen Käse und die Geissfussblätter unterrühren. Zusammenschieben und eine leichte Kruste backen.
4. Die Truffade wie eine Rösti auf eine Platte stürzen und wie einen Kuchen aufschneiden.

Alliaria petiolata

Lauchhederich

Brassicaceae (Cruciferae), Kreuzblütengewächse

Junge Sprossen und Blätter: März bis August
Blütenstände: April bis August
Samen: Juni bis September

Die Blätter des Lauchhederichs ähneln im Aussehen ein wenig den Brennnesselblättern und riechen nach Knoblauch. Die vierblättrigen, kreuzständigen Blüten allerdings verraten, dass er wie der Kohl und der Senf der Familie der Kreuzblütengewächse angehört.

Beschreibung: **Knoblauchsenf**
Der Lauchhederich, auch Knoblauchhederich oder Knoblauchrauke genannt, ist eine zwei- bis mehrjährige Pflanze mit einem kräftigen, verzweigten Stengel. Die langen, am Ansatz herzförmig eingeschnittenen Blätter könnte man mit Brennnesselblättern verwechseln, würden sie nicht einen solch starken Knoblauchgeruch verbreiten, wenn man sie zwischen den Fingern zerreibt. Die Blüten mit den vier kleinen, kreuzständig angeordneten Kronblättern blühen von April bis Juli und ähneln stark den Blüten von Senf und Kohl. Tatsächlich gehört der Lauchhederich auch wie diese beiden Pflanzen der grossen Familie der Kreuzblütengewächse an – ebenso wie die Kresse, der Rettich und der Raps.

Standort: **Ein grosser Freund der Hecken**
Der Lauchhederich bevorzugt kühle Orte, insbesondere Hecken und Waldränder. Es kommt überall in unseren Breiten vor.

Namensursprung: **Der Geruch gab den Namen**
Der Lauchhederich erhielt seine botanische Bezeichnung nach seinem Knoblauchgeruch (die botanische Bezeichnung für Lauchgewächse lautet *Allium* spp.). Der Zusatz *petiolata* bezieht sich auf die langen Blattstengel.

Anwendung: **Eine Würze mit wilder Note**
Mit ihren vier Geschmacksrichtungen geben die Blätter Salaten eine besondere Note: zunächst leicht süss, dann knoblauchähnlich, scharf und schliesslich bitter. Wegen des bitteren Nachgeschmacks verwendet man den Lauchhederich nur in geringen Mengen. Vor allem sollte man ihn nicht kochen, denn dabei gehen die übrigen Nuancen verloren, und es bleibt nur der bittere Geschmack.

Die Blätter können während der gesamten Lebensdauer der Pflanze gesammelt werden. Um sie roh zu essen, sollte man sich an die jungen Blätter vor der Blüte halten, weil sie zarter und feiner im Geschmack sind. Der Lauchhederich ist ein bemerkenswertes Gewürz, das man wie Petersilie gehackt verwendet.

Die Spitzen der blühenden Pflanzenstengel aromatisieren und verzieren verschiedenste Gerichte. Aus den Blüten entwickeln sich später lange, trockene Schoten, die zahlreiche kleine, scharf schmeckende Samen umschliessen. Die zerdrückten Samen können trotz ihres leicht bitteren Geschmacks wie Senfkörner verwendet werden. Die Samen lassen sich leicht ernten, indem man sie aus den reifen Schoten in ein Gefäss schüttelt.

Inhaltsstoffe und Heilwirkung:

Woher der Knoblauchgeruch kommt

Der Lauchhederich enthält ein Glykosid, das bei der Hydrolyse ein ätherisches Öl freisetzt, ähnlich dem, das auch die wilden oder kultivierten Laucharten abspalten. Diese gehören allerdings einer anderen Pflanzenfamilie an.

Der Lauchhederich wirkt blutreinigend und harntreibend. Umschläge mit den Blättern dieser Pflanze sollen den Heilungsprozess bei Verletzungen und Geschwüren fördern.

Verwandte Arten

Der Lauchhederich ist die einzige Art der Gattung *Alliaria.*

Verwechslungsgefahren

Auch wenn die Blätter des Lauchhederichs ein wenig wie Brennnesselblätter aussehen, wird jeder Zweifel zerstreut, wenn man sie zerreibt und an ihnen riecht. Die wilden Laucharten haben zwar einen ähnlichen Geruch, ihre Blätter sind aber länglich und normalerweise grundständig.

Lauchhederichbutter

Für 4 Portionen

100 g Lauchhederichblätter, 100 g Butter, 1 Teelöffel Salz

1. Die Lauchhederichblätter fein hacken und mit der weichen Butter und dem Salz verrühren.
2. Bauernbrot aufschneiden und mit der Lauchhederichbutter bestreichen. Die Brote können mit einigen Blüten des Lauchhederichs verziert werden.

Eine solche Butter können Sie mit allen Wildpflanzen zubereiten, die Ihnen besonders gut schmecken.

Lauchhederichsenf

Für 4 Portionen

50 g Lauchhederichsamen, 50 g Vollkornmehl, 1 Esslöffel Honig, 50 ml Essig oder Zitronensaft, 1 Teelöffel Salz

1. Die Lauchhederichsamen im Sommer, wenn sie reif sind, ernten. Die Pflanze einfach über einer Tüte ausschütteln; die Früchte öffnen sich leicht, und der Samen fällt heraus. Die Samen verlesen.
2. Die Samen im Mörser zerdrücken oder in der Kaffeemühle mahlen.
3. Das Vollkornmehl ohne Fett in der Pfanne kurz anrösten und mit den gemahlenen Samen vermischen.
4. Den Honig im Wasserbad zerlassen und zugeben.
5. Den Essig oder Zitronensaft unterrühren und den Senf mit Salz abschmecken.

Allium ursinum

Bärlauch

Liliaceae, Liliengewächse

Blätter: März bis Mai
Knospen und Blüten: März bis Juni

Den Bärlauch erkennt man leicht an seinen grossen, intensiv riechenden Blättern und seinen zu duftigen, schneeweissen Bällchen geformten Blüten.

Beschreibung: **Ein duftender Pflanzenteppich**

Der Bärlauch ist eine ausdauernde Pflanze, die aus einer kleinen, länglichen und harten Zwiebel entsteht. Jede Pflanze hat zwei grosse, länglich-breite, fleischige, längsnervige, leuchtend grüne Blätter. Der einfache, aufrecht aufsteigende Stengel trägt von April bis Juni eine kleine Scheindolde aus kleinen, reinweissen Blütenköpfchen mit sechs Blütenblättchen. Die Früchte bilden drei rundliche Fächer mit jeweils einem schwarzen, kugelförmigen Samen. Alle Pflanzenteile verströmen beim Berühren einen starken Knoblauchgeruch.

Standort: **Tief im Wald**

Der Bärlauch bevorzugt feuchte Böden und ist fast überall in unseren Breiten zu finden. Er wächst normalerweise in grossen Kolonien, so dass er bei massvollem Sammeln keinen Schaden leidet.

Namensursprung:

Von den Petzen geschätzter Knoblauch

Der Ausdruck *Allium* umfasste schon bei den Römern verschiedene Laucharten. Der Zusatz *ursinum* bedeutet «vom Bären» und verweist auf die Vorliebe dieser Tiere für den Bärlauch. Sie fressen (oder – wie man fast schon sagen muss – frassen) seine fleischigen und aromatischen Blätter in grossen Mengen.

Anwendung:

Er verleiht Speisen eine besondere Note

Die Blätter des Bärlauchs sind ein aussergewöhnliches Gewürz. Sie werden heute noch relativ häufig im Frühjahr gesammelt und manchmal sogar auf den Märkten angeboten. Roh oder als Gewürz verfeinern sie Salate und verschiedenste andere Speisen durch ihr charakteristisches, würziges Aroma. Auch in Sandwiches, Omeletten und Suppen machen sie sich gut. Trotz des ausgeprägten Geruchs schmecken die Blätter zart, leicht süsslich und dennoch angenehm scharf. Der Geschmack geht beim Kochen weitgehend verloren.

Am besten pflückt man die Blätter vor der Blüte, danach werden sie bald gelb. Man braucht keine grossen Mengen zu sammeln, denn mit einigen wenigen Blättern kann man ein ganzes Gericht würzen. Die Blätter lassen sich gut haltbar machen, indem man sie trocknet oder in Olivenöl einlegt, das dann ebenfalls Bärlauch-Geschmack annimmt.

Die kleinen, länglichen Zwiebeln, aus denen die Pflanze wächst, sind härter als die des kultivierten Knoblauchs, können aber ohne weiteres ebenso wie dieser verwendet werden.

Inhaltsstoffe und Heilwirkung:

Dem Knoblauch vergleichbar

Bärlauch enthält ein Senfölglykosid, das bei der Hydrolyse ein ätherisches Öl abspaltet, welches dem seines nächsten Verwandten, dem Knoblauch *(Allium sativum),* sehr ähnlich ist. Die Pflanze enthält viel Vitamin C.

Bärlauch wirkt anregend und harntreibend.

Verwandte Arten: **Andere Wildknoblaucharten**

In Europa gibt es 109 weitere Arten der Gattung *Allium.* In höheren Lagen finden sich der schöne und recht sel-

Der Bärlauch entsteht aus einer kleinen, harten und länglich geformten Zwiebel.

tene **Allermannsharnisch** *(Allium victorialis)* mit ebenso breiten Blättern wie der Bärlauch sowie der in fast jedem Gemüsegarten angebaute **Schnittlauch** *(Allium schoenoprasum)*, der grosse Büschel aus zarten, runden Röhrenblättern und hübsch anzusehende rosa Blüten bildet.

Je nach Grösse und Intensität des Geruchs kann man so gut wie alle Wildlaucharten als Gemüse oder Gewürz verwenden.

Der Garten-Knoblauch, die Zwiebel, die Schalotte und der Lauch sind bekannte Verwandte des Bärlauchs.

Verwechslungsgefahren

Der Bärlauch kann unter Umständen mit dem **Maiglöckchen** *(Convallaria majalis)* verwechselt werden, das ebenfalls in (gewöhnlich allerdings trockeneren) Wäldern wächst und bei dem sämtliche Pflanzenteile ausgesprochen giftig sind. Die Blätter des Maiglöckchens sind schmaler als die des Bärlauchs, und die Blüten sind glokkenförmig, während die des Bärlauchs eher sternförmig sind. Und schliesslich – als sicherstes Merkmal – verströmt das Maiglöckchen nicht den Hauch eines Knoblauchgeruchs.

Bärlauch-Aligot

Rezept von Jean-Marie Dumaine

Dies ist eine Spezialität der Hirten des Rouergue (Auvergne). Das Käse-Kartoffel-Püree ergibt ein leckeres Abendessen.

Für 8 Portionen

400 g Bärlauchblätter, 1 kg festkochende Kartoffeln, 400 g Rahm, 200 g geriebener Käse (Greyerzer), 200 g Mozzarella, Salz, weisser Pfeffer, Muskatnuss, 1 Knoblauchzehe

1. Die Bärlauchblätter in Salzwasser blanchieren. Abgiessen, abtropfen lassen und hacken.
2. Die Kartoffeln kochen und pürieren.
3. Den Rahm unter das heisse Püree rühren. Den geriebenen Käse und den klein gewürfelten Mozzarella nach und nach zugeben und das Püree so lange kräftig schlagen, bis der Käse Fäden zieht.
4. Die gehackten Bärlauchblätter unterheben. Mit Salz, weissem Pfeffer, Muskatnuss und zerdrücktem Knoblauch würzen.

Bärlauchsauce

Rezept von Jean-Marie Dumaine

Für 4 Portionen

4 Tomaten, Saft einer Zitrone, 100 g Bärlauchblätter, Salz, Pfeffer, 50 ml Olivenöl

1. Die Tomaten überbrühen, abschrecken, häuten, den Stielansatz herausschneiden, vierteln, entkernen und das Fruchtfleisch fein würfeln.
2. Die Bärlauchblätter in feine Streifen schneiden. Tomatenwürfel, Zitronensaft, Olivenöl und Bärlauch verrühren und mit Salz und Pfeffer abschmecken.
3. Die Sauce auf kleiner Flamme im Wasserbad nur leicht erwärmen, um den feinen Geschmack des Bärlauchs zu erhalten.

Tip: Die Bärlauchsauce schmeckt besonders gut zu Garnelen, Fisch und weissem Geflügel.

Amaranthus retroflexus

Fuchsschwanz

Amaranthaceae, Amarantgewächse

Blätter: Juni bis September
Samen: August bis Oktober

Die jungen Pflänzchen des Rauhhaarigen Fuchsschwanzes tragen zarte, breit geformte Blätter.

Im Sommer entwickelt sich eine lange Rispe, die kleine, schwarze Samen hervorbringt. Die Fuchsschwanzsamen galten schon bei den indianischen Stämmen Amerikas als sehr nahrhaft.

Beschreibung: **Er gewinnt keinen Schönheitspreis**

Der Rauhhaarige Fuchsschwanz oder Zurückgekrümmte Amarant ist eine weit verbreitete einjährige, unauffällige Pflanze. An ihrem oft rötlichen Stengel sitzen ovale bis rautenförmige, am Rand gewellte, hellgrüne Blätter. An den Blattachseln vereinen sich winzige, gelbliche Blüten zu kurzen, buschigen Scheinähren, am Ende des Pflanzenstengels drängen sie sich zu einer langen, dichten Rispe zusammen. Die leicht stacheligen Blüten bringen kleine, abgeflachte, schwarz glänzende Samen hervor.

Standort: **Ein amerikanisches «Unkraut»**

Der Rauhhaarige Fuchsschwanz wurde vor einigen Jahrhunderten von Mittelamerika nach Europa eingeführt, konnte sich bei uns aber als Gemüse nie richtig durchsetzen. Dies hat ihn allerdings nicht davon abgehalten, sich prächtig auf Schutthalden, Feldern und in Gemüsegärten zu verbreiten, wo die Gärtner einen erbitterten Kampf gegen das jedes Jahr in Massen wiederkehrende Kraut führen.

Namensursprung:

Ein Schreibfehler beim botanischen Namen

Die botanische Bezeichnung für die Familie *Amaranthus* müsste eigentlich *Amarantus* geschrieben werden, da der Name sich vom griechischen Wort *amarantos,* «der nicht verwelkt», ableitet; die Endung wurde dann irgendwann zu *anthos,* Blume.

Anwendung:

Ein in der ganzen Welt geschätztes Gemüse

Die junge Pflanze kann man ganz verwenden, man pflückt einfach den zarten Stengel mit den Fingern. Der Rauhhaarige Fuchsschwanz hat einen wenig ausgeprägten Geschmack und lässt sich gut zu Salaten verarbeiten. Gekocht ist er eines der schmackhaftesten Gemüse. Man gart ihn einfach einige Minuten über Wasserdampf und serviert ihn mit etwas Butter oder Olivenöl. Auch ältere Blätter schmecken gekocht noch sehr gut und können wie Spinat auf verschiedene Arten zubereitet werden. Die Stengelspitzen und die jungen Blütenstände sind, solange sie noch zart genug sind, ebenfalls zum Verzehr geeignet.

In tropischen und subtropischen Gebieten stellen zahlreiche Fuchsschwanzarten die tägliche Nahrung dar und sind – ob nun in Indien, auf den Antillen oder auf der Insel Réunion – sehr beliebt. Oft wächst er wild im Garten, und beim Jäten fällt zugleich auch noch ein Gemüse an. Einige Sorten werden vor allem in den asiatischen Ländern grossflächig angebaut und auf den Märkten verkauft. Gewöhnlich wird der ganze Stengel mit den Blättern verwendet.

Die Samen kann man, zuvor eventuell geröstet, in Wasser kochen. Sie ergeben ein interessantes und sehr nahrhaftes Getreide. Aus ihrem Mehl lassen sich delikate Breie oder Pfannkuchen zubereiten. Allein eignet es sich nicht zum Brotbacken, man kann es aber unter Roggenmehl mischen.

Bei einigen Indianerstämmen Amerikas gehörten verschiedene Fuchsschwanzarten, unter ihnen der Rauhhaarige Fuchsschwanz, zu den häufig angebauten Nahrungspflanzen, von deren Samen und Blättern sie sich ernährten. Die Azteken kultivierten vorwiegend eine verwandte Art, den **Garten-Fuchsschwanz** *(Amaranthus caudatus)*, aus dessen kleinen rosa Samen sich schmackhafte Breie kochen lassen. Diese Art wird oft wegen ihrer langen, purpurfarbenen Blüten angebaut.

Zum Ernten der Samen werden die Blütenstengel kurz vor der vollständigen Reife geschnitten, an einem trockenen, gut belüfteten Ort auf einem Tuch zum Trocknen ausgelegt, dann gedroschen oder mit den Füssen zerdrückt und schliesslich durch ein Getreidesieb geschüttelt und so gereinigt.

Inhaltsstoffe und Heilwirkung: **Sehr proteinhaltig**

Die Blätter des Fuchsschwanzes sind äusserst reich an Proteinen (4 bis 5 Prozent des Frischgewichts, was 35 Prozent des Trockengewichts entspricht, also mehr als bei der Sojabohne), an Vitamin A und C und an Mineralsalzen, insbesondere Calcium, Kalium, Phosphor und Eisen. Sie wirken adstringierend und reizlindernd. Die Samen enthalten grosse Mengen an Kohlehydraten und Proteinen.

Verwandte Arten

Es gibt in Europa elf weitere Arten der Gattung *Amaranthus*, von denen die meisten Adventivpflanzen sind, das heisst, hier ursprünglich nicht vorkamen, sondern – in diesem Fall aus Amerika – eingeführt wurden.

Alle Arten dieser Gattung sind essbar.

Verwechslungsgefahren

Die Fuchsschwanzgewächse könnten eventuell mit den **Gänsefussgewächsen** *(Chenopodium* spp.*)* oder den **Melden** *(Atriplex* spp.*)* verwechselt werden. Die Blätter dieser Pflanzen sind in der Regel jedoch fleischiger, und die Gänsefussgewächse fühlen sich im oberen Teil der Pflanze oft mehlig an. Eine Verwechslung wäre nicht weiter schlimm, da keine dieser Arten giftig oder vom Aussterben bedroht ist – die meisten von ihnen sind sogar sehr schmackhaft.

Fuchsschwanzsauce

Für 4 Portionen

150 g Zwiebeln, 50 ml Olivenöl, 600 g Fuchsschwanzblätter, 250 g Tomaten, 5 Knoblauchzehen, gehackt, 30 g frischer Ingwer, gerieben, Schale einer unbehandelten Zitrone (oder Limone), 1 Teelöffel Salz, frischer Nelkenpfeffer nach Geschmack

1. Die Zwiebeln klein schneiden und im Olivenöl glasig dünsten, anschliessend die gewaschenen und grob geschnittenen Fuchsschwanzblätter dazugeben.
2. Die Tomaten in Stücke schneiden und ebenfalls zum Gemüse geben. Mit dem gehackten Knoblauch, dem geriebenen Ingwer und der abgeriebenen Zitronenschale, Salz und Nelkenpfeffer – sofern Sie exotische Gewürze mögen – abschmecken.
3. Die Sauce unbedeckt köcheln lassen, bis die Tomaten und Fuchsschwanzblätter gar sind.

Die Sauce wird traditionell zu weissem, körnigem Reis, Linsen oder gut gegarten Bohnen gereicht. Auf der Insel Réunion verwendet man statt der Zitrone oder Limone eine kleine Zitrusfrucht mit runzeliger Haut (Citrus hystrix), die man dort Combava nennt und die ein ausgesprochen intensives Aroma hat.

Fuchsschwanz-Pfannkuchen

Für 4 Portionen

100 g Fuchsschwanzsamen, 200 g Weizenmehl, 1 Teelöffel Salz, 2 Esslöffel Olivenöl, 200 ml Wasser, 50 g Pflanzenfett

1. Die Fuchsschwanzsamen in der Kaffeemühle fein mahlen.
2. Das so erhaltene dunkle Mehl mit dem Weizenmehl vermischen, Salz beifügen und mit dem Olivenöl und dem Wasser zu einem zähflüssigen Pfannkuchenteig rühren. Einige Zeit ruhen lassen.
3. Etwas Pflanzenfett in einer Pfanne erhitzen, einen guten Esslöffel Pfannkuchenteig in der Pfanne verteilen und auf beiden Seiten goldgelb backen. Die Pfannkuchen warm auf den Tisch bringen.

Angelica silvestris

Engelwurz

Apiaceae (Umbelliferae), Doldengewächse

Junge Sprossen und Blätter: April bis August
Junge Stengel: Mai bis Juni
Blüte: Juli bis September
Früchte: August bis Oktober

Die Wald-Engelwurz ziert mit ihren breiten, eingeschnittenen Blättern und ihren grossen, zartrosa gefärbten Dolden feuchte, schattige Plätze in kühlen Wäldern und Gräben.

Beschreibung:

Ein grosses, aromatisches Doldengewächs

Die Wald-Engelwurz oder Brustwurz ist eine zwei- oder mehrjährige, anmutige Pflanze, die eine stattliche Grösse erreichen kann. Ihr robuster, runder Stengel ist oft rötlich oder von einem schönen, lebhaften Grün. Die grossen, mattgrünen Blätter sind in eirunde, am Rand gesägte Blattabschnitte gegliedert. Die Blattstengel sind an ihrem unteren Ende unverhältnismässig breit und bilden bauchige, gerillte Blattscheiden. Die Scheiden der oberen Blätter beherbergen die jungen Blütenstände, deren kleine, weisse bis rosafarbene Blüten sich zu grossen, kugelförmigen Dolden vereinen. Sie bringen abgeflachte Flügelfrüchte hervor. Alle Pflanzenteile, vor allem aber die Früchte, verbreiten, wenn man sie zwischen den Fingern zerreibt, einen angenehmen Duft.

Standort: **Der Engel der feuchten Wälder**

Der Wald-Engelwurz gefällt es besonders an feuchten, schattigen Plätzen, in kühlen Wäldern und Gräben. Sie ist in unseren Regionen überall verbreitet.

Namensursprung: **Eine sehr angesehene Pflanze**

Die Bezeichnung *Angelica* kommt von dem lateinischen *angelus* für Engel und zeugt von dem hohen Ansehen, das die Pflanze früher aufgrund ihrer Heilkräfte genoss. Der Zusatz *silvestris* verweist auf ihren bevorzugten Standort, den Wald, lateinisch *silva*.

Anwendung: **Schmackhafte Pflanzenstengel**

Die jungen Blattstengel der Engelwurz fühlen sich weich und zart an. Man kann sie roh und in Scheiben geschnitten in Salate, Suppen, Gemüse- und Getreidegerichte, ja sogar in Obstsalate geben, denen sie mit ihrem ausgeprägten, herb-wilden Aroma eine besondere Note verleihen. Sie stellen ein Zwischending zwischen Gemüse und Gewürz dar. Die Blattstengel kann man auch gekocht wie Spargel servieren oder schälen, in Stücke schneiden und kandieren. Sobald sich aber die ersten Blüten entwickeln, werden sie holzig und sind nicht mehr verwertbar.

Die jungen Triebe und die entwickelten Blätter müssen wegen ihres starken Geschmacks mehrmals jeweils in frischem Wasser abgekocht werden. In kleinen Mengen kann man mit ihnen auch Suppen verfeinern. Gehackt und roh kann man sie als intensives Gewürz verwenden. Die Blüten aromatisieren Nachspeisen und Getränke. Die sehr scharfen Früchte kann man ebenfalls als Gewürz verwenden. Ganz einfachen Desserts und Konfitüren verleiht die Engelwurz eine bemerkenswerte und sehr aussergewöhnliche Geschmacksnote.

Mit den Samen und Wurzeln gewinnen Liköre einen angenehmen Geschmack – und haben gleichzeitig noch medizinische Wirkung. So lässt sich das Angenehme mit dem Nützlichen verbinden.

Inhaltsstoffe und Heilwirkung:

Gut für den ganzen Körper

Die Wald-Engelwurz enthält vor allem ein ätherisches Öl und wird schon seit langer Zeit für ihre Heilkraft gerühmt. Sie regt den Organismus an, fördert Appetit und Verdauung, lindert Blähungen und bietet schnelle Abhilfe bei Grippe und Erkältungen. Die Wurzel ist besonders wirksam und enthält eine stark schmerzstillende Substanz.

Schon 1810 bemerkte ein Arzt: «Wenn diese Pflanze das Verdienst hätte, aus dem Ausland zu kommen, wäre sie uns ebenso wertvoll wie die Ginsengwurzel den Chinesen; sie würde in Gold aufgewogen!» Der Vergleich mit Ginseng ist gar nicht so weit hergeholt: Die Engelwurz besitzt ähnliche aussergewöhnliche Eigenschaften wie die berühmte orientalische Wurzel.

Verwandte Arten

In Europa kommen sechs weitere Arten der Gattung *Angelica* vor.

Im Norden Europas – von Skandinavien bis nach Bayern – findet sich eine nahe Verwandte, die **Echte** oder **Arznei-Engelwurz** *(Angelica archangelica)*. Sie ist insgesamt grösser (bis zu zwei Meter hoch) und verdankt ihren ehrenvollen botanischen Namen *Angelica archangelica* (Erzengel) ihrem besonders zarten und angenehmen Duft. Eine Legende erzählt von der Verkündung des Erzengels Raphael, der einem Eremiten diese Pflanze als Heilmittel gegen die Pest genannt haben soll.

Die Arznei-Engelwurz wurde seit jeher von den germanischen und skandinavischen Völkern verwendet und bereits im 12. Jahrhundert angebaut. Auch die Ärzte der Renaissance hielten ausserordentlich viel von dieser Pflanze; in Frankreich nannte man sie «Racine du Saint Esprit» (Wurzel des Heiligen Geistes). Ein Bewohner der Stadt Nizza, der 1759 in Marseille im beachtlichen Alter von 121 Jahren und 3 Monaten verstarb, war überzeugt davon, dass er dieses Alter dank der Engelwurz erreicht hatte, deren Wurzel er immer gekaut hatte. Er hatte die Pflanze in seinem Garten angebaut.

Aus den Stengeln stellt man die grünen, kandierten Engelwurzstäbchen her, die zum Verzieren von Kuchen verwendet werden. Heutzutage verkauft man verschiedene gefärbte Ersatzprodukte unter dem Namen Engelwurz, manchmal sogar weisse Rüben ... Die Lappen und Isländer kochen die jungen Triebe als Gemüse in Milch. Als Zutat findet die Engelwurz bei der Herstellung verschiedener Liköre wie Chartreuse, Bénédictine oder Karmelitergeist Verwendung. Manchmal wird sie im Garten angebaut.

Verwechslungsgefahren

Unter den häufiger vorkommenden Doldengewächsen mit weissen Blüten und breiten Blattabschnitten sind nur der **Wiesen-Bärenklau** *(Heracleum sphondylium,* Seite 56) und der **Geissfuss** oder **Giersch** *(Aegopodium podagraria,* Seite 16) der Wald-Engelwurz etwas ähnlich. Der Wiesen-Bärenklau ist an allen Pflanzenteilen behaart, während Engelwurz und Geissfuss unbehaart sind. Beim Geissfuss sind die Blattabschnitte in der Regel nur dreiteilig gefiedert.

Weinbergpfirsiche mit Engelwurzsirup

Rezept von Jean-Marie Dumaine

Für 4 Portionen

12 kleine Weinbergpfirsiche

Sirup:
75 g Engelwurzstengel und -stengelspitzen, ½ l Wasser, 200 g Zucker, Saft einer Zitrone

Verzierung:
100 g junge Engelwurztriebe

1. Die Engelwurzstengel und -stengelspitzen mit Wasser und Zucker zugedeckt zum Kochen bringen, vom Herd nehmen und so lange ziehen lassen, bis die Flüssigkeit abgekühlt ist. Den Sud anschliessend durch ein Sieb giessen.
2. Den Zitronensaft zugeben.
3. Die ganzen, ungeschälten Weinbergpfirsiche in einen Bräter geben, mit dem Sirup übergiessen und auf kleiner Flamme eine halbe Stunde köcheln lassen. Die Pfirsiche im Sirup erkalten lassen, dann herausnehmen und schälen. Beiseite stellen.
4. Die Engelwurzstengel in dünne Streifen schneiden und eine Viertelstunde in dem im Bräter verbliebenen Sirup kochen lassen.
5. Die geschälten Pfirsiche mit dem Sirup und den jungen Engelwurztrieben anrichten und servieren.

Arctium lappa

Klette

Asteraceae (Compositae), Korbblütengewächse

Wurzeln: von Herbst bis Frühjahr
Junge Triebe: Mai bis Juni
Blattstengel: April bis Mai

Die breiten Blätter der Grossen Klette sind auf der Unterseite hell gefärbt. Hier sieht man, wie sie den zarten, frisch ausgebildeten Spross umhüllen, der in diesem Stadium genau richtig zum Ernten ist.

Beschreibung: **Grosse, samtig behaarte Blätter**

Die Grosse Klette ist eine zweijährige Pflanze, die im ersten Jahr ein dichtes Blattbüschel bildet und im zweiten Jahr grosse Blütenstengel, die im Herbst mit vielen «widerborstigen Tierchen» besetzt sind. Der aufrechte Stengel bildet sich ebenfalls erst im zweiten Jahr; er ist stark verzweigt, wollhaarig und rötlich. Die breiten, herzförmigen, am Rande buchtigen Blätter können sehr gross werden und sehen ein bisschen wie Rhabarberblätter aus. Auf ihrer Oberseite sind sie mattgrün, auf der Unterseite weisslich. Die Grundblätter haben lange, starke Stengel, die am Blattansatz verbreitert und teilweise rötlich angelaufen sind. Die kugelförmigen, dunkelroten Blütenköpfchen sind mit zahlreichen Häkchen besetzt, die nach allen Seiten hin abstehen.

Standort: **Am Wegrand**

Die dichten Blattbüschel der Grossen Klette, die auf tiefem Untergrund eine beachtliche Grösse erreichen kann, sind überall in unseren Breiten häufig am Strassenrand, auf Schutthalden und auf brachliegenden Feldern zu finden und bilden dort oft schön anzusehende Kolonien.

Namensursprung: **Ein pflanzlicher Bär**

Bei den alten Griechen hiess die Grosse Klette *arktion*, vermutlich von *arktos*, Bär, abgeleitet. Vielleicht wurde die Pflanze so genannt, weil sie so robust und «struppig» aussieht. Den Zusatz *lappa* vom griechischen *lambanô*, fangen, erhielt sie, weil die Blütenköpfe sich mit Hilfe ihrer Widerhäkchen am Fell von Tieren oder an den Kleidern von Spaziergängern festheften – so werden die Samen der Klette weiträumig verbreitet. Dieses geniale Verfahren war im übrigen Vorbild für die einfach und schnell zu handhabenden Klettverschlüsse. Wie man sieht, kann das genaue Betrachten der Natur sogar zum Kassenschlager werden!

Anwendung: **Wurzel und Stengel**

Die Grosse Klette ist eine zweijährige Pflanze. Im ersten Jahr entwickelt sie ihre Blätter und die dicke Wurzel, die sich mit Nährstoffen anreichert. Diese gewährleisten, dass sich der Blütenstengel dann im Frühjahr des zweiten Jahres sehr schnell entwickeln kann. Die Blüten entfalten sich, werden zu Früchten, und schliesslich stirbt die Pflanze ab.

Die dicke Wurzel hat eine dunkle Rinde und weisses Fleisch. Man verwendet sie, solange der Blütenstand noch nicht ausgetrieben ist, also zwischen dem Herbst des ersten Lebensjahres der Pflanze und dem folgenden Frühjahr. Dann ist die Wurzel zart und fleischig und kann roh, gerieben oder in Scheiben geschnitten, aber auch gekocht und gebraten verzehrt werden. Der angenehm süssliche Geschmack erinnert ein wenig an ihre nahen Verwandten, den Bocksbart oder die Artischocke. In Japan wird die Klettenwurzel «Gobô» genannt und häufig in Gemüsegärten angebaut. Vor dem Kochen kann man die abgeriebene Wurzel in Essigwasser einlegen, damit sie ihre weisse Farbe behält. Manchmal wurde geröstete Klettenwurzel auch als Kaffee-Ersatz verwendet.

Der frisch ausgetriebene Stengel ist noch weich und geschmeidig und lässt sich leicht mit den Fingern abbrechen. Er ergibt ein raffiniertes Gemüse – zart, knackig, süsslich und voll Aroma. Den Stengel braucht man nur zu schälen, dann kann man ihn roh, so wie er ist, oder mit etwas Salz geniessen. Er schmeckt aber auch gekocht, zum Beispiel über Dampf gegart.

Die Blätter, auch die jungen, sind zum Verzehr nicht geeignet, weil sie zu bitter sind. Der Blattstengel schmeckt normalerweise weniger bitter, vor allem wenn die Blätter

Die lange, schwarze Klettenwurzel schmeckt erstaunlicherweise nach Artischocken.

noch nicht voll entwickelt sind. Die Blattstengel können wie Mangold- oder Kardenstengel blanchiert werden. Aus ihnen lassen sich vorzügliche Suppen zubereiten. Man kann die Stengel in Essig oder Salz haltbar machen.

Zusammensetzung und Heilwirkung:

Ein hervorragendes Blutreinigungsmittel

Die Wurzeln der Grossen Klette sind reich an Inulin, ein Polysaccharid, das von Diabetikern vertragen wird, da es im Körper nicht wie die anderen Stärkearten zu Glukose, sondern zu Lävulose bzw. Fruktose abgebaut wird. Des weiteren enthält die Klettenwurzel Mineralsalze, Gerbstoffe, Harze und eine antibiotische Substanz. In den Früchten findet man ein fettes Öl und ein Glykosid.

Die Wurzeln wirken blutreinigend und harntreibend, sie fördern die Lebertätigkeit und senken den Blutzuckergehalt, was vor allem Diabetikern sehr zugute kommt. Umschläge aus den Blättern helfen bei Furunkeln und Hautkrankheiten. Wenn man sie einige Minuten in Wasser kocht und warm auflegt, lindern sie rheumatische Schmerzen. Ebenfalls empfehlenswert ist es in diesen Fällen, regelmässig einen Teeaufguss aus den Blättern zu trinken.

Der Tee aus der frischen Klettenwurzel ist ein wirksames Mittel bei verschiedenen Hautkrankheiten, insbesondere bei Furunkeln, Flechten, Ekzemen und Akne.

Seit gut einem Jahrzehnt interessiert sich die medizinische Forschung sehr für die Früchte der Grossen Klette, die eine Substanz, Arctigenin, enthalten, die eine antitumorale Wirkung haben soll. Man hat übrigens festgestellt, dass der aus der Grossen Klette gewonnene Saft ein wirksames Gegengift ist; er hat auf das Gift eine oxidierende Wirkung. Zerdrückt man ein Blatt der Grossen Klette und reibt einen Wespenstich damit ein, lässt der Schmerz sehr schnell nach.

Verwandte Arten

In ganz Europa gibt es vier weitere Arten der Gattung *Arctium*.

Verwechslungsgefahren

Es gibt eigentlich keine Wildpflanzen, die man mit der Grossen Klette verwechseln könnte.

Kletten-Nituké

Für 4 Portionen

500 g zarte Klettenwurzeln, 50 ml Olivenöl, 50 ml Sojasauce, 100 ml Wasser

1. Die Klettenwurzeln sorgfältig waschen, abbürsten und in mitteldicke Scheiben schneiden.
2. Die Scheiben im sehr heissen Olivenöl goldbraun ausbacken.
3. Die Sojasauce zugeben und gut verrühren. Anschliessend mit dem Wasser ablöschen.
4. Auf kleiner Flamme köcheln lassen, bis die Wurzeln gar sind. Über die Klettenwurzeln kann man kurz vor dem Servieren noch etwas Schnittlauch streuen.

Stengelherzen der Grossen Klette

Für 4 Portionen

400 g Mark aus den Stengeln der Grossen Klette

Sauce:
150 g Joghurt, 50 ml Olivenöl, Saft einer Zitrone, 1 Knoblauchzehe, 1 Prise Salz

1. Die Blütenstengel der Grossen Klette vor der Blüte ernten, wenn sie noch zart sind. Den äusseren Teil abschälen.
2. Das verbleibende Mark in Stückchen schneiden und über Dampf garen. Sie sollen dabei aber knackig bleiben.
3. Aus dem Joghurt, Olivenöl, Zitronensaft, der gehackten Knoblauchzehe und dem Salz eine Sauce rühren.
4. Die Stengelherzen mit etwas Sauce auf Tellern anrichten. Sie können kalt oder warm serviert werden.

Artemisia vulgaris

Beifuss

Asteraceae (Compositae), Korbblütengewächse

Junge Triebe: April bis Juni

Die jungen Triebe des Beifusses sind sehr zart. Ihre Stengelspitzen können mitsamt den Blättern gepflückt werden.

Beschreibung: Eine aromatische Pflanze mit zweifarbigen Blättern

Der Gewöhnliche Beifuss ist eine grosse, unscheinbare, ausdauernde Pflanze, die einen angenehmen Duft verströmt (vor allem die Blüten), wenn man sie zwischen den Fingern zerreibt. Die junge Pflanze bildet dekorative grüne Blattbüschel. Die rötlich gefärbten und längs gerillten Stengel des Beifusses wachsen aufrecht und sind vor allem im oberen Teil reich verzweigt. Die Blätter sind stark gefiedert und haben lanzettliche, tief gezähnte, sich zum Ansatz hin verjüngende Blattabschnitte. Die Blätter sind unbehaart, oben dunkelgrün und unten weiss-wollig. Die aus winzigen, blassgelben Röhrenblüten bestehenden Blütenköpfchen haben einen Durchmesser von ungefähr 3 mm. Sie stehen in lockeren, länglichen Rispen an den Astspitzen. Ihre Blütezeit ist von Juli bis September.

Standort: Auf Brachland

Den Gewöhnlichen Beifuss finden wir in unseren Breiten häufig auf Schutthalden, Brachland und am Wegrand.

Namensursprung: Im Gedenken an eine Königin

Die Pflanze ist Artemisia gewidmet, Herrscherin über Karien im Südwesten Kleinasiens und Gattin des Mausolos, für den sie das berühmte Grabmal errichten liess, welches dann als Mausoleum zum allgemeinen Begriff wurde. Der Zusatz *vulgaris*, im Sinne von gemein, deutet darauf hin, dass diese Art in unseren Breiten am bekanntesten ist.

Anwendung: Schmeckt wie Artischocken

Die jungen Triebe und die besonders zarten Stengelspitzen sind eine saftige, süssliche und sehr aromatische Salatzutat. Sie schmecken ein wenig wie Artischocken. Allerdings sind die Triebe zu faserig, als dass sie mehr als eine einfache Salatbeigabe ergeben könnten. Es lassen sich aber sehr gute Küchlein aus ihnen zubereiten.

Die Triebe werden gesammelt, solange das Ende des Pflanzenstengels noch so zart ist, dass es mit den Fingern

In diesem Entwicklungsstadium, im Sommer, schmeckt der Beifuss bereits bitter.

gepflückt werden kann. Später wird die Pflanze holzig und bitter.

In Japan werden die jungen Blätter in Wasser gekocht und mit geröstetem Sesam und Sojasauce gegessen. Man verwendet sie auch zum Färben und Würzen von Reisbällchen. Um die Blätter das ganze Jahr über vorrätig zu haben, blanchiert man sie in kochendem Wasser und trocknet sie anschliessend zuerst im Schatten und dann an der Sonne.

Inhaltsstoffe und Heilwirkung:

Für Frauenkrankheiten

Der Beifuss enthält ein ätherisches Öl, Bitterstoffe und Inulin.

Er reguliert die Monatsblutung und wirkt bei Menstruationsbeschwerden schmerzlindernd, aktiviert die Lebertätigkeit und den Verdauungsapparat. Früher war er zudem als Wurmmittel bekannt. Vorsicht ist jedoch geboten, denn bei zu hoher Dosierung kann es zu Vergiftungserscheinungen und bei Schwangerschaften zu Fehlgeburten kommen.

Verwandte Arten

Es gibt in Europa 56 weitere Arten der Gattung *Artemisia.*

Mit den grauen, besonders intensiv duftenden Blättern des **Wermuts** *(Artemisia absinthium)* wurden früher Saucen verfeinert. Aus ihnen wurde auch der berühmtberüchtigte, 1915 in Frankreich verbotene Absinth hergestellt. Die Pflanze selbst ist nicht giftig, und wegen ihres ausgesprochen bitteren Geschmacks wird man auch kaum mehr als einige kleine Blattteilchen verwenden. Der aus Asien stammende **Estragon** *(Artemisia dracunculus)* wird häufig als Gewürz angebaut.

Der Wermut, der durch die Absinthbrennerei Berühmtheit erlangte, verströmt beim Berühren einen köstlichen Geruch – er schmeckt allerdings ausgesprochen bitter.

Verwechslungsgefahren

Man kann unseren Beifuss eventuell mit dem aus dem Nordosten Asiens stammenden **Verlotschen Beifuss,** *Artemisia verlotorum,* verwechseln, der teilweise auch in Europa heimisch ist. Diese Art lässt sich aber wie der Gewöhnliche Beifuss verwenden.

Die anderen Arten dieser Gattung unterscheiden sich vom Gewöhnlichen Beifuss dadurch, dass ihre Blätter nicht die charakteristische Zweifarbigkeit besitzen (grün auf der Oberseite, weisslich auf der Unterseite). Einige unter ihnen riechen, wenn man sie zerreibt, ausgesprochen aromatisch, vor allem der Wermut und die **Edelrauten** *(Artemisia genipi, Artemisia glacialis* und *Artemisia mutellina),* aus denen Liköre hergestellt werden. Die Edelrauten sind geschützt und dürfen auf keinen Fall gepflückt werden.

Beifuss-Crêpes

Rezept von Jean-Marie Dumaine

Für 4 Portionen

100 g Mehl, 1/8 l Milch, 1/8 l Wasser, 4 Eier, Salz, 50 g flüssige Butter, 100 g junge Beifusstriebe mit dem zarten Stengel

1. Mehl, Milch, Wasser, Eier, eine Prise Salz und die flüssige Butter zu einem glatten Teig rühren. Den Teig 1 Stunde quellen lassen.
2. Die Beifusstriebe grob hacken und unter den Teig mischen.
3. In einer beschichteten Pfanne nacheinander etwa 12 dünne Crêpes ausbacken.

Tip: Die Crêpes können nach Belieben ohne weitere Zutat oder mit Frischkäse bestrichen serviert werden; sie ergeben auch eine delikate Beilage zu Gänse- und Entenbraten.

Brassica nigra

Schwarzer Senf

Brassicaceae (Cruciferae), Kreuzblütengewächse

Blätter: März bis Oktober
Blütenstände und Samen: April bis Oktober

Die breit geformten Blätter des Schwarzen Senfs ergeben ein leckeres Gemüse, das einen ausgeprägt kohlähnlichen Geschmack hat.

Beschreibung:
Dunkelgrüne Blätter und leuchtend gelbe Blüten

Der Schwarze Senf ist ein einjähriges «Unkraut» von charakteristischem Aussehen. Er wächst – oft in Gruppen – aus den im Vorjahr verbreiteten Samen. Die aufrechten Stengel haben ausladende Verästelungen. Die unteren, grundständigen Blätter bilden Büschel; sie sind tief eingeschnitten und in gelappte Blattabschnitte unterteilt. Der oberste Blattabschnitt ist deutlich grösser als die anderen. Die oberen Blätter sind länglich und meist ganzrandig. Alle Blätter sind von einem schön glänzenden, ziemlich dunklen Grün, etwas fleischig und rauh behaart. Die mittelgrossen Blüten haben vier kreuzförmige gelbe Blütenblättchen und verströmen einen recht ausgeprägten Geruch. Sie bilden an den Astenden längliche Trauben. Die kleinen, länglichen Schoten sitzen am Blütenstengel und beherbergen kleine, dunkle, kugelförmige Samen.

Standort: **In der Regel auf Schuttplätzen**

Wir finden den Schwarzen Senf in den meisten Gegenden Mitteleuropas auf Feldern und Schutthalden.

Namensursprung: **Ein keltischer Name**

Der botanische Name *Brassica* stammt von *brassic,* der keltischen Bezeichnung für den **Gemüse-Kohl** *(Brassica oleracea),* ab. Dieses von den Kelten hoch geschätzte Gemüse war ursprünglich an den europäischen Küsten beheimatet. Der Zusatz *nigra,* schwarz, bezieht sich auf die dunkle Farbe der Samenkörner.

Anwendung: **Er schmeckt nach Kohl und Senf**

Die jungen Blätter schmecken ein wenig scharf und passen sehr gut in Salate. Die älteren Blätter ergeben gekocht ein leckeres Gemüse – sie sind sättigend, geschmackvoll und nahrhaft. Die Schärfe der Blätter geht beim Kochen verloren, so dass der Kohlgeschmack überwiegt. Die Blätter lassen sich auf vielfältige Art und Weise zubereiten.

Die jungen Blütenstände werden zusammen mit den zarten Stengelspitzen roh gegessen. Später wird man sich mit den Blüten und Knospen begnügen, die eine schöne Verzierung für Speisen sind.

Die sehr scharfen Körner werden zur kommerziellen Herstellung von Senf mitverwendet; zu diesem Zweck wird die Pflanze auch kultiviert. Aus den Samen lässt sich mühelos ein deftiger, hausgemachter Senf herstellen.

Bevor sich der Blütenstengel entwickelt, ist die Wurzel von fleischiger Konsistenz und kann roh oder gekocht wie weisse Rüben gegessen werden, nach denen sie im übrigen auch schmeckt.

Der Schwarze Senf sollte vor allem im Frühjahr gesammelt werden, wenn er noch üppige, glänzende Blattbüschel und zarte, kaum geöffnete Blütenstände trägt.

Inhaltsstoffe und Heilwirkung: **Ein Appetitanreger**

Die gesamte Pflanze, vor allem aber die Samenkörner, enthalten Senfölglykoside, die bei der Hydrolyse das stark ätzende Senföl abspalten. In den Senfkörnern findet man zudem ein fettes Öl, ein weiteres Glycosid sowie ein Alkaloid. Die Blätter sind reich an Proteinen, Provitamin A, Vitamin B und C sowie Mineralsalzen.

Die rohe Pflanze und die Körner wirken appetitanregend, verdauungsfördernd und antiseptisch. Aus Senfmehl werden auch Zugpflaster hergestellt. In grossen Mengen verwendet, können die Samen Reizreaktionen hervorrufen.

Der Schwarze Senf ist ein regelmässiger Gast auf umgegrabenen Feldern. Man erkennt ihn leicht an seinen langen Blütenständen, die an der Spitze mit gelben, quastenähnlichen Büscheln besetzt sind.

Verwandte Arten

Es gibt in Europa zwanzig weitere Arten der Gattung *Brassica.*

Besondere Beachtung gilt dem **Rübsen** oder **Rüben-Kohl** *(Brassica rapa* subsp. *campestris),* einer zweijährigen Pflanze, die auf Feldern wächst.

Der **Gemüse-Kohl** *(Brassica oleracea)* mit seinen unzähligen vom Menschen gezüchteten Unterarten ist mit Sicherheit der bekannteste nahe Verwandte des Schwarzen Senfs. Er stammt ursprünglich von den europäischen Küstengebieten bis hoch nach Helgoland.

Verwechslungsgefahren

Man kann den Schwarzen Senf mit anderen Kreuzblütengewächsen, die ähnliche Merkmale haben und an denselben Standorten wachsen, verwechseln, insbesondere mit dem **Rübsen** oder **Rüben-Kohl,** dem **Raps** *(Brassica napus),* dem **Gemüse-Kohl** *(Brassica oleracea),* verschiedenen **Senfarten** (*Sinapis* spp.), dem **Garten-Rettich** *(Raphanus sativus)* und dem **Acker-Rettich** oder **Hederich** *(Raphanus raphanistrum).*

Mehrere Arten der Gattung *Brassica,* die im Küstengebiet und im Hochgebirge wachsen, sind sehr selten und dürfen keinesfalls gesammelt werden.

In der Regel kann man die Kreuzblütengewächse nur anhand der Blüten und Früchte eindeutig bestimmen. Eine Verwechslung wäre aber ungefährlich, da mit Ausnahme des **Goldlacks** *(Cheiranthus cheiri)* und des **Schöterichs** (*Erysimum* spp.) alle diese Pflanzen essbar sind.

Gazpacho mit Senfblättern und Topinambur-Chips

Rezept von Jean-Marie Dumaine

Für 4 Portionen

12 zarte Senfblätter, 1 kleine Zwiebel, 2 geschälte Tomaten, 100 g Salatgurke, 1 rote Paprika (Peperoni), 1 Knoblauchzehe, 1 Esslöffel Paniermehl, 100 ml Olivenöl, 50 ml Essig, Meersalz, Cayennepfeffer, 4 Knollen Topinambur

1. Sämtliches Gemüse grob pürieren. Paniermehl, Olivenöl, ¼ Liter kaltes Wasser und den Essig zugeben. Mit Salz und Cayennepfeffer würzen.
2. Für die Chips die Topinambur schälen und mit dem Gemüsehobel in sehr feine Scheiben schneiden. Mit Olivenöl bestreichen. Auf ein Backblech legen. Über Nacht bei 80 Grad im Backofen trocknen lassen, bis die Chips knusprig sind. Mit Salz würzen.
3. Die Gazpacho in Tellern anrichten und mit den Chips bestreuen.

Capsella bursa-pastoris

Hirtentäschel

Brassicaceae (Cruciferae), Kreuzblütengewächse

Wurzel, Blätter, Blüten und Samen: fast ganzjährig

Wenn der Winter sich dem Ende zuneigt, sind die zarten Blattrosetten des Hirtentäschels eine wahre Delikatesse.

Beschreibung: **Unverwechselbare Rosetten**

Das Hirtentäschel ist ein ein- bis zweijähriges «Unkraut». Die Blätter der markanten Grundrosette sind tief gelappt, die einzelnen Läppchen orientieren sich alle mehr oder weniger zur Blattspitze hin. An dem aufrechten, dünnen und von Grund an verzweigten Stengel sitzen ganzrandige, stengelumfassende Blätter. Die kleinen, weissen Blütenköpfchen mit je vier Kronblättchen stehen fast ganzjährig in Blüte. Sie bilden ausgeprägt längliche Trauben, an denen gleichzeitig von oben nach unten Knospen, Blüten und Früchte sitzen. Die Schoten der Früchte haben eine sehr charakteristische Form. Sie sind dreieckig, umgekehrt herzförmig und bergen in ihrem Inneren einige kleine, gelbe Samen.

Standort:

Man trifft das Hirtentäschel fast überall an

Das Hirtentäschel ist überall in unseren Breiten in Gärten, auf Feldern, Wiesen, Schutthalden und an Strassenrändern weit verbreitet.

Namensursprung: **Nach der charakteristischen Form der Früchte benannt**

Der botanische Name *Capsella* bedeutet «kleine Schachtel». Die Frucht des Hirtentäschels erinnert in der Tat an eine kleine Schachtel oder an die typischen Taschen der Hirten. So erklären sich denn auch der Zusatz *bursa-pastoris* und der deutsche Name Hirtentäschel.

Das besondere Merkmal des Hirtentäschels sind seine kleinen, herzförmigen Früchte. An ihnen erkennt man die Pflanze sofort – allerdings ist es dann schon zu spät, um die Blätter zu ernten. Im Hintergrund Brennnesselblätter.

Anwendungen: **Eines der ersten Gemüse im Jahr**

Sofern kein Schnee liegt, können die Blattrosetten des Hirtentäschels den ganzen Winter über gesammelt werden, und auch im Frühjahr sind sie noch ein Genuss. Sie stellen eine angenehme Abwechslung zur schweren Nahrung in der kalten Jahreszeit dar. Solange sie noch zart sind, mischt man sie unter Salate. Sie schmecken vorzüglich und erinnern an Kohl, den berühmten Verwandten des Hirtentäschels. Sie können auch, wie es in China oder Japan Brauch ist, wo das Kraut sehr beliebt ist, als Zutat zu Gemüsegerichten oder in Suppen verwendet werden. Einfach kurz über Dampf gegart, sind die Rosetten eine wahre Delikatesse.

Zum Ernten schneidet man die Wurzel in der Erde einige Zentimeter unterhalb des Blattansatzes ab. So erhält man die ganze Rosette. Sobald sich der Blütenstengel entwickelt, welkt die Rosette sehr schnell, und die Blätter des Blütenstengels sind recht klein.

Die Stengelspitzen mit den Knospen, Blüten und einigen kleinen Herzschoten geben Salaten eine angenehme Geschmacksnote. Später bergen die Früchte zahlreiche winzige Samenkörner. Die scharf schmeckenden Körner werden wie Senfkörner gemahlen und als Gewürz verwendet.

Solange sich der Blütenstengel noch nicht entwikkelt hat, ist die Wurzel zart und kann roh wie Rettich gegessen werden, auch wenn sie etwas faserig und nicht besonders gross ist. So manches Gericht bekommt durch die Schärfe der gehackten Wurzel einen intensiveren Geschmack.

Inhaltsstoffe und Heilwirkung:

Das Hirtentäschel bringt den Kreislauf in Schwung

Die Blätter sind reich an Proteinen, Vitaminen und Mineralsalzen und enthalten zudem Gerbstoffe, Alkaloide und ein Senfölglykosid, das für die entsprechende Schärfe sorgt.

Die frische Pflanze regt den Organismus an und hilft bei unregelmässigen oder schmerzhaften Monatsblutungen und Durchblutungsstörungen (Krampfadern, Hämorrhoiden usw.). Äusserlich angewendet hilft das Hirtentäschel, Blutergüsse einzudämmen.

Verwandte Arten

In Europa gibt es vier weitere Arten der Gattung *Capsella*.

Die häufigste unter den verwandten Arten ist die *Capsella rubella* mit rötlichen Blütenblättern, die sehr schwer von unserem Hirtentäschel zu unterscheiden ist.

Verwechslungsgefahren

Die Rosetten des Hirtentäschels lassen unweigerlich an den Löwenzahn denken. Die Blätter sind jedoch leicht an ihren Läppchen zu unterscheiden, deren Spitzen beim Hirtentäschel der Blattspitze und beim Löwenzahn dem Boden zugewandt sind. Im Zweifelsfall muss man nur ein Blatt probieren: Das Hirtentäschel hat den typischen kohlähnlichen Geschmack der Kreuzblütengewächse, der sich deutlich von dem der Korbblütengewächse unterscheidet.

Man könnte das Hirtentäschel eventuell noch mit anderen Kreuzblütengewächsen verwechseln; die Pflanzen dieser Familie sind jedoch, mit Ausnahme einiger Arten, die man an ihrem bitteren Geschmack erkennt, alle nicht giftig.

Frühlingssalat

Für 4 Portionen

100 g Blattrosetten vom Hirtentäschel, 100 g Blattrosetten vom Klatsch-Mohn, 100 g Feldsalat, 2 Eier, 30 g geschälte Sonnenblumenkerne, 1 Esslöffel Apfelessig, 2 Esslöffel kalt gepresstes Sonnenblumenöl, 1 Prise Salz

1. Die Salatpflänzchen waschen und gut trocknen.
2. Die Eier weich kochen (5 Minuten), abschrecken und vorsichtig schälen. Klein schneiden.
3. Die Sonnenblumenkerne ohne Fett in der Pfanne rösten.
4. Die Salatpflanzen in eine Schüssel geben, darüber das klein geschnittene Ei und die gerösteten Sonnenblumenkerne geben. Mit Essig, Öl und Salz anmachen.

Hirtentäschelauflauf

Für 4 Portionen

100 g Karotten, 100 g Zwiebeln, 60 ml Olivenöl, 400 g Hirtentäschelblätter, 2–3 Zweiglein Thymian oder Majoran, 4 Eier, 2 Eigelb, 100 ml Milch, 50 g geriebener Käse, 1 Teelöffel Salz, Pfeffer

1. Karotten und Zwiebeln klein würfeln und im Olivenöl anbraten. Die gewaschenen und gehackten Hirtentäschelblätter zusammen mit dem Thymian oder Majoran dazugeben.
2. Die Eier und Eigelbe mit der Milch und dem geriebenen Käse verquirlen und mit Salz und Pfeffer abschmecken.
3. Das Gemüse in eine geölte Backform geben, mit der Eiercreme bedecken und im Wasserbad bei 175 Grad eine halbe Stunde im Backofen garen.
4. Den Auflauf vorsichtig aus der Form stürzen und nach Belieben auf einem Bett von gedünsteten Tomaten servieren.

Cardamine pratensis

Wiesen-Schaumkraut

Brassicaceae (Cruciferae), Kreuzblütengewächse

Blätter, Blütenstände: Februar bis Mai

Die zartrosa Blätter des Wiesen-Schaumkrauts bilden am Stengelende anmutige Blütensträusschen, die im Frühjahr zahlreich erblühen.

Beschreibung: **Eine rosa blühende Wiesenkresse**

Das Wiesen-Schaumkraut ist eine zarte mehrjährige Pflanze, deren Blätter eine Grundrosette bilden. Sie haben drei bis sieben rundliche Fiederpaare, die zum Blattende hin grösser werden. Am einfachen, aufrechten Stengel sitzen einige sieben- bis fünfzehnschnittige Blätter, deren Abschnitte in der Regel länglich und schmal geformt sind. Die Blätter haben ein leuchtendes Dunkelgrün und verströmen, wenn man sie zwischen den Fingern zerreibt, einen leicht scharfen Geruch. Die Blüten sind recht gross und haben vier kreuzständige, fein geäderte, zartlila Blütenblättchen. Sie stehen am Stengelende in lockeren Träubchen. Sobald sich das Frühjahr ankündigt, beginnen diese duftigen Wattebäuschchen zu blühen.

Standort: **Eine Wiesenblume**

Fast überall in unseren Breiten ziert diese liebliche Pflanze feuchte Wiesen, Gräben und Strassenränder. Oft breitet sie sich weiträumig aus, so dass mancherorts über dem Grün der Wiesen ein zarter rosa Nebel zu liegen scheint.

Namensursprung: **Ein Gewürz mit Tradition**

Der botanische Name dieser Pflanze leitet sich vom griechischen Wort *kardamon* ab, mit dem in der Antike ein Kreuzblütengewächs mit brennend scharfem Geschmack benannt wurde. Auch das orientalische Gewürz Kardamom verdankt seinen Namen diesem Ursprung. Der Zusatz *pratensis* bedeutet «auf der Wiese wachsend» und weist auf den Standort dieser Pflanze hin.

Anwendungen:

Ein naher Verwandter der Brunnenkresse

Die gefiederten und sehr scharfen Blätter des Wiesen-Schaumkrauts sind den Blättern der Brunnenkresse sehr ähnlich. Wegen ihres ausgeprägten, leicht bitteren Geschmacks kann man sie im Prinzip nur als Gewürz verwenden. Man kann die frischen Blätter auch in gehackter Form unter Salate, verschiedene Saucen und Speisen mischen oder eine würzige Kräuterbutter damit zubereiten. Wie die Blätter der Brunnenkresse schmecken auch die des Wiesen-Schaumkrauts gut in Suppen oder Gemüsegerichten.

Die Blüten und Blütenstände sind eine besonders schöne Verzierung für Salate. Sie sind ebenfalls recht scharf, wenn auch nicht ganz so wie die Blätter.

Sowohl in Europa wie auch im Orient wurden früher aus anderen Schaumkrautarten Frühlingssalate oder gekochtes Gemüse zubereitet.

Inhaltsstoffe und Heilwirkung:

Massvoll verwenden

Das Schaumkraut ist reich an Vitamin C und enthält ein Senfölglykosid, aus dem bei der Hydrolyse ein ätzendes und blasenziehendes Senföl entsteht.

Die frische Pflanze belebt den Organismus, regt die Verdauung an und hilft bei Lungenkrankheiten. Früher wurde sie wegen ihres Vitamin-C-Gehalts zur Bekämpfung von Skorbut verwendet. Das Wiesen-Schaumkraut ist jedoch vorsichtig anzuwenden, da sein ätherisches Öl bei zu hohen Dosen Reizreaktionen hervorrufen kann.

Verwandte Arten

In Europa gibt es 37 weitere Arten der Gattung *Cardamine.* Alle Arten tragen weisse Blüten. Die wichtigsten Arten sind das **Wald-Schaumkraut** *(Cardamine silvatica)*, das häufig vorkommende **Vielstengelige Schaumkraut** *(Cardamine hirsuta)* sowie das **Alpen-Schaumkraut** *(Cardamine alpina)*, das auf Feuchtwiesen in höheren Gebirgslagen zu finden ist. Diese drei Schaumkrautarten sind sehr gute Gewürzkräuter und schmecken milder als das Wiesen-Schaumkraut. Nur das **Bittere Schaumkraut** *(Cardamine amara)*, das am Rande von Gewässern wächst und bisweilen mit der Brunnenkresse verwechselt wird, ist vielleicht sogar etwas schärfer als das Wiesen-Schaumkraut.

Verwechslungsgefahren

Die Blütenfarbe unseres Wiesen-Schaumkrauts schliesst jede Verwechslung mit anderen Arten dieser Gattung und den Kreuzblütengewächsen aus, die ihm ansonsten, zumindest in unseren Breiten, ähneln könnten. Eine Verwechslung wäre zudem ungefährlich, da diese Arten alle ungiftig sind.

Wiesen-Schaumkraut-Mousse

Rezept von Jean-Marie Dumaine

Für 4 Portionen

200 g Schlagrahm, 50 g junge Wiesen-Schaumkraut-Blätter, 1 Teelöffel Senf, Salz, weisser Pfeffer

1. Den gut gekühlten Rahm steif schlagen.
2. Die Wiesen-Schaumkraut-Blätter fein hacken oder pürieren. Mit dem Schlagrahm und dem Senf mischen. Mit Salz und Pfeffer abschmecken. Im Kühlschrank fest werden lassen.

Tip: Mit einem heissen Löffel Klösschen abstechen und in einer Wiesen-Schaumkraut-Suppe oder als Vorspeise mit Räucherfisch servieren. Die Mousse eignet sich auch vorzüglich für belegte Brötchen. Den Schlagrahm kann man durch Mascarpone oder Doppelrahm (Crème double) ersetzen.

Wiesen-Schaumkraut-Suppe

Rezept von Jean-Marie Dumaine

Für 4 Portionen

100 g junge Wiesen-Schaumkraut-Blätter, 200 g Kartoffeln, 20 g Butter, 1/2 l Wasser, 1 Prise Meersalz

1. Die Wiesen-Schaumkraut-Blätter klein schneiden. Die Kartoffeln schälen und fein würfeln.
2. Die Butter in einem Topf erhitzen und das Wiesen-Schaumkraut darin andünsten. Dann die gewürfelten Kartoffeln zugeben, das Wasser zugiessen und 15 Minuten kochen lassen.
3. Die Suppe mit Salz abschmecken.
4. Nach Belieben mit Klösschen von Wiesen-Schaumkraut-Mousse servieren.

Chenopodium album

Gänsefuss

Chenopodiaceae, Gänsefussgewächse

Blätter: Mai bis September
Samen: Juli bis Oktober

Die jungen Triebe des Weissen Gänsefusses, der zu den besten Wildgemüsesorten gehört, spriessen am Ende des Frühjahrs in grossen Mengen.

Beschreibung: **Man erkennt ihn beim Berühren**

Der Weisse Gänsefuss ist ein einjähriges «Unkraut», das sich rasch verbreitet und oft weite Flächen überwuchert. Die aufgerichteten, stark verzweigten Stengel sind der Länge nach grün-weiss gestreift. Die ziemlich grossen, leicht fleischigen Blätter sind auf ihrer Oberseite dunkelgrün und auf der Unterseite weisslich und haben einen buchtigen, gezähnten Blattrand. Die Härchen auf ihrer Unterseite lösen sich leicht und bilden besonders zur Pflanzenspitze hin eine mehlige Schicht, die einem beim Anfassen sofort auffällt. Die winzigen, grünlichen Blütenköpfchen bilden lange, endständige Trauben. Aus ihnen gehen kleine, kreisrunde, schwarz glänzende Samenkörner mit einem Durchmesser von etwas mehr als einem Millimeter hervor.

Standort: **Ein Acker-«Unkraut»**

In unseren Breiten ist der Weisse Gänsefuss ausgesprochen häufig in Gärten, auf Feldern und Schutthalden zu finden. Seine Samen, die er in beeindruckenden Mengen produziert, können bis zu fünfzig Jahre keimfähig bleiben. Kaum wird irgendwo ein Stück Erde umgegraben, sind sie eifrig dabei, es zu besiedeln.

Namensursprung: **Die charakteristische Blattform**

Dem aufmerksamen Beobachter wird nicht entgehen, dass die rautenförmigen Blätter dieser Pflanze eine gewisse Ähnlichkeit mit den Füssen von Gänsen haben. So ist denn auch der botanische Name von *chên,* Gans, und *podion,* Fuss, abgeleitet. Der Zusatz *album,* weiss, beschreibt die weisslichen jungen Blätter an der Triebspitze.

Anwendung: **Ein Tausendsassa**

Gegen Ende des Frühjahrs spriessen in Gärten und auf Feldern unzählige kleine, grün und manchmal leicht violett gefärbte Triebe. Zu dieser Jahreszeit schmecken sie am besten und ergeben besonders zarte Salate.

Die Blätter, die man während der gesamten Lebenszeit der Pflanze ernten kann, haben, auch wenn sie älter sind, noch einen ausgesprochen feinen Geschmack. Man braucht sie lediglich über Dampf zu garen oder zu kochen und mit einem Stückchen Butter zu servieren. Sie eignen sich auch hervorragend für Aufläufe, Soufflés und Quiches, denn der Weisse Gänsefuss ist eine der schmackhaftesten und vielfältigsten Wildgemüsearten. Man kann ihn auf verschiedenste Art und Weise wie Spinat zubereiten; im Geschmack ist er diesem sehr ähnlich (er gehört ja auch derselben Pflanzenfamilie an), nur ist der Weisse Gänsefuss milder. Diese Pflanze, die für uns heute nicht mehr als ein lästiges Unkraut ist, bauten die alten Römer noch in ihren Gemüsegärten an.

Die schwarzen Samen sind ebenfalls essbar. Sie sind zwar nicht gross, dafür aber in Unmengen verfügbar und leicht zu ernten, indem man die reifen Blütenstände durch ein Getreidesieb schüttelt. Um sie von den Saponinen zu befreien, muss man sie zuerst einmal aufkochen und anschliessend das Wasser abgiessen. Dann kann man sie wie Getreide verwenden oder als Brei essen. Gemahlen und unter Weizenmehl gemischt, kann man aus ihnen auch gute Pfannkuchen machen.

Unsere Vorfahren wussten den Wert dieser Pflanze offensichtlich richtig einzuschätzen, denn bei Ausgrabungen hat man in den Überresten von Küchen, die aus der Jungsteinzeit stammen, Samen des Weissen Gänsefusses gefunden. In den Gebieten um die Schweizer Seen wurden in Dörfern, die auf die Eisenzeit zurückgehen, viele Samen gefunden. Vermutlich wurde aus den Samen damals eine Art Grütze gekocht. Die Indianerstämme Nordamerikas bereiteten früher aus verschiedenen Getreidekörnern, darunter auch geschroteten und gekochten Gänsefusssamen, eine Art Brei zu, den sie Piñole nannten.

Inhaltsstoffe und Heilwirkung:

Zahlreiche Nährstoffe

Der Weisse Gänsefuss ist reich an Proteinen, Vitamin A und C sowie Calcium. Er enthält auch Vitamin B, Phosphor, Eisen, Saponine und Oxalsäure. Man sollte ihn wie Spinat nicht im Übermass geniessen, da die löslichen Oxalate im Körper zu Reizreaktionen führen können. Menschen mit Nieren- und Leberkrankheiten, Arthritis sowie Nieren-, Gallen- oder Blasensteinen sollten sich davor hüten. Die Oxalate kann man allerdings durch zweimaliges Abkochen der Blätter entfernen.

Verwandte Arten

In Europa findet man 22 weitere Arten der Gattung *Chenopodium.*

An denselben Standorten wie der Weisse Gänsefuss wachsen verschiedene verwandte Arten, die oft nicht leicht voneinander zu unterscheiden sind. Fast alle lassen sich wie der Weisse Gänsefuss verwenden.

Seit einigen Jahren kann man bei uns die Samen der **Quinoa** *(Chenopodium quinoa)* kaufen. Dieses in den Anden heimische Gewächs ist nahe verwandt mit dem Weissen Gänsefuss und war eines der wichtigsten Getreide der Inkas.

Vor kurzem erst gelang es, Gänsefussvarietäten ohne Saponine zu züchten. Bis dahin mussten die Samen immer zweimal abgekocht werden.

Der **Gute Heinrich** *(Chenopodium bonus-henricus)* ist auf Seite 38–39 beschrieben.

Verwechslungsgefahren

Den Weissen Gänsefuss kann man leicht mit anderen Gänsefussarten verwechseln. Auch der **Gewöhnlichen Melde** oder **Rutenmelde** *(Atriplex patula)*, die dieselben Standorte bevorzugt, ähnelt er sehr. Eine Verwechslung wäre weiter nicht schlimm, denn alle Gänsefuss- und Meldenarten sind gut essbare Wildpflanzen.

Im Verlauf des Sommers schiessen die Stengel unverhältnismässig auf und tragen endständige Trauben aus grünlichen Blüten, die kleine, schwarze Samen hervorbringen.

Gefüllte Windbeutel

Für 4 Portionen

Brandteig:
125 g Butter, 1/4 l Wasser, 125 g Mehl, 4 Eier, 100 g geriebener Käse (Greyerzer)

Füllung:
25 g Butter, 25 g Mehl, 200 ml Milch, 500 g Gänsefussblätter, 100 g geriebener Käse

1. Für den Brandteig die Butter im Wasser zergehen lassen. Sobald das Wasser kocht, das ganze Mehl auf einmal zugeben. Den Teig kräftig schlagen, bis er sich vom Boden des Topfes löst. 5 Minuten abkühlen lassen, dann die Eier eines nach dem anderen zugeben und jeweils gut einarbeiten. Die Hälfte des Käses beifügen und ebenfalls gut vermischen. Aus dem Teig mittelgrosse Bällchen formen, auf ein Backblech legen und bei 220 Grad im vorgeheizten Backofen 20 Minuten backen. Die Windbeutel müssen dabei schön aufgehen.
2. Für die Füllung die Butter schmelzen, das Mehl darin hell anschwitzen. Die Milch aufkochen, unter Rühren zur Mehlschwitze giessen, erneut aufkochen und 10 bis 15 Minuten zu einer dicken Sauce köcheln.
3. Die Gänsefussblätter über Dampf garen und unter die Sauce rühren.
4. Die gebackenen Windbeutel vorsichtig in der Mitte durchschneiden, mit der Gemüsesauce füllen. Den Deckel wieder aufsetzen und die Windbeutel zurück auf das Backblech geben. Mit dem restlichen Käse bestreut kurz überbacken.

Chenopodium bonus-henricus

Guter Heinrich

Chenopodiaceae, Gänsefussgewächse

Blätter: April bis November
Blütenstände: Juni bis September
Samen: August bis Oktober

Der Gute Heinrich bietet uns zugleich seine Blätter und seine zarten Blütenstände an.

Beschreibung: **Wilder Spinat**

Der Gute Heinrich ist eine ausdauernde Pflanze mit aufrechten, kaum verzweigten Stengeln, an denen breite, dreieckige Blätter sitzen. Die Blätter haben zwei nach unten gerichtete Öhrchen, die wie zwei grosse Pfeilspitzen aussehen. Die Blattunterseiten sind besonders zur Spitze hin mit zahlreichen winzigen, weissen Körnchen bedeckt, die eine für den Guten Heinrich typische feuchte Mehlschicht bilden. Die kleinen, grünlichen Blüten bilden am Sprossende lange und an den Blattachseln kürzere ährenförmige Blütenstände. Wenn die kleinen, linsenförmigen und braun glänzenden Samen heranreifen, erhalten die Blütenstände einen rötlichen Farbton.

Standort: **Auf der Alp**

Den Guten Heinrich findet man in teilweise sehr grossen Beständen um Alpweiden und manchmal auch an Wildunterständen in den Bergen, deren Boden durch den Kot der Tiere gedüngt wurde. Er wächst aber auch auf Schutthalden und am Wegrand. In seiner Nähe finden wir oft die **Grosse Brennnessel** *(Urtica dioica)* und den **Alpen-Ampfer** *(Rumex alpinus)*.

Namensursprung: **Eine nützliche Pflanze**

Der Gute Heinrich gehört wie der Weisse Gänsefuss (*Chenopodium album,* Seite 36–37) der Gattung der Gänsefussgewächse an. Der Zusatz *bonus-henricus,* Guter Heinrich, zeugt von dem hohen Ansehen, das er seit jeher als Nahrungslieferant genoss; der Name «Heinrich» verleiht der Pflanze etwas Menschliches.

Der Gute Heinrich ist unter zahlreichen anderen Namen bekannt. Der Ausdruck «Wilder Spinat» weist auf seine Verwandtschaft mit dem bekannten gleichnamigen Gartengemüse hin.

Anwendung: **Zwei Gemüse in einem**

Nach der Schneeschmelze spriessen Unmengen kleiner, oft erstaunlich roter Blättchen, die später in ein schönes, zartes Grün übergehen. Diese noch ganz jungen Blättchen ergeben einen leckeren Salat.

Die Blätter können über die gesamte Lebensdauer der Pflanze geerntet werden; ältere Blätter schmecken hervorragend, wenn man sie kocht. Sie sind zart und haben einen angenehmen, ausgeprägten Geschmack. Man kann sie wie Spinat ganz unterschiedlich zubereiten: schlicht gedämpft oder verarbeitet zu salzigen Kuchen, als Füllung für Windbeutel (Gougères aus Käsebrandteig) oder auf eine der vielen anderen, von Region zu Region verschiedenen traditionellen Arten zubereitet. In der Schweiz dürfen in der «Hirtensuppe» die Blätter des Guten Heinrichs niemals fehlen. In der Gegend von Nizza verwendet man ihn heute noch zur Herstellung der köstlichen «Dendeiruols», einer Art grüner Gnocchi. Der Gute Heinrich ist unbestritten eines unserer besten Wildgemüse.

Die jungen Blütenstände werden geerntet, solange man sie noch mit den Finger abbrechen kann. Sie werden über Dampf gekocht und wie Spargel mit einer Senfsauce oder mit Butter angerichtet. In ihrem zarten Geschmack stehen sie dem Spargel in nichts nach. Man sollte sie allerdings nicht zu lange kochen, damit sie nicht zu weich werden. Wenn sie bereits zu blühen begonnen haben, wird der Stengel bald zu hart zum Essen.

Die Samen sind nicht gross, werden aber in grossen Mengen produziert. Sie lassen sich leicht mit dem Finger aus den reifen Blütenständen lösen und reinigen, indem man sie durch ein Getreidesieb schüttelt. Früher kochte man aus ihnen Grütze und aus den zermahlenen Körnern Brei. Um sie von den Saponinen zu befreien, kocht man sie zuerst auf und giesst anschliessend das Wasser ab. Aus den gemahlenen und mit Weizenmehl vermischten Körnern kann man aussergewöhnlich schmackhafte Pfannkuchen zubereiten. Wie der **Weisse Gänsefuss** *(Chenopodium album)* ist auch der Gute Heinrich schon seit Urzeiten als Nahrungsmittel bekannt. Er wurde verdientermassen hoch geschätzt und als eine sehr widerstandsfähige, ausdauernde (er muss nicht jedes Jahr neu ausgesät werden) und zudem ertragreiche Pflanze auch gerne angebaut.

Inhaltsstoffe und Heilwirkung:

Vorsicht vor den Oxalsäuren

Die Blätter des Guten Heinrichs enthalten viel Proteine, Provitamin A, Vitamin B_1, B_2, und C, Niacin sowie verschiedene Mineralsalze, insbesondere Phosphor und Eisen. Sie enthalten aber auch Saponine und Oxalsäure.

Der Gute Heinrich wirkt reizlindernd und leicht abführend. Als äusserliche Anwendung verarbeitet man seine Blätter zu Zugpflastern, die den Heilungsprozess bei Abszessen fördern.

Die löslichen Oxalate, die beim Kochen aus der Oxalsäure entstehen, können Reizreaktionen hervorrufen. Menschen mit Nieren- oder Lebererkrankungen, Arthritis sowie Nieren-, Blasen- oder Gallensteinen sollten diese Pflanze meiden oder sie zumindest mehrmals abkochen, um sie von diesen schädlichen Substanzen zu befreien.

Verwandte Arten

Siehe Weisser Gänsefuss auf Seite 36–37.

Der **Spinat** *(Spinacia oleracea)* ist ein naher Verwandter des Guten Heinrichs und sieht ihm ausgesprochen ähnlich.

Verwechslungsgefahren

Man könnte den Guten Heinrich mit einigen anderen **Gänsefussarten** verwechseln, die ebenfalls dreieckige Blätter haben *(Chenopodium urbicum, Chenopodium rubrum, Chenopodium hybridum, Chenopodium foliosum, Chenopodium capitatum)*. Deren Blätter sind aber kleiner, und es fehlen die nach unten gerichteten Blattöhrchen, die dem Blattansatz den grosszügigen Schwung verleihen. Wenn die Blätter der anderen Gänsefussarten überhaupt Öhrchen haben, dann spreizen sie sie im rechten Winkel vom Blattstengel ab. Ebenso verhält es sich mit der auf Schutthalden und in Küstengebieten vorkommenden **Spiess-Melde** *(Atriplex hastata)*. Ausserdem sind die Ähren des Guten Heinrichs in der Regel dichter. Eine Verwechslung bliebe jedenfalls ohne Folgen, da all diese Pflanzen ebenfalls gute Gemüse ergeben.

Der Gute Heinrich wurde zuweilen mit dem **Aronstab** *(Arum maculatum)* verwechselt, dessen Blätter giftig sind. Die glänzenden Blätter des Aronstabes fühlen sich jedoch niemals so mehlig an wie die des Guten Heinrichs. Wenn man sie probiert, bekommen sie nach ungefähr einer Minute einen scharfen, unerträglich brennenden Geschmack. Der Aronstab wächst in kühlen Wäldern.

Grüne Gnocchi

Dies ist ein altes Rezept aus den Bergen im Hinterland von Nizza.

Für 4 Portionen

500 g Blätter des Guten Heinrichs, 4 Eier, 1 Teelöffel Salz,
2–3 Zweige Thymian, 50 g Nüsse, gehackt, 300 g Mehl, 100 g geriebener Käse (Parmesan)

1. Die Blätter des Guten Heinrichs kurz in kochendem Wasser blanchieren. Abtropfen lassen und fein hacken.
2. Mit den verquirlten Eiern, Salz, Thymian, den gehackten Nüssen und dem Mehl zu einem festen Teig verarbeiten.
3. Einen möglichst grossen Topf Wasser auf grösster Flamme zum Kochen bringen. Wenn das Wasser kocht, Salz zugeben und die Temperatur reduzieren. Vom Gnocchiteig mit einem Teelöffel kleine Klösschen abstechen und ins Wasser geben. Nach etwa 10 Minuten sind sie gar und steigen an die Oberfläche.
4. Die Gnocchi nebeneinander auf eine geölte feuerfeste Platte geben, mit dem Parmesan bestreuen und überbacken.

Hirtensuppe

Diese an Milchprodukten reiche Suppe ist ein traditionelles Gericht in den Voralpen des Greyerzerlandes in der Schweiz.

Für 4 Portionen

300 g Blätter des Guten Heinrichs, 100 g Ampferblätter,
100 g Brennnesseltriebe, 200 g geschälte, gewürfelte Kartoffeln,
3/4 l Wasser, 3/4 l Milch, 100 g Suppennudeln,
200 g Crème fraîche, 100 g geriebener Käse (Greyerzer)

1. Das Wildgemüse mit den gewürfelten Kartoffeln in einem grossen Topf mit dem Wasser und der Milch gar kochen.
2. Die Nudeln zugeben und weiterkochen, bis sie gar sind.
3. Die Crème fraîche und den geriebenen Käse kurz vor dem Servieren unterziehen.

Es ist der Brauch, die Suppe in einer grossen Holzschüssel in die Mitte des Tisches zu stellen. Jeder Tischgenosse bekommt einen Holzlöffel, und alle essen gemeinsam aus der gleichen Schüssel.

Chrysanthemum leucanthemum, Leucanthemum vulgare

Margerite

Asteraceae (Compositae), Korbblütengewächse

Junge Blätter: März bis Mai
Blütenköpfe: Mai bis August

Im Frühjahr bringt die Margerite zarte, aromatisch schmeckende Triebe hervor.

Beschreibung:
Hübsche, gelb-weisse Blütenköpfchen

Die Gewöhnliche Margerite, eine ausdauernde, unbehaarte Pflanze, ist sehr schön anzusehen. Sie hat harte, aufrechte Stengel und charakteristische Blütenköpfe. Die grundständigen Blätter sind an der Spitze breiter und verjüngen sich zum Blattansatz hin zu einem langen Blattstengel. Die Stengelblätter sind länglich und haben keinen Blattstiel. Sämtliche Blätter sind dunkelgrün, unregelmässig gezähnt bis spitz gelappt. Die Blütenköpfe setzen sich zusammen aus langen, gelben Röhrenblüten in der Mitte, die von weissen, länglichen Zungenblüten umgeben sind. Sie bilden grosse, flache, endständige Blütenköpfe von bis zu 4,5 cm Durchmesser.

Standort: **Eine Wiesenblume**

Die Gewöhnliche Margerite kommt überall in unseren Breiten häufig auf Wiesen und am Wegrand vor.

Namensursprung: **Die Farbe gab den Namen**

Der botanische Name *Leucanthemum* leitet sich von den griechischen Wörtern *leukos,* weiss, und *anthemon,* Blüte, ab und beschreibt die Farbe der den Blütenkopf umgebenden Blütenblättchen. Der Zusatz *vulgare* ist im Sinne von gemein zu verstehen und weist darauf hin, dass diese Art in ganz Mitteleuropa am weitesten verbreitet ist.

Anwendung: **Ein sehr schmackhaftes Gemüse**

Die jungen Triebe ergeben ein exzellentes Gemüse. Über Dampf gegart, kann man sie mit einem Stück Butter, etwas Olivenöl oder einer leichten Sauce servieren. Sie schmecken ausgesprochen aromatisch und ein wenig wie die im Fernen Osten so beliebten Chrysanthemenblätter. Die Chrysantheme gehört derselben Familie an wie die Margerite. Die rohen Triebe schmecken sehr süss und sind gut für Salate geeignet.

Die jungen Triebe werden gesammelt, solange sie noch kleine, endständige Büschel bilden und der Stengel noch nicht entwickelt ist. Dann sind sie noch zart und lassen sich leicht mit den Fingern abbrechen. Manchmal verbergen sich in der Blattachsel der oberen Blätter auch schon kleine Blütenknospen. Die entfalteten Blätter sind ebenfalls verwendbar, schmecken aber weniger gut.

Die Blüten ergeben eine schöne Dekoration für Salate und andere Speisen. Man kann aus ihnen auch eine Art Wein herstellen, indem man sie in Wasser und Zucker gären lässt.

Inhaltsstoffe und Eigenschaften:

Geringe Heilwirkung

Kräutertees aus der Margerite sollen harn- und schweisstreibend wirken.

Verwandte Arten

In Europa gibt es elf weitere Arten der Gattung *Leucanthemum.*

Einige Margeriten werden als Zierpflanzen angebaut, vor allem unsere Gewöhnliche Margerite und die **Grosse Margerite** *(Leucanthemum maximum),* die in den Pyrenäen heimisch ist. Ihre Blüten können bis zu 6 cm Durchmesser erreichen.

Verwechslungsgefahren

Man kann die Gewöhnliche Margerite mit anderen Arten der Gattung *Leucanthemum* verwechseln, davon ist im Prinzip aber keine giftig.

Vor allem vor der Blütezeit können Verwechslungen mit dem **Jakobs-Kreuzkraut** oder **-Greiskraut** *(Senecio jacobaea)* vorkommen. Dessen Blätter sind aber grösser und tiefer eingeschnitten als die der Margerite, und seine Blütenköpfe haben gelbe Blütenblätter. Hier sei zur Vorsicht geraten, denn das Jakobs-Kreuzkraut ist giftig.

Die Margeritenblüten sind nicht nur hübsch anzusehen, sie schmecken auch angenehm aromatisch und können als Dekoration für verschiedenste Gerichte verwendet werden.

Knusprige Margeritenknospen

Für 4 Portionen

200 g Margeritenblütenknospen (mit 3 bis 5 cm Stengel), 50 g Mehl, 1 Ei, 200 g Paniermehl, ½ l Öl, Salz, Pfeffer, 1 Zitrone

1. Die Margeritenknospen zuerst in Mehl, dann im verquirlten Ei und zuletzt in Paniermehl wenden.
2. Das Öl erhitzen (wenn man einen Holzlöffel hineintaucht, müssen kleine Bläschen aufsteigen) und die Blütenknospen portionsweise darin etwa 1 Minute goldgelb ausbacken.
   Mit einer Schaumkelle herausheben und auf Küchenpapier abtropfen lassen. Mit Salz und Pfeffer würzen.
3. Die Zitrone vierteln und mit den Blütenknospen anrichten.

Tip: Dazu passen frisches Weissbrot und die Grüne Wildkräutersauce *(Seite 101).* *Sie sind auch eine pfiffige Beilage zu Fisch.*

Cirsium oleraceum

Kohldistel

Asteraceae (Compositae), Korbblütengewächse

Wurzeln: Oktober bis April
Blätter: April bis September
Stengel: Juni bis Juli
Blütenböden: Juni bis September

Die Blätter der Kohldistel sind oft sehr unterschiedlich geformt. Sie können gefiedert, wie auf diesem Bild, oder auch ganzrandig sein.

Beschreibung: **Eine Distel, die nicht kratzt**

Die ausdauernde, stachellose Kohldistel hat eine ausladende Grundrosette aus grossen, ganzrandigen bis leicht gefiederten Blättern, deren Ränder mit weichen, seidigen, nicht stechenden Dornen besetzt sind. Die Stengelblätter sitzen direkt am kräftigen, aufrechten Stengel, den sie am Blattansatz mit zwei Öhrchen umfassen. Alle Blätter, insbesondere die jungen, sind von einem hellen Grün. Die Kohldistel entwickelt an ihrer Spitze locker angeordnete Blütenköpfe aus blassgelben, röhrenförmigen Blüten. Die Blütezeit ist von Juni bis September.

Standort: **Sie hat es gern feucht**

Die Kohldistel steht bevorzugt in Wäldern, Feuchtwiesen, Gräben und am Rande von Gewässern, wo sie sich weitflächig ausbreitet. Sie ist in unseren Breiten überall anzutreffen.

Namensursprung: **Früher wurde sie angebaut**

Cirsium leitet sich vom griechischen *kirsion* ab. So nannte man eine Distel, mit der man Krampfadern behandelte (das griechische Wort für Krampfader lautet *kirsos).* Das lateinische Adjektiv *oleraceum* dient der Bezeichnung von Pflanzen, die im Garten angebaut wurden.

Anwendung: **Von Kopf bis Fuss alles verwendbar**

Bevor sich der Blütenstand entwickelt, schmecken die Wurzeln der Kohldistel besonders zart und können sowohl roh als auch gekocht wie die Bocksbartarten zubereitet werden, die im übrigen zur selben Pflanzenfamilie gehören.

Die sehr jungen Blätter der Kohldistel sind ausgesprochen zart und mild und eine gute Salatzugabe. Später, wenn ihr Geschmack intensiver wird, wird man daraus eher gekochte Gemüsegerichte zubereiten. Mit der Kohldistel lassen sich, ob man sie nun einzeln oder mit anderen Wildpflanzen mischt, schmackhafte Aufläufe, salzige Kuchen oder Soufflés machen. Die Blätter können sich zu einer stattlichen Grösse entwickeln, was für die Verarbeitung natürlich von Vorteil ist.

Der Stengel und die Mittelrippe der Blätter sind knakkig, fleischig und saftig und können wie Mangold mit Saucen angerichtet oder als Auflauf zubereitet werden. Sie haben ein zartes und dennoch charakteristisches Aroma. Die jungen, noch zarten Stengel werden geschält, in Stücke geschnitten und roh gegessen. Sie schmecken saftig und knackig wie Selleriestengel.

Kurz vor der Blüte kann man den Blütenboden roh oder gekocht wie Artischockenherzen zubereiten. Die Blütenköpfchen sind allerdings so klein und mühsam zu entblättern, dass man schon etwas Geduld aufbringen muss.

Inhaltsstoffe und Heilwirkung: **Ein Gemüse für Diabetiker**

Die Pflanze enthält Inulin, einen für Diabetiker verträglichen Zucker.

Verwandte Arten

In Europa existieren 59 weitere Arten der Gattung *Cirsium,* von denen fast alle mit scharfen Dornen ausgestattet sind.

Die bekannteste unter ihnen ist die **Acker-Kratzdistel** *(Cirsium arvense),* die in unseren Breiten in Scharen auf Feldern und Brachland wächst. Die **Stachlige Kratzdistel** oder **Alpen-Kratzdistel** *(Cirsium spinosissimum)* wächst auf feuchten und nitrathaltigen Böden in Gebirgslagen. Sie hat kleine, gelbe Blütenköpfchen und verdient für die Verwendung in der Küche besondere Beachtung. Doch

Die Wollköpfige Kratzdistel ist ausgesprochen stachelig. Ihre jungen, zarten Triebe und die Blütenböden sind jedoch ein aussergewöhnlicher Genuss.

die geschmacklich beste unter den Disteln ist zweifelsohne die **Wollköpfige Kratzdistel** *(Cirsium eriophorum)*, eine zweijährige, grosse und extrem stachelige Distel mit grossen kugelförmigen und fransigen Blütenköpfen.

Verwechslungsgefahren

Die Kohldistel kann kaum mit den anderen Arten ihrer Gattung verwechselt werden: Alle anderen Pflanzen der Gattung *Cirsium* haben Stacheln, und nur wenige tragen gelbe Blüten.

Alle in unseren Breiten vorkommenden Disteln (*Cirsium, Carduus, Carlina* usw.) sind jedenfalls ungiftig. Ihre Stengel sind in der Regel zart, knackig, saftig, süsslich und aromatisch. Roh oder kurz über Dampf gegart und mit einer Sauce serviert, munden sie hervorragend. Das Schälen kann jedoch etwas schwierig sein. Die Blütenköpfchen aller dieser Arten können wie Artischocken roh oder gekocht gegessen werden. Sie haben ein feines Aroma, ihre Zubereitung erfordert aber viel Geduld. Die Blüten einiger Distelarten, so auch der Acker-Kratzdistel, wurden früher zum Gerinnen der Milch bei der Käseherstellung verwendet.

Auch die Blütenköpfe der **Silberdistel** *(Carlina acaulis)* wurden früher bei uns im Berggebiet gegessen; sie sind recht gross und schmackhaft. Heute ist die Silberdistel aber geschützt und darf unter keinen Umständen gepflückt werden.

Mit Kohldistel und Ei gefüllte Tomaten

Rezept von Jean-Marie Dumaine

Für 4 Portionen

4 mittelgrosse Fleischtomaten, 20 g Butter, 150 g Kohldistelblätter, Salz, Pfeffer, 4 Eier

1. Die Tomaten waschen, den Stielansatz entfernen und oben einen Deckel abschneiden. Mit einem Teelöffel die Kerne auslösen.
2. Die Butter zerlassen. Die Kohldisteln darin schwenken und leicht zusammenfallen lassen. Mit Salz und Pfeffer abschmecken.
3. Die Tomaten mit den Kohldisteln füllen und jeweils ein aufgeschlagenes Ei darüber geben.
4. Die Tomaten in eine ofenfeste Form stellen und bei 120 Grad im Backofen 6 bis 8 Minuten garen. Das Eigelb soll noch flüssig sein.

Im Sommer ist dieses Gericht eine angenehm leichte Vorspeise und kann auch kalt mit einer grünen Sauce serviert werden. Sollten die Tomaten zu klein sein, um ein ganzes Ei aufzunehmen, können die Eier zu Rühreiern verquirlt und auf die Tomaten verteilt werden.

Kohldistelauflauf

Für 4 Portionen

400 g Kohldistelblätter, 4 Eier, 75 g Mehl , ¼ l Milch, 2 Teelöffel Salz, 100 g geriebener Käse

1. Die Kohldistelblätter waschen und in 2 cm breite Streifen schneiden.
2. Einen Topf Wasser zum Kochen bringen, Salz zugeben und die Kohldistelblätter einige Minuten darin blanchieren. Dann abtropfen lassen.
3. Eier und Mehl in einer Schüssel zu einem glatten Teig verrühren. Anschliessend die Milch einrühren, das Salz und drei Viertel des Käses dazugeben.
4. Eine Auflaufform abwechselnd jeweils mit einer Schicht Blätter und einer Schicht Teigmasse füllen. Den restlichen Käse darüberstreuen und den Auflauf bei mittlerer Hitze (180 Grad) eine halbe Stunde im Backofen goldgelb überbacken.

Cornus mas

Kornelkirsche

Cornaceae, Hartriegelgewächse

Früchte: September bis Oktober

Beschreibung:

Ein ausgesprochen nützlicher Strauch

Die Kornelkirsche ist ein dekorativer Strauch, der drei bis sieben Meter hoch werden kann, eine graue Rinde und gegenständig verzweigte Äste hat. Die Blüten der Kornelkirschen erscheinen, lange bevor sich die Blätter entfalten. Die gegenständigen, eirunden bis elliptischen, spitzen Blätter haben ein schönes, helles Grün und sind von bogenförmig zusammenlaufenden Äderchen durchzogen. Die gelblichen Blüten besitzen vier Kronblättchen und verströmen einen zarten Duft. Sie bilden entlang der Zweige kleine Dolden, die von März bis April in Blüte stehen. Die reifen Früchte sind rot gefärbt und haben die Grösse und Form von Oliven. Sie enthalten einen länglichen Kern.

Standort: **Einst ein Heckenstrauch**

Dieser schöne Strauch, der in unseren Breiten in lichten Wäldern, am Waldrand und in Hecken nicht selten ist, bevorzugt kalkhaltige Böden. Er kommt eigentlich nur im Zentrum und Süden Mitteleuropas wild wachsend vor, wir finden ihn aber ziemlich häufig in halbwilder Form. Früher wurde er oft bei Bauernhäusern oder in den sie umgebenden Hecken gepflanzt, wo seine zahlreichen köstlichen Früchte Mensch und Tier erfreuten. Durch das Abholzen von Hecken ist er zunehmend seltener geworden. Die Kornelkirsche wird wegen ihrer schönen, roten Früchte relativ oft in Parkanlagen gepflanzt.

Namensursprung: **Sehr hartes Holz**

Das Holz der Kornelkirsche ist hart wie Horn, und daher rührt auch ihr botanischer Name, denn das lateinische Wort für Horn lautet *cornus.* Der Zusatz *mas,* männlich, wurde der Kornelkirsche als Gegensatz zu einem nicht identifizierten Baum gegeben, den Plinius *cornus femina* (weibliche Kornelkirsche) genannt hatte. Die Kornelkir-

Die hübschen gelben Blüten der Kornelkirsche treiben noch vor den Blättern aus und verströmen einen köstlich zarten Duft.

Je reifer die Kornelkirschen werden, desto dunkler wird ihre Farbe und desto süsser und intensiver ihr Aroma.

sche ist aber wie fast alle Pflanzen ein Zwitter und kann schon deshalb keine rein männliche Pflanze sein, da sie ja Früchte hervorbringt.

Anwendung: **Eine zu Unrecht vergessene Frucht**

Die Kornelkirschen sind zuerst grün und werden in der Folge orange, hellrot und schliesslich dunkelrot. Die dunkelroten Kirschen kann man gut roh essen. Sie sind ein Genuss! Wenn ihr Fruchtfleisch mit Erreichen der vollen Reife mürbe wird, schmecken sie wie eine aromatische, süss-säuerliche Mischung aus roter Johannisbeere, Kirsche und Himbeere. Kurz vor ihrer Reife sind die noch hellroten und harten Früchte säuerlich, lassen sich aber hervorragend zu Kompott, Kuchen und einer Konfitüre, die früher als besondere Spezialität galt, verarbeiten. Die unreifen, orangefarbenen Kornelkirschen wurden auch wie Oliven in Salzlake eingelegt und wie diese verwendet.

Mit den duftenden Blüten wurde früher in Norwegen ein alkoholisches Getränk aromatisiert.

Inhaltsstoffe und Heilwirkung:

Der Gesundheit zuträglich

Kornelkirschen sind reich an organischen Säuren, Pektinen und Zuckern und haben einen hohen Gehalt an Vitaminen, vor allem an Vitamin C.

Verwandte Arten

Von der Gattung *Cornus* gibt es in Europa zwei weitere Arten.

In Mitteleuropa ist der **Rote Hartriegel** *(Cornus sanguinea)* heimisch, der häufig in Hecken vorkommt.

Verwechslungsgefahren

Die Kornelkirsche sollte man nicht mit ihrem nahen Verwandten, dem Roten Hartriegel, verwechseln, dessen Früchte giftig sind. Sein Laubwerk wird im Herbst rötlich, und seine Blüten sind weiss. Die giftigen Früchte sind aber klein und schwarz. Sobald sich also die Früchte entwikkeln, ist eine Verwechslung mit den blutroten Früchten der Kornelkirsche unmöglich. Zudem schmecken die Früchte des Roten Hartriegels bitter. Sollte man sie trotzdem einmal essen, kann es zu Erbrechen oder Durchfall kommen; mehr wird nicht die Folge sein.

Kornelkirschen in Gewürzessig

Rezept von Jean-Marie Dumaine

1 kg reife, dunkelrote Kornelkirschen, ½ l Rotweinessig, Gewürznelken, 1 Teelöffel Senfkörner, 1 Teelöffel Wacholderbeeren, 1 Esslöffel Salz, 1 Teelöffel Zucker

1. Die Kornelkirschen waschen und in Gläser mit Schraubverschluss füllen.
2. Den Essig mit den Gewürzen und dem Zucker mischen und über die Kornelkirschen giessen.
3. Mindestens zwei Monate im Keller oder Kühlschrank ziehen lassen.

Tip: Kornelkirschen kann man wie Oliven zum Aperitif reichen. Die entkernten Kornelkirschen sind eine köstliche Beilage zu Wildterrinen. Den Gewürzessig aufheben; mit seinem feinen Aroma eignet er sich zum Beispiel bestens zum Verfeinern von Wildsaucen.

Kornelkirschen-Schnitten

Rezept von François Couplan und Jean-Marie Dumaine

Für 4 Portionen

1 kg Kornelkirschen, 1,2 kg Zucker, 50 ml Wasser

1. Die Kornelkirschen entkernen und mit dem Zucker und dem Wasser in einen möglichst grossen Topf geben.
2. Unter ständigem Rühren zum Kochen bringen und so lange kochen lassen, bis die Masse möglichst fest ist.
3. Die Fruchtmasse auf einem Backblech ausstreichen und hart werden lassen.
4. In viereckige Schnittchen schneiden und in Zucker oder zerlassener Schokolade wälzen.

Crataegus laevigata

Weissdorn

Rosaceae, Rosengewächse

Junge Blätter: März bis April
Früchte: August bis Oktober

Während der Blütezeit ziert der Zweigrifflige Weissdorn Hecken und Waldränder.

Beschreibung: Weisse Blüten und rote Früchte

Der Zweigrifflige Weissdorn ist ein stacheliger, zwei bis vier Meter hoher, mittelgrosser Strauch oder kleiner Baum, der uns vor allem im Frühjahr wegen seiner wunderschönen Blütenstände auffällt.

Sein Stamm hat eine helle Rinde, und die Äste sind mit zahlreichen spitzen, ziemlich kurzen Dornen besetzt. Seine kleinen Blätter sind drei- bis fünflappig, allerdings nicht tief eingeschnitten, und am Rand gesägt. Die jungen Blätter sind hellgrün, später von einem dunklen, glänzenden Grün. Die weissen und rosa Blüten gruppieren sich entlang der Zweige und an ihren Spitzen. Wenn sie von April bis Mai erblühen, verströmen sie einen intensiven Geruch. Die länglichen, runden, erbsengrossen Früchte sind anfangs leuchtend rot und werden später dunkler. Ihr mehliges, geschmackloses Fruchtfleisch umschliesst zwei bis drei Kerne.

Standort: Einer der schönsten Sträucher in unseren Hecken

Der Weissdorn kommt überall in unseren Breiten in Hecken und am Waldrand vor, wo er während der Blütezeit im Frühjahr eine wahre Zierde ist.

Namensursprung: Die Kraft der Ziegen

Der botanische Name leitet sich vom griechischen *kratos*, Kraft, und *aigos*, Ziege, ab. Man dachte früher, dass die Ziegen aus dem Laubwerk des Weissdorns eine besondere Kraft schöpften, da sie es, sobald die ersten Blättchen erscheinen, gierig abknabbern. Der früher gebrauchte griechische Zusatz *oxyacantha*, was «mit spitzen Dornen versehen» bedeutet, beschreibt den Weissdorn mehr als zutreffend.

Anwendung: Zartes Laub und nahrhafte Früchte

Die ganz jungen, hellgrünen und zarten Blätter des Weissdorns können unter Salate gemischt werden. In manchen Gegenden knabbern die Kinder sie einfach vom Strauch weg. Manchmal legt man sie in Alkohol ein und stellt daraus Liköre mit einer zarten Färbung und einem Geschmack nach Bittermandeln her. Die älteren Blätter sind zum Essen zu zäh.

Die zierlichen weissen Blüten verbreiten einen ganz besonderen, verblüffend animalischen Geruch. Die Blütenblätter eignen sich zum Verzieren von verschiedenen Gerichten.

Die Früchte schmecken kaum süss, sondern eher neutral und sehr mehlig. Roh lassen sie sich kaum verwerten. Man kann sie kochen und dann durch die Presse (Passevite) drehen, um Haut und Kerne zu entfernen. Das so erhaltene Püree wird gewürzt oder mit Mehl vermischt, um dann daraus Brei zu machen, Pfannkuchen, Brot oder Kuchen zu backen.

Inhaltsstoffe und Heilwirkung: Gut für das Herz

Die Weissdornblüten lindern Herzbeschwerden. Ein Tee aus den Blüten wirkt blutdrucksenkend und krampflösend. Die Blätter und Früchte haben, allerdings in geringerem Masse, dieselbe Wirkung.

Die Früchte des Weissdorns haben einen hohen Gehalt an Zuckern, Pektinen und Vitamin C.

Leuchtend rot lachen uns die Früchte des Zweigriffligen Weissdorns an, doch ihr Fruchtfleisch ist mehlig und schmeckt fade.

Verwandte Arten

In Europa gibt es 21 weitere Arten der Gattung *Crataegus*.

Hierbei handelt es sich insbesondere um den **Eingriffligen Weissdorn** *(Crataegus monogyna)*, der mit dem Zweigriffligen Weissdorn sehr nahe verwandt ist. Er unterscheidet sich von diesem durch seine Früchte, die nur einen Kern haben. Die Blüten, Blätter und Früchte des Eingriffligen Weissdorns werden wie oben beschrieben verwendet.

Ein naher Verwandter des Weissdorns, der **Azaroldorn** *(Crataegus azarolus)*, wurde früher in Südeuropa wegen seiner saftigen, säuerlichen und aromatischen, ein wenig nach Pflaumen schmeckenden Früchte angebaut.

Einige asiatische Weissdornarten werden als Zierpflanzen angepflanzt.

Verwechslungsgefahren

Man verwechselt den Zweigriffligen Weissdorn oft mit seinem nahen Verwandten, dem Eingriffligen Weissdorn. Um die jeweilige Art zu identifizieren, braucht man nur die Fruchtkerne (einer oder mehrere) zu zählen. Abgesehen davon scheinen weitere Verwechslungen mit anderen Arten ausgeschlossen.

Weissdorn-Aperitif

Rezept von Jean-Marie Dumaine

1 l trockener Weisswein, 100 ml Weinbrand, 100 g Zucker, 100 g zarte, grüne Weissdornblätter, 100 g Weissdornblüten

1. Alle Zutaten mischen und in einem geschlossenen Gefäss etwa 3 Monate ziehen lassen.
2. Filtern und in Flaschen abfüllen. Und nun braucht es noch etwas Geduld, denn der Weissdorn-Aperitif schmeckt am besten nach sechs Monaten Flaschenlagerung.

Kühl serviert ist dieser Aperitifwein ein einzigartiger Genuss. Santé und zum Wohl!

Weissdorn-Früchtebrot

Für 4 Portionen

1 kg frische Weissdornfrüchte, 1/4 l Wasser, 1 kg Mehl, 1 Esslöffel Salz, 40 g Hefe

1. Die Weissdornfrüchte sorgfältig waschen und ungefähr 20 Minuten in Wasser kochen.
2. Die gekochten Früchte durch das Passiergerät (Passevite) zu einem eher groben Mus drehen (grobe Lochscheibe verwenden).
3. Das Püree mit dem Mehl und dem Salz vermischen (die Menge des Mehls soll gewichtsmässig der des Pürees entsprechen). Die Hefe in etwas lauwarmem Wasser auflösen und unter den Teig rühren. Den Teig etwa eine Viertelstunde kräftig durchkneten.
4. Den Teig an einem warmen Ort 2 Stunden gehen lassen und dann nochmals durchkneten. In eine gebutterte Kastenform geben, nochmals 1 Stunde gehen lassen und anschliessend im vorgeheizten Backofen eine halbe Stunde bei 230 Grad 40 Minuten backen.

Daucus carota

Wilde Gelbe Rübe

Apiaceae (Umbelliferae), Doldengewächse

Wurzel: Oktober bis April
Blätter: März bis Juni
Früchte: Juli bis Oktober

Die Wurzeln der Wilden Gelben Rübe sind winzig, aber ausgesprochen schmackhaft. Man kann sie in ausgiebigen Mengen sammeln.

Beschreibung:

Aussehen und Geruch wie die Karotte

Die Wilde Gelbe Rübe ist eine mit rauhen Härchen überzogene zweijährige Pflanze. Ihre fein gefiederten Blätter sind dem Kraut der gezüchteten Arten sehr ähnlich. Sie bilden eine aufgerichtete Rosette. Wenn man die Blätter zwischen den Fingern zerreibt, verströmen sie den aromatischen Geruch von Karotten. Der Stengel ist aufrecht, hart und verzweigt. Die kleinen weissen Blüten, die von Mai bis Oktober erscheinen, bilden recht grosse Dolden und umschliessen in ihrem Zentrum meist eine grössere, dunkelrote Blüte. Am Ansatz der Blütenstände befinden sich zahlreiche, in mehrere lanzettliche Abschnitte gefiederte Hüllblättchen. Wenn die kleinen, behaarten Früchte gegen Ende des Sommers heranreifen, schliesst sich die Dolde, die sie trägt, nestartig – das besondere Merkmal der Wilden Gelben Rübe.

Standort: **Ein Gemüse am Wegrand**

Die Wilde Gelbe Rübe wächst bei uns überall auf trockenen Wiesen und am Wegrand.

Namensursprung: **Ein Doldengewächs**

In der griechischen Antike stand das Wort *daukos* – die Botaniker machten daraus *Daucus* – für verschiedene Doldengewächse. Ebenso verhält es sich mit dem Zusatz *carota,* der später dann speziell für die Karotte verwendet wurde.

Anwendung: **Nicht nur die Wurzel**

In ihrem ersten Lebensjahr entwickelt die Wilde Gelbe Rübe ihre Blätter und die Wurzel, die sich mit Zuckerreserven anreichert. Letztere unterstützen das Wachstum des Blütenstandes im folgenden Frühjahr. Dann blüht die Pflanze, bekommt Früchte und welkt.

Die Wurzel der Wilden Gelben Rübe kann, solange sie noch jung und zart ist, gekocht oder roh wie die der Gartenkarotte gegessen werden. In lockeren, nährstoffreichen Böden kann die Wurzel eine beachtliche Grösse erreichen. In Geruch und Geschmack ist sie der Gartenkarotte ähnlich, sie schmeckt nur etwas süsser und aromatischer. Die Wurzel der Wilden Gelben Rübe ist weiss, manchmal auch violett. Zum Reiben ist sie zu weich, man kann sie aber hacken oder in Scheibchen schneiden und unter gemischte Salate geben. Beim Kochen bereitet man sie wie die Gartenkarotte zu. Sobald sich der Blütenstand entwickelt, bekommen die Wurzeln einen holzigen Kern; daher sollte man sie besser vorher ernten. Aber auch später kann man die den Kern umgebende dünne, weiche, äussere Schicht kochen und durch das Passiergerät drehen. (Die bei uns bekannte orangefarbene Gartenkarotte kommt aus dem Mittleren Osten.)

Die Blüten sind eine Zierde für jeden Salat.

Die Wilde Gelbe Rübe bildet sehr dekorative, zarte Blütendolden aus.

Die Früchte sind sehr schmackhaft und ergeben ein hervorragendes Gewürz. Sie schmecken im ersten Moment stark nach Terpentin, entwickeln dann aber einen ausgeprägt feinen Duft nach Williamsbirnen. In Fruchtsalaten wirken sie ganz oder zerdrückt wahre Wunder, und auch Saucen und Desserts lassen sich mit ihnen hervorragend verfeinern.

Inhaltsstoffe und Heilwirkung:

Eine Frucht, die die Verdauung fördert

Die Wurzel enthält Zucker, Pektine und Vitamine, im Gegensatz zur Gartenkarotte allerdings wenig Provitamin A.

Die Früchte sind reich an ätherischen Ölen. Sie regen den Organismus an, fördern die Verdauung und helfen bei Blähungen.

Verwandte Arten

In Europa gibt es neun weitere Arten der Gattung *Daucus*.

Die verschiedenen Arten dieser Gattung, von denen alle essbar sind, sehen sich sehr ähnlich und sind schwer voneinander zu unterscheiden. In Mitteleuropa kommt allerdings keine dieser Arten vor.

Verwechslungsgefahren

Die Wilde Gelbe Rübe gehört zur grossen Familie der Doldengewächse, der neben vorzüglichen Gemüsearten (Sellerie, Pastinake) und Gewürzen (Kerbel, Petersilie, Fenchel, Dill, Koriander, Wiesen- und Sternkümmel) auch einige extrem giftige Pflanzen angehören.

Es ist möglich, die Wilde Gelbe Rübe mit anderen Doldengewächsen zu verwechseln. Vom **Gefleckten Schierling** *(Conium maculatum)* unterscheidet sie sich dadurch, dass sie behaart und der Gefleckte Schierling unbehaart ist und dieser beim Zerreiben einen unangenehmen Geruch verströmt. Zudem sind seine Stengel und Blattstengel an ihrem Ansatz mit purpurroten Flecken überzogen. Die anderen giftigen Doldengewächse – **Hundspetersilie** *(Aethusa cynapium)*, **Wasserschierling** *(Cicuta virosa)* und **Wasserfenchel** *(Oenanthe* spp.) – sind ebenfalls unbehaart. Der Gefleckte Schierling wächst auf Schutthalden und am Wegrand, die Hundspetersilie findet man in Gärten und Wäldern, während alle anderen feuchte Standorte bevorzugen.

Fruchtsalat mit Creme von der Wilden Gelben Rübe

Für 4 Portionen

2 Äpfel, 2 Birnen, 2 Bananen

Creme:
100 g Früchte der Wilden Gelben Rübe, ½ l Milch, 2 Esslöffel Honig, 300 g Joghurt

1. Äpfel, Birnen und Bananen in Stücke schneiden und in eine Schüssel geben.
2. Die Früchte der Rübe in einer Rührschüssel mit der Milch gut vermischen. Den Honig und Joghurt zugeben und nochmals gut verrühren.
3. Die Creme über die Früchte geben und kühl servieren.

Eiscreme mit Wilden Gelben Rüben

Für 4 Portionen

150 g frische Früchte der Wilden Gelben Rübe, 1 l Milch, 400 g Schlagrahm, 150 g Zucker

1. Die Hälfte der Früchte in der Milch aufkochen und eine Viertelstunde ziehen lassen. Zusammen mit den restlichen Früchten in einer Rührschüssel kräftig schlagen, so dass sich die Früchte möglichst vollständig auflösen. Die Fruchtmilch durch ein Sieb giessen.
2. Den Schlagrahm beigeben und mit dem Schneebesen zu einer sämigen, dicken Creme aufschlagen. Anschliessend den Zucker unterrühren und gut vermischen.
3. Das Eis in den Gefrierschrank stellen und ab und zu umrühren, damit sich keine allzu grossen Eiskristalle bilden.

Fagus silvatica

Rotbuche

Fagaceae, Buchengewächse

Junge Blätter: April bis Mai
Samen (Eckern): September bis Oktober

Im Frühjahr, wenn die Blätter der Rotbuche noch leicht durchscheinend sind, schmecken sie in Salaten besonders zart und aromatisch.

Beschreibung:
Einer unserer schönsten einheimischen Bäume

Die Rotbuche ist ein grosser Baum mit einer hellgrauen und selbst bei älteren Exemplaren glatten Rinde. Aus den braunen, spindelförmigen Knospen entfalten sich hellgrüne, ovale Blätter, die mit feinen Härchen bewimpert sind, die besonders gut auf den jungen Blättern erkennbar sind. Die entwickelten Blätter fühlen sich wie weiches Plastik an. Die männlichen Blüten bilden kugelförmige Kätzchen, die weiblichen Blüten bringen holzige, dreikantige Früchte (Bucheckern) mit einer glänzenden, braunen Schale hervor. Je zwei Eckern befinden sich in einer holzartigen, mit weichen, struppigen Stacheln bedeckten Schale, die sich bei voller Reife vierteilig öffnet. Die Rotbuche trägt erst nach ungefähr sechzig Jahren Früchte.

Standort: **«Märchenwälder»**

Die Rotbuche liebt feuchte Böden und ein kühles Klima. In unseren Breiten bildet sie in höheren Lagen wunderschöne Wälder.

Namensursprung: **Ein essbarer Baum**

Fagus leitet sich vom griechischen Wort *phêgos* ab, mit dem Eichen, die weiche, essbare Eicheln trugen, bezeichnet wurden. Das griechische Wort *phagein* bedeutet «essen». Der Zusatz *silvatica* bedeutet hier vollkommen zu Recht «aus den Wäldern».

Anwendung: **Salate und Öl**

Die jungen Blätter sind – solange sie noch durchscheinend sind – sehr zart und schmecken angenehm säuerlich. Sie ergeben eine ausgezeichnete Grundlage für Salate, und man kann sie in grossen Mengen sammeln, allerdings nur während kurzer Zeit, denn sie werden sehr schnell hart.

Die Rotbuche produziert ungefähr alle zwei Jahre, manchmal auch öfter, eine grosse Menge Eckern. Man kann sie, sobald sie herabfallen, unter den Bäumen aufsammeln; in besonders ertragreichen Jahren findet man sie auch noch im darauffolgenden Frühjahr. Die Bucheckern schmecken roh, besonders aber leicht geröstet, vorzüglich. Sie haben einen leichten Anklang an Mandeln und lassen sich auch wie diese oder wie Pinienkerne verwenden. Man kann sie ganz mit gedämpftem Gemüse oder gehackt zu Salaten servieren. Aus gemahlenen Eckern lässt sich auch eine «wilde» Pestosauce bereiten. Gesalzen kann man Eckern gut zum Aperitif reichen, aber auch aussergewöhnliche Pralinen oder delikate Karamelbonbons lassen sich aus ihnen herstellen, indem man sie in Zucker karamelisiert. Früher stellte man aus gerösteten Bucheckern Kaffee-Ersatz her.

Das aus den Bucheckern gewonnene Öl ist mehrere Jahre haltbar, es wird sogar mit zunehmendem Alter besser und nicht ranzig. Das Öl war früher wegen seines feinen Geschmacks sehr beliebt.

Die hübschen Keimlinge, die aus herabgefallenen Eckern austreiben und wie winzige grüne Halskrausen aussehen, kann man ebenfalls essen. Sie verlieren ihren bitteren Geschmack, wenn man sie zweimal abkocht.

Inhaltsstoffe und Heilwirkung:
Nicht zu viele rohe Bucheckern essen

Die Eckern enthalten ein fettes Öl und sind daher sehr nährstoffreich.

Die dreieckigen Früchte der Rotbuche bergen in ihrem Inneren einen hellbraunen Kern von ausgesprochen delikatem Geschmack.

Die dünne Haut, die sie umgibt, enthält die Substanz Fagin, die bei übermässigem Genuss von rohen Eckern Kopfschmerzen und andere Beschwerden hervorrufen kann. Man braucht die Bucheckern aber nur zu rösten, um sie von diesem Stoff zu befreien.

Verwandte Arten

Es gibt nur noch eine weitere Art der Gattung *Fagus,* die in Osteuropa heimisch ist.

Verwechslungsgefahren

Die Rotbuche kann eventuell mit der **Hain-** oder **Hagebuche** *(Carpinus betulus)* verwechselt werden, deren Blätter sind allerdings gezähnt und nicht bewimpert. Ein Verwechslung wäre ungefährlich, die Blätter der Hainbuche schmecken aber aufgrund ihres hohen Gehalts an Gerbstoffen bitter.

Bucheckern-Birnen-Kuchen

Rezept von Jean-Marie Dumaine

Mürbteigboden:
50 g Zucker, 50 g Puderzucker, 200 g Mehl, 100 g Butter in Stückchen, Salz, 1 Eigelb

Belag:
8 reife Birnen

Bucheckern-Biskuit:
125 g Zucker, 3 Eier, 2 Eigelb, 75 g geschälte, grob gehackte Bucheckern, 100 g Mehl, 100 g Butter, Puderzucker zum Bestreuen

1. Für den Mürbteigboden Zucker, Puderzucker, Mehl, die Butterstückchen und 1 Prise Salz mit den Händen zu feinem Streusel verreiben und dann mit dem Eigelb verkneten. Falls nötig 1 Teelöffel Milch dazugeben. Den Teig zu einer Kugel formen und 30 Minuten zugedeckt kalt stellen. Den Teig auf wenig Mehl ausrollen und in eine mit Backpapier ausgelegte Springform legen.
2. Die Birnen schälen, achteln, entkernen und kreisförmig auf den Mürbteigboden legen.
3. Für den Bucheckern-Biskuit Zucker, Eier und Eigelb im Wasserbad schaumig schlagen. Die gehackten Bucheckern, das gesiebte Mehl und die zerlassene Butter unter den Eischaum heben und über die Birnen verteilen.
4. Im vorgeheizten Backofen bei 160 Grad etwa 40 Minuten backen.
5. Mit Puderzucker bestäuben und lauwarm servieren.

Die Bucheckern lassen sich leichter schälen, wenn man sie in einem Sieb über offenem Feuer so lange schwenkt, bis sie geröstet sind.

Karamelbonbons mit Bucheckern

Für etwa 1 Blech

125 g Butter, 250 g Zucker, 300 g Bucheckern

1. Butter und Zucker in einer Pfanne zergehen lassen und etwa 10 Minuten braun karamelisieren. Prüfen Sie die Festigkeit, indem Sie etwas Karamel an einem kleinen Löffel hart werden lassen.
2. Die Bucheckern wie oben beschrieben rösten und schälen.
3. Die geschälten Bucheckern zum Karamel geben und noch 1 bis 2 Minuten mitkaramelisieren. Die Bucheckern auf ein geöltes oder mit Backpapier ausgelegtes Blech geben.
4. Während das Karamel abkühlt, wird es in kleine, viereckige Stückchen geschnitten.

Filipendula ulmaria

Mädesüss

Rosaceae, Rosengewächse

Blätter: März bis September
Blüten: Mai bis August
Früchte: Juni bis September

An lauen Sommerabenden ist die Luft erfüllt vom Duft der Mädesüssblüten, die luftig und locker angeordnete Blütenstände bilden.

Beschreibung: **Ein betörender Duft**

Das Mädesüss ist eine grosse, ausdauernde Staude. Mit ihren gefiederten Blättern und dem duftigen, sommerlichen Blütenstand wirkt sie sehr elegant. Am rötlichen, aufrechten Stengel sitzen fünf- bis siebenteilig unregelmässig gefiederte Blätter, bei denen zwischen den eirunden, länglichen, grösseren Blattabschnitten kleine Fiederblättchen sitzen. Die Endfieder ist deutlich grösser als die anderen Blattabschnitte und in drei spitz zulaufende Läppchen unterteilt. Die kleinen cremefarbenen Blüten verströmen einen verführerischen Duft. Sie stehen in unregelmässig angeordneten Rispen, die zur Stengelspitze hin breiter werden. Die Früchte sind kleine, grüne, spiralförmige Kügelchen, die besonders intensiv duften, wenn man sie zwischen den Fingern zerreibt.

Standort: **An Bachufern**

In unseren Breiten steht das Mädesüss in teilweise grossen Beständen auf feuchten Wiesen und an Ufern von Bächen. An lauen Sommerabenden ist die Luft erfüllt vom Duft der unzähligen, kleinen Mädesüssblüten.

Namensursprung:
Die Blätter sehen wie Ulmenblätter aus

Der botanische Pflanzenname *Filipendula* ist lateinisch und bedeutet «an einem Faden hängend». Er spielt auf eine nahe Verwandte des Mädesüss an, die **Knollige Spierstaude** *(Filipendula hexapetala)*, deren Wurzelknollen nur durch hauchdünne Sprossen verbunden sind.

Der Zusatz *ulmaria* weist darauf hin, dass die Form der Blattabschnitte den Blättern der Ulme, lateinisch *Ulmus*, ähnlich ist.

Anwendung: **Zum Aromatisieren von Nachspeisen und Getränken**

Wenn man die Blätter oder die seltsam spiralförmigen Früchte des Mädesüss zerreibt, breitet sich innerhalb weniger Sekunden ein sehr intensiver, etwas an Arzneimittel erinnernder Geruch aus, der für die Pflanze typisch ist. Man kann die Blätter und Früchte zum Verfeinern von Süssspeisen und Getränken verwenden.

Die duftenden Blüten verleihen Cremespeisen, Eis (Glace) oder Pudding eine angenehme, leicht nach Bittermandeln schmeckende Note. Man verfeinert mit ihnen auch Weine oder andere Getränke. Allerdings sollte man mit den Blüten sparsam umgehen, denn im Übermass verwendet können sie schnell sehr unangenehm schmecken. Die Blüten verarbeitet man am besten ganz frisch und sammelt sie deshalb je nach Bedarf.

Aus den verschiedenen Pflanzenteilen kann man auch einen guten Kräutertee und einen vorzüglichen Sonnentee zubereiten, für den man die Pflanze einige Stunden in einem Glas Wasser an der Sonne ziehen lässt.

Inhaltsstoffe und Heilwirkung: **Natürliches Aspirin**

Das Mädesüss enthält ein Glykosid, aus dem bei der Hydrolyse Methylsalizyl entsteht, das für den besonderen Duft der Pflanze verantwortlich ist. Die getrocknete Pflanze enthält Salizylsäure, aus der früher die Azetyl-

Das Mädesüss streckt seine Wurzeln gern ins Wasser. Daher findet man seine stark gefiederten Blätter in Büscheln häufig am Rande von fliessenden Gewässern.

salizylsäure gewonnen wurde, bekannter unter dem Namen Aspirin. In der Bezeichnung Aspirin klingt der andere Name des Mädesüss, Spierstaude, noch an. Es enthält viele Gerbstoffe.

Das ätherische methylsalizylhaltige Öl, das aus dem nordamerikanischen Heidekrautgewächs Wintergreen *(Gaultheria procumbens)* gewonnen wird und genauso riecht wie das Mädesüss, wird zum Aromatisieren von Zahnpasten, Medikamenten und Getränken verwendet.

Die Blätter und Blüten helfen bei Fieber, Rheuma und Erkältungen. Sie wirken zudem schweisstreibend und beruhigend. Die Signaturenlehre nach Paracelsus hatte es bereits erkannt: Da die Pflanze im Wasser wächst, muss sie bei allen Krankheiten wirken, die man sich bei Feuchtigkeit zuzieht …

Verwandte Arten

In Mitteleuropa gibt es noch eine weitere Art der Gattung *Filipendula*, die **Knollige Spierstaude** *(Filipendula hexapetala)*.

Verwechslungsgefahren

Wenn man Pflanzenteile der Knolligen Spierstaude zerreibt, verströmen sie denselben Geruch wie das Mädesüss. Die Knollige Spierstaude bevorzugt aber trockene Standorte und hat kleine, stark gefiederte Blattabschnitte. Beide Pflanzen sind geniessbar, und so wäre ein Irrtum nicht verhängnisvoll. Die Wurzeln der Knolligen Spierstaude haben kleine, essbare Knollen. Ihre Blüten wurden früher zum Aromatisieren von Milch verwendet.

Mädesüssblüten-Granité

Rezept von Jean-Marie Dumaine

Für 4 Portionen

100 ml Milch, 80 g Mädesüssblüten, 100 g Zucker, 450 g Joghurt, 500 g Erdbeeren

1. Einige Mädesüssblüten zur Dekoration beiseite legen. Die Milch mit den restlichen Blüten aufkochen und 5 Minuten zugedeckt ziehen lassen. Durch ein Sieb abgiessen und die Blüten gut ausdrücken.
2. Den Zucker in der Blütenmilch auflösen, den Joghurt zugeben und alles in eine flache Schale füllen. Etwa 2 Stunden ins Gefrierfach stellen. Das Granité mit einer Gabel feinkörnig zerkleinern.
3. Die Erdbeeren in tiefen Tellern oder Glasschalen verteilen und einen Löffel Granité darauf setzen. Mit den zur Seite gelegten Mädesüssblüten dekorieren.

Mädesüss-Sabayon

Rezept von Jean-Marie Dumaine

Für 4 Portionen

4 Eigelb, 125 g Zucker, 1 Esslöffel Zitronensaft, 50 g Mädesüssblüten, 200 g Beeren der Saison

1. Eigelb, Zucker und Zitronensaft über dem Wasserbad 5 bis 10 Minuten zu einer dicken, sämigen Creme schlagen.
2. Die Mädesüssblüten vom Stengel zupfen; einige davon für die Verzierung zur Seite legen. Den Rest fein hacken und unter die Creme heben.
3. Die Beeren in Portionsschälchen verteilen, die Creme darüber geben und mit den Blüten verzieren.

Galium odoratum

Waldmeister

Rubiaceae, Rötegewächse

Gesamte Pflanze: März bis Mai

Im frischen Zustand riecht der Waldmeister kaum; erst durch die Trocknung erhält er einen feinen Vanillegeruch. Die zarten weissen Blüten aber verströmen einen leichten Duft.

Beschreibung: **Eine «mehrstöckige» Pflanze**

Der Waldmeister ist eine kleine, ausdauernde Pflanze, an deren aufrechten, unverzweigten Stengeln längliche, zugespitzte und am Rand rauhe Blätter sitzen. Jeweils sechs bis acht Blätter sind am selben Punkt rund um den Stengel angeordnet, so dass es aussieht, als trüge er mehrere Halskrausen übereinander. Die endständigen, kleinen, reinweissen Blüten entfalten sich von Mai bis Juni. Sie setzen sich aus je vier spitzen, am Ansatz trichterförmigen Blütenblättchen zusammen und verströmen einen leichten, aber angenehmen Geruch. Nach der Blüte entstehen kleine, kugelförmige Früchte.

Standort: **Stets unter Buchen**

Dem Waldmeister gefällt es fast überall in unseren Breiten im schattigen Untergehölz von Buchenwäldern, wo er im Frühjahr in dichten Kolonien aus der Laubdecke hervorspriesst.

Namensursprung: **Ein Verwandter des Labkrauts**

Der Waldmeister gehört der Gattung *Galium* an, deren Name sich vom griechischen *gala,* Milch, herleitet; einige Arten dieser Gattung enthalten ein Enzym, das die Milch gerinnen lässt. Die anderen Arten dieser Gattung sind unter dem Namen Labkraut bekannt. Der Zusatz *odoratum,* duftend, spielt auf den ausgeprägten Geruch des getrockneten Waldmeisters an.

Anwendung: **Ein Hauch von Vanille**

Obwohl die frische Waldmeisterpflanze kaum riecht, verbreitet sie in getrocknetem Zustand einen angenehm süsslichen Duft, der an frisches Heu und Vanille denken lässt. Lange Zeit wurde der Waldmeister deshalb zum Aromatisieren von Getränken verwendet. In der vom Osten Belgiens bis in die Schweiz (in Luxemburg, Lothringen, Elsass, Deutschland) traditionellen «Maibowle» darf der Waldmeister nicht fehlen: Für diese Bowle wird

Waldmeister in Weisswein eingelegt. Lässt man ihn eine Zeitlang in Milch ziehen, erhält man eine aromatische Würze für Cremespeisen, Eis (Glace) und Pudding.

Mit Waldmeister parfümiert – man lässt ihn dazu in Wasser ziehen –, erhalten verschiedene Süssspeisen, zum Beispiel Kuchen, eine raffinierte Geschmacksnote.

Wenn man den Waldmeister noch vor der Blüte erntet, ist das Aroma der getrockneten Pflanzen am intensivsten.

Inhaltsstoffe und Heilwirkung:

Auch ein guter Kräutertee

Der besondere Duft des Waldmeisters ist auf eine spezielle Substanz zurückzuführen, das Cumarin, das beim Trocknen abgespalten wird; es ist auch im **Gebräuchlichen Steinklee** oder **Honigklee** *(Melilotus officinalis)* und verschiedenen Wiesengräsern enthalten, vor allem im **Gemeinen Ruchgras** *(Anthoxantum odoratum)*, das oft Heublumenmischungen ihren angenehmen Duft verleiht.

Ein aus Waldmeister zubereiteter Kräutertee wirkt neben seinem angenehmen Geschmack beruhigend und regt die Leberfunktion an. In einem luftdicht verschlossenen Gefäss kann die Pflanze lange aufbewahrt werden.

Vorsicht! In grossen Mengen genossen, kann Waldmeister Kopfschmerzen und Verdauungsprobleme hervorrufen. Wenn er schimmelt, entsteht Dicumarinol, ein Antivitamin K, das schwere Blutungen hervorrufen kann, weshalb man es auch zur Herstellung von Rattengift verwendet.

Etwas getrockneter Waldmeister im Kleiderschrank parfümiert die Wäsche. Sein Duft hält sich mehrere Jahre.

Verwandte Arten

In Europa kommen 145 weitere Arten der Gattung *Galium* vor.

Zu den näheren Verwandten des Waldmeisters gehören das **Echte Labkraut** *(Galium verum)*, das ein Labenzym enthält und dessen Saft früher zum Gerinnen der Milch bei der Käseherstellung verwendet wurde.

Ein weiterer naher und sehr bekannter Verwandter ist das **Kletten-Labkraut** *(Galium aparine)*. Seine fast kugelförmigen Früchte sind mit Widerhäkchen überzogen, mit deren Hilfe die Samen sich massenweise am Fell von Tieren oder an den Kleidern, insbesondere den Socken, der Menschen festhaken und so verbreitet werden. Aus den gerösteten und gemahlenen Früchten kann man einen der leckersten Kaffee-Ersatzstoffe herstellen.

Verwechslungsgefahren

Wenn der Waldmeister ausgewachsen und in Blüte ist, vor allem wenn man seinem besonderen Standort Rechnung trägt, gibt es praktisch keine Verwechslungsmöglichkeiten mit anderen Pflanzen.

Gebratene Felchen mit Waldmeister

Rezept von Jean-Marie Dumaine

Für 4 Portionen

40 g Waldmeisterblätter, 50 g Karotten, 50 g Zwiebeln, 1 Teelöffel Öl, 1 Prise Zucker, 50 ml Weisswein, ¼ l Geflügelfond, Salz, Pfeffer, 4 küchenfertige Felchen, 2 Esslöffel Butter

1. Den Waldmeister waschen und trockentupfen.
2. Für die Sauce das Gemüse in heissem Öl anrösten. Eine Prise Zucker und einen Viertel des Waldmeisters ganz dazugeben. Den Weisswein und den Geflügelfond zugiessen und 30 Minuten einkochen lassen. Durch ein Sieb abgiessen und mit Salz und Pfeffer abschmecken. Kurz vor dem Servieren nochmals einen Viertel der Waldmeisterblätter, gehackt, unterrühren.
3. Die Felchen innen salzen und pfeffern und mit den übrigen Waldmeisterblättern füllen. Mit der flüssigen Butter bestreichen und in einem Bräter im Backofen bei 250 Grad etwa 10 Minuten knusprig braten. Das Fleisch soll saftig bleiben.
4. Die gebratenen Felchen mit der Sauce anrichten.

Waldmeistercreme

Rezept von François Couplan und Jean-Marie Dumaine

Für 4 Portionen

1 l Milch, 50 g getrockneter Waldmeister, 2 Eier, 150 g Zucker, 60 g Stärkemehl, 1 Esslöffel kaltgepresstes Sonnenblumenöl

1. Die Milch aufkochen und den Waldmeister darin ziehen lassen. Die Milch abkühlen lassen und durch ein Sieb abgiessen.
2. Die Eier trennen. Die Eigelb mit dem Zucker schaumig schlagen, Stärkemehl und, um die Masse etwas zu verdünnen, ein wenig von der Waldmeistermilch unterrühren.
3. Die restliche Waldmeistermilch auf den Herd stellen und die Eiermasse unterziehen. Zum Kochen bringen und 3 bis 4 Minuten eindicken lassen.
4. Das Eiweiss steif schlagen und nach und nach unter die eingedickte Creme heben. Das Sonnenblumenöl unter ständigem Rühren tropfenweise zugeben.
5. Die Creme in eine grosse Schüssel oder in kleine Portionsschälchen füllen und erkalten lassen.

Heracleum sphondylium

Bärenklau

Apiaceae (Umbelliferae), Doldengewächse

Blätter: März bis September
Stengel: April bis Juni
Blütenstände: Mai bis August
Früchte: Juli bis Oktober

Die jungen, hellgrünen und gekräuselten Blätter des Wiesen-Bärenklaus sind zart und aromatisch und eignen sich ausgezeichnet für Salate.

Beschreibung: **Ein grosser Struwwelpeter**

Der Wiesen-Bärenklau ist eine grosse, ausdauernde Pflanze, die bis zu eineinhalb Meter hoch werden kann. Sie ist mit weissen, beim Berühren aromatisch duftenden, borstigen Härchen bedeckt. Ihre grossen Blätter bilden am Grund ein dickes Büschel. Wenn die Pflanze im Schatten oder auf sehr nährstoffreichen Böden steht, können die Blätter sogar bis zu einem Meter lang werden. Die Blätter des Blärenklaus sind in fünf bis sieben kantig geformte Blattabschnitte gefiedert. Sie haben einen oft rötlichen, dicken Blattstengel. Die breite Blattscheide der Stengelblätter umschliesst den noch nicht entfalteten Blütenstand. Die kleinen, weissen Blüten bilden breite, abgeflachte, endständige Dolden. Die Kronblätter der äusseren Blüten sind grösser als die anderen und fransig. Die Blüten des Bärenklaus ziehen wegen ihres Geruchs nach Hundeurin den ganzen Sommer über Fliegen und andere Insekten an. Aus ihnen entstehen kleine, flache Flügelfrüchte.

Standort: **Überall auf Wiesen**

Der Wiesen-Bärenklau kommt überall in unseren Breiten, von den Küstengebieten bis in die Gebirgsregionen, sehr häufig auf Wiesen und am Wegrand vor.

Namensursprung: **Herkules gewidmet**

Der Bärenklau ist in seiner botanischen Bezeichnung *Heracleum* nach dem griechischen Helden Herakles oder Herkules benannt, dies wohl deshalb, weil einige Arten riesengross werden können und aussergewöhnlich widerstandsfähig sind.

Anwendung: **Eine unserer besten Wildpflanzen**

Der Wiesen-Bärenklau ist ein vielfältig verwendbares Gemüse, dessen Blätter ganz jung in gehackter Form Salaten ein besonderes Aroma geben. Sie werden zu Beginn des Frühjahrs geerntet, solange sie gekräuselt sind und ihre Oberseite in einem zarten Grün glänzt.

Die voll entwickelten Blätter sollte man besser kochen. Mit ihrem ausgeprägten Geschmack eignen sie sich hervorragend für Aufläufe, Soufflés und Quiches. Für Suppen sind sie weniger geeignet, denn ihre allzu rauhe Beschaffenheit könnte so manchen zarten Gaumen reizen. In Polen wurden die Blätter früher milchsauer vergoren und als Wintervorrat eingemacht. So erhielt man eine Art Sauerkraut, aus dem man eine saure Suppe, den «Borschtsch», zubereitete.

Die fleischigen Blattstengel werden wie Mangoldstengel zubereitet und *nature*, mit einer weissen Sauce oder als Auflauf serviert. Die Stengel können sehr gross werden und haben einen angenehmen Geschmack.

Der noch nicht voll entwickelte Stengel wird von April bis Juni geerntet und ist zart, knackig und saftig. Sein süssliches Aroma hat einen delikaten Beigeschmack von Mandarinen mit einem Hauch Kokosnuss. Man muss den Stengel ernten, solange er noch weich ist und sich mit den Fingern pflücken lässt. Am besten schält man ihn einfach und isst ihn so, wie er ist. Geschnitten passt er zum Beispiel gut zu Gurkensalat; er hat auch eine der Gurke ähnliche Konsistenz. In Russland liess man früher die getrockneten Stengel in Wasser gären und erhielt so ein spritziges, leicht alkoholisches Getränk.

Vor ihrer Entfaltung bilden die Blütenstände in den breiten Blattachseln dicke Knospen. Sie werden vom Ende des Frühjahrs bis zum Sommer geerntet und wie Spargel in Wasser gekocht oder über Dampf gegart und mit etwas Butter oder einer schmackhaften Sauce serviert. Dies ist sicher eines der besten Produkte des Pflanzenreichs.

Die flachen Flügelfrüchte verbreiten beim Reiben einen kräftigen Geruch. Mit ihrem ausgeprägten, scharfen Geschmack kann man vor allem Getreide- und Kartoffelgerichte lecker würzen. Man sollte sie aber zerstossen, vorsichtig dosieren und gut untermischen. Die intensiv, scharf und bitter schmeckenden Wurzeln kann man ebenfalls, wenn auch nur in sehr geringen Mengen, als Gewürz verwenden.

Inhaltsstoffe und Heilwirkung:

Zur Regeneration des Organismus

Die Bärenklauwurzel enthält ein ätherisches Öl, das die Körperfunktionen, insbesondere den Verdauungsapparat, anregt und blutdrucksenkend wirkt. Zudem verleiht ihr ein dem männlichen Hormon entsprechender Inhaltsstoff eine ähnlich verjüngende Wirkung wie die Ginsengwurzel. Sie gilt im übrigen seit langem als aphrodisierend.

Die im Bärenklau enthaltenen, die Lichtempfindlichkeit der Haut verstärkenden Furanocumarine können bei blosser Berührung empfindliche Hautreizungen hervorrufen. Diese unangenehme Eigenschaft wird aber in erster Linie dem **Riesen-** oder **Mantegazzischen Bärenklau** *(Heracleum mantegazzianum)* zugeschrieben.

Verwandte Arten

In Europa gibt es acht weitere Arten der Gattung *Heracleum.*

Sie sind sehr schwer voneinander zu unterscheiden. Aber keine unter ihnen ist selten oder geschützt, und alle können auf dieselbe Art und Weise verwendet werden.

Der Riesen-Bärenklau wird als Zierstrauch angepflanzt und kommt inzwischen auch in unseren Breiten häufig wild wachsend vor. Man erkennt ihn sofort an seiner Grösse: Seine Blätter können bis zu eineinhalb Meter lang werden, und sein Stengel wird oft mehr als drei Meter hoch.

Verwechslungsgefahren

Man kann den Wiesen-Bärenklau leicht mit anderen Arten dieser Gattung verwechseln, ausgenommen den Mantegazzischen Bärenklau, bei dem alle Pflanzenteile deutlich grösser und die Blattoberseiten unbehaart sind. Auch verwandte Doldengewächse wie die **Wald-Engelwurz** oder **Brustwurz** *(Angelica silvestris)* oder die **Pastinake** *(Pastinaca sativa)* könnte man unter Umständen für einen Bärenklau halten, aber im Gegensatz zu letzterem ist die Engelwurz unbehaart, und die Pastinake hat runde Fiederblättchen und gelbe Blüten. Andere Doldengewächse (*Chaerophyllum, Anthriscus* u. a.) wachsen zwar auch auf Wiesen, sind aber viel kleiner, und ihre Blätter sind viel feiner gefiedert.

Mit seinen breiten, ausladenden Dolden dominiert der Wiesen-Bärenklau im Sommer unter den Wiesenpflanzen.

Bärenklau-Kartoffel-Gratin

Für 4 Portionen

500 g Bärenklaublätter, 500 g mehlige Kartoffeln, 3 Zwiebeln, 200 g Crème fraîche, 1 Teelöffel Salz, Pfeffer, 100 g geriebener Käse (Greyerzer), 50 g Paniermehl, 50 Butter, 200 ml trockener Weisswein

1. Die Bärenklaublätter waschen und mit den Stengeln grob hacken. Etwa 20 Minuten in Wasser kochen, dann abtropfen lassen.
2. Die Kartoffeln getrennt nicht zu weich kochen; sie sollten noch Biss haben. Schälen und in Scheiben schneiden. Die Zwiebeln hacken.
3. In eine Auflaufform abwechselnd jeweils eine Schicht gehackte Zwiebeln, Kartoffelscheiben, Bärenklaublätter und Crème fraîche geben. Salzen und pfeffern.
4. Zuletzt mit dem Käse bestreuen. Das Paniermehl und die Butter in Flocken darüber verteilen.
5. Den Weisswein und eventuell etwas Wasser zugiessen, bis alle Schichten damit bedeckt sind. Den Gratin im vorgeheizten Backofen etwa 30 Minuten bei 250 Grad goldbraun überbacken, bis das Gemüse gut durch und die Flüssigkeit grösstenteils aufgesogen ist. Heiss servieren und denselben Weisswein dazu reichen.

Bärenklaufrüchte-Sorbet

Rezept von Jean-Marie Dumaine

Für 4 Portionen

1 Esslöffel noch grüne, zarte Bärenklaufrüchte, 200 g Zucker, ½ l Wasser, Saft einer halben Zitrone

1. Die Früchte mit einem Teil des Zuckers und etwas vom Wasser im Mixer pürieren.
2. Die restlichen Zutaten zugeben.
3. In die Eismaschine oder in einer Form ins Gefrierfach geben und das Sorbet von Zeit zu Zeit mit einer Gabel durcharbeiten.

Humulus lupulus

Hopfen

Cannabaceae, Hanfgewächse

Triebe: April bis Mai
Zapfen: September bis Oktober

Die jungen Hopfentriebe werden im Frühjahr gesammelt. Sie sehen aus wie lange, gekrümmte Spargelstengel.

Beschreibung: **Eine rauhe Liane**

Der Hopfen ist ein ausdauerndes Schlinggewächs, das sich an den ihn umgebenden Pflanzen mehrere Meter emporrankt. Sein krautartiger, rechtswindender, vierkantiger Stengel ist mit borstigen Klimmhaaren bedeckt und mit sehr rauhen, gezähnten, drei- bis fünffach gelappten, gegenständigen Blättern besetzt, deren Abschnitte eirund und zugespitzt sind. Die Blattform hat eine auffallende Ähnlichkeit mit jener der Weinblätter. Die winzigen, grünlichen Blüten ordnen sich zu kleinen, herabhängenden Trauben an, wobei sich die männlichen und weiblichen Blütenstände auf verschiedenen Pflanzen befinden. Die mit hautigen Flügeln besetzten Früchte bilden die typischen, in der Blattachsel sitzenden, herabhängenden Hopfenzäpfchen.

Standort: **Auf kühlen Böden**

Der Hopfen ist ein häufiger Gast an kühlen Orten, in Hecken, an Waldrändern und an Flussufern. Er kommt in Europa sehr häufig in halbwilder Form als Ableger aus dem Hopfenanbau vor.

Namensursprung: **Die Erde und der Wolf ...**

Humulus ist die Verkleinerungsform des lateinischen Wortes *humus,* Erde, und spielt auf die lockeren, kühlen Böden an, auf denen es dem Hopfen am besten gefällt. *Lupulus* ist die Verkleinerungsform von *lupus,* Wolf. Damit beschrieben unsere Ahnen das Wachstumsverhalten des Hopfens, der die ihn umgebenden Pflanzen wie ein Raubtier seine Beute umschlingt. Doch geht hier der Kampf nur um das Licht, denn der Hopfen ist kein Parasit und ernährt sich selbst.

Anwendung: **Als Wildspargel eine Delikatesse**

Im Frühjahr, wenn sich die langen Pflanzenstengel daran machen, die Pflanzen der Umgebung zu bewachsen, tragen sie an ihrer Spitze zarte, spargelähnliche Triebe. Man kann sie dann leicht mit den Fingern abpflücken. In rohem Zustand sind die Triebe leicht herb und aromatisch und machen sich gut in Salaten. Man kann sie auch kurz kochen oder anbraten und mit einer Sauce oder einfach nur mit Butter anrichten. Besonders gut schmecken die Hopfentriebe in Omeletten.

Seit dem 9. Jahrhundert verleiht der Hopfen bekannterweise dem Bier seine Würze. Zu diesem Zweck verwendet man einen Sud aus den Zäpfchen. Mit ihnen kann man auch verschiedene andere Getränke verfeinern, indem man sie darin ziehen lässt oder einen Sud herstellt. Ihr ausgeprägter Geschmack kann bei übermässigem Gebrauch aber schnell zu bitter werden, weshalb man den Hopfen gut dosiert verwenden sollte. Hopfen wird zur Bierherstellung grossflächig angebaut.

Inhaltsstoffe und Heilwirkung:
Eine Pflanze, die in den Schlaf wiegt

Die Zapfenhäutchen haben an ihrem Ansatz Drüsen, aus denen man eine Art gelbliches, duftendes, bitteres Mehl gewinnt. Es enthält ein ätherisches Öl, Harz und Hopfenbitter (Lupulon), Wachs und Östrogensubstanzen.

Die Hopfenzäpfchen wirken beruhigend und schlaffördernd. Sie regen die Verdauung an, und man sagt ihnen eine lustvermindernde Wirkung nach. Mit Hopfenzäpfchen gefüllte Kopfkissen können sich bei Schlaflosigkeit wirksam erweisen und duften zudem noch angenehm. Zuviel Hopfen kann zu nervösen Störungen (Kopfschmerzen, Schwindelzustände) führen; wegen sei-

Der Hopfen, der sich bis hinauf zu den Baumkronen windet, bringt im Spätsommer zahlreiche helle Zäpfchen hervor, die zum Verfeinern von Bier verwendet werden.

nes ausgeprägten und bitteren Geschmacks wird man aber wohl kaum zuviel davon essen.

Verwandte Arten

In unseren Breiten gibt es keine weitere Art dieser Gattung.

Verwechslungsgefahren

Wenn sich der Hopfen meist in der Nähe von Wasserläufen an Hecken hochwindet und das Untergehölz überwächst, hält ihn so mancher für eine **Weinrebe** *(Vitis vinifera),* und seine Blätter sehen ja auch tatsächlich wie Weinblätter aus. Aber eine kurze Berührung reicht, und man weiss, woran man ist, denn die Hopfenblätter sind rauh wie Schmirgelpapier. Allein die Tatsache, dass er gegenständige Blätter hat, unterscheidet ihn bereits von so gut wie allen anderen Schlinggewächsen.

Unter den anderen in Hecken vorkommenden Kletterpflanzen lassen sich die **Zweihäusige Zaunrübe** *(Bryonia dioica)* durch ihre spiralfederartigen Ranken und die **Waldrebe** *(Clematis* spp.) durch ihren holzigen Stengel und ihre gefiederten Blätter eindeutig vom Hopfen unterscheiden. Die jungen Triebe dieser Pflanzen sind im übrigen in gekochtem Zustand essbar, die voll entwickelten Pflanzen sind allerdings giftig.

Wildhopfen-Quiche

Rezept von Jean-Marie Dumaine

Für 8 Portionen

Quark-Mürbteig:
250 g Mehl, 50 g Quark, 100 g Butter oder eingesottene Butter (Schmalz), 50 ml Wasser, 1 Teelöffel Salz

Belag:
500 g Wildhopfensprossen, 4 Eier, 400 g Schlagrahm, Salz, Pfeffer, Muskatnuss, 100 g geriebener Käse (Greyerzer)

1. Mehl, Quark, Butter, Wasser und Salz zu einem glatten Teig verkneten und 20 Minuten kalt stellen.
2. Die Hopfensprossen 2 Minuten blanchieren, in kaltem Wasser abschrecken und gut abtropfen lassen.
3. Eier und Rahm verrühren und mit Salz, Pfeffer und Muskatnuss abschmecken.
4. Den Teig auf wenig Mehl ausrollen und eine gefettete Quiche- oder Kuchenform damit auslegen. Die Hopfensprossen darauf verteilen. Die Eier-Rahm-Mischung darüber giessen und mit dem geriebenen Käse bestreuen.
5. Im Backofen bei 180 Grad etwa 40 Minuten backen. Sofort servieren.

Tip: Was passt wohl besser zur Wildhopfen-Quiche als ein kühles Bier?

Hopfensprossen in Nusssauce

Für 4 Portionen

600 g zarte Hopfensprossen

Sauce:
50 g Haselnüsse, 50 g Blauschimmelkäse (Roquefort), 50 ml Olivenöl, 1 Esslöffel Essig, 2 Knoblauchzehen

1. Die Hopfensprossen kurz über Dampf garen, so dass sie ziemlich knackig bleiben.
2. Die Nüsse im Mörser zerstossen (oder in der Kaffeemühle mahlen), den Käse mit einer Gabel zerdrücken und beides mit dem Olivenöl, dem Essig, dem fein gehackten Knoblauch und Salz vermischen.

Juniperus communis

Wacholder

Cupressaceae, Zypressengewächse

Junge Triebe: April bis Mai
Zäpfchen: ganzjährig

Der Gewöhnliche Wacholder bevorzugt trockene Hanglagen, wo er mit seiner aufstrebenden Gestalt sehr dekorativ wirkt.

Beschreibung: **Ein Strauch mit stechenden Blättern**

Der Wacholder wächst als säulenförmiger Baum, der bis zu sechs Meter hoch werden kann, oder als niedriger Strauch wie die Unterart *Juniperus alpina,* die im Gebirge vorkommt. Die Rinde des Stammes blättert in langen, faserigen Streifen ab. Die Blätter sind nadelförmig, mit stechenden Spitzen versehen und an ihrer Oberseite mit einer breiten, weissen Linie durchzogen. Sie sitzen jeweils zu dreien quirlig am Ast. Die Blüten sind winzig und getrenntgeschlechtlich: männliche und weibliche Blüten sitzen auf verschiedenen Pflanzen. Aus den weiblichen Wacholderblüten entwickeln sich kleine, fleischige, kugelförmige Beerenzapfen, die anfänglich grün und bei voller Reife schwarz sind. Sie haben einen leichten Belag, der sie bläulich erscheinen lässt. Die Reifezeit der Früchte dauert zwei Jahre.

Standort: **Von der Ebene bis zum Berggipfel**

Der Wacholder bevorzugt kalkhaltige Hanglagen, Heide, Gebüsch und lichte Wälder und kommt überall in unseren Breiten vor.

In den Bergen, sogar oberhalb der Baumgrenze, findet man eine niedrige Zwergart, deren Äste sich gegen den Boden drücken.

Namensursprung:

Der Name stammt von den Römern

Bei den Römern war *juniperus* die Bezeichnung für eine im Mittelmeerraum stark verbreitete Wacholderart, wahrscheinlich den **Baum-Wacholder** *(Juniperus oxycedrus).* Der lateinische Zusatz *communis* weist darauf hin, dass diese Wacholderart in Mitteleuropa sehr häufig anzutreffen ist.

Beschreibung:

Ein Gewürz, das es zu entdecken gilt

Die fleischigen Wacholderbeeren schmecken süsslich, ein wenig scharf, harzig und sehr würzig. Zum Würzen von Sauerkraut sind sie unerlässlich. Man kann mit ihnen aber auch Getreide- und Gemüsegerichte und Pasteten mit Gemüse- oder Eichelfüllung (siehe Seite 87) würzen. Zerdrückt und mit Butter oder Pflanzenfett verrührt, erhält man einen würzigen Brotaufstrich. Am französischen Alpensüdrand macht man aus ihnen eine ungewöhnliche Konfitüre, die «Chaï» genannt wird. Wacholderbeeren geben dem britischen Gin und dem nordfranzösischen, belgischen und holländischen Wacholderschnaps ihre Würze.

Die Beeren muss man einzeln pflücken und dabei aufpassen, dass man sich nicht an den spitzen Nadeln sticht. Wenn man sich diese Strapazen ersparen möchte, empfielt es sich, die Wacholderzweige über einem Tuch oder einem Gefäss auszuschütteln.

Eigentlich sind die Wacholderbeeren keine Beeren, sondern wie bei den Kiefern oder Fichten Zäpfchen. Im Gegensatz zu diesen sind sie jedoch rund und fleischig.

Die jungen, noch zarten Triebe sind eine schmackhafte Salatzugabe. Aus schon härteren und stechenden Trieben lässt sich ein Kräutertee kochen.

Inhaltsstoffe und Heilwirkung:

Mit Mass und Ziel geniessen

In den Walcholderbeeren sind 30 Prozent Zucker, organische Säuren und ein ätherisches Öl enthalten.

Die Beeren wirken belebend und verdauungsfördernd, aber auch harntreibend und antiseptisch. Bei übermässigem Gebrauch können sie Nierenreizungen verursachen.

Verwandte Arten

Von der Gattung *Juniperus* gibt es in Europa acht weitere Arten.

Verwechslungsgefahren

In unseren Breiten gibt es offensichtlich keinen Strauch, mit dem man den Wacholder verwechseln könnte.

Es gibt Wacholderarten mit giftigem Laubwerk, die aber in Mitteleuropa nicht vorkommen. Ihre Blätter sind auch nicht stechend, sondern schuppig. Aus dem **Sadebaum** oder **Sefistrauch** *(Juniperus sabina)*, den man hie und da in den Alpen findet, wurde lange Zeit ein Abtreibungsmittel hergestellt, das allerdings für die schwangeren Frauen nicht ganz ungefährlich war.

Chaï (Wacholdermarmelade)

Dies ist ein altes Rezept aus dem Ubaye-Tal im Departement Alpes-de-Haute-Provence in Frankreich.

500 g gut reife Wacholderbeeren, ½ l Wasser, 250 g Zucker

1. Die Wacholderbeeren 7 bis 8 Minuten in Wasser kochen. Dann durch die feine Lochscheibe des Passiergeräts (Passevite) drehen.
2. Den so gewonnenen Saft auf niedriger Flamme einköcheln. Den Zucker zugeben und nochmals 10 Minuten kochen.
3. Heiss in Gläser abfüllen und fest verschliessen.

Diese Marmelade schmeckt besonders gut zusammen mit Crème fraîche auf Brot oder aufgelöst in Milch.

Sauerkrautsuppe mit Wacholder

Rezept von Jean-Marie Dumaine

Für 4 Portionen

250 g rohes Sauerkraut, 2 mittelgrosse Kartoffeln, 2 Schalotten, 20 g Butter, ½ l klare Brühe, 200 g Schlagrahm, 12 Wacholderbeeren

1. Das Sauerkraut wässern, auspressen und grob hacken. Die Kartoffeln reiben.
2. Die Schalotten hacken und in der Butter glasig dünsten. Zuerst das Sauerkraut, dann die geriebenen Kartoffeln zugeben, mit der Brühe aufgiessen und etwa 25 Minuten kochen lassen.
3. Den Rahm und die zerdrückten Wacholderbeeren unterrühren.

Zur Sauerkrautsuppe in Butter geröstete Croûtons reichen.

Lamium maculatum

Taubnessel

Lamiaceae, Lippenblütengewächse

Die Gefleckte Taubnessel wirkt sehr dekorativ mit ihren grossen rosafarbenen Blüten, die sich vom zarten Grün der Blätter abheben.

Beschreibung: **Eine falsche Brennnessel**

Die Gefleckte Taubnessel, eine ausdauernde Pflanze, ist der Brennnessel sehr ähnlich. An ihren aufrechten, vierkantigen Stengeln sitzen gegenständige, eirunde, am Blattansatz herzförmig eingeschnittene und am Blattende spitz zulaufende Blätter, deren Ränder stark gesägt sind. Die recht weichen Blätter sind grün und haben häufig weisse Flecken. Die Blüten haben zwei deutlich geformte Lippen. Die obere Lippe ist leuchtend lila, die untere weiss mit lila Tupfen. Die Blüten sind an den Blattachseln quirlig um den Stengel angeordnet und blühen vom Frühjahr bis zum Ende des Sommers.

Standort: **Kommt häufig in Hecken vor**

Die Gefleckte Taubnessel steht in der Regel in grösseren, schön anzusehenden Beständen in Hecken, Wäldern und am Wegrand und kommt überall in unseren Breiten vor.

Namensursprung: **Kleine Menschenfresser …**

Der botanische Name der Taubnessel ist recht bezeichnend. Er kommt vom griechischen Wort *lamia*, Menschenfresser, welches sich wiederum von *laimos*, Kehle, Schlund, ableitet. Die Blüte dieses Lippenblütlers erinnert in der Tat an einen langen, weit aufgerissenen Schlund. Man könnte meinen, sie warte nur darauf, nach vorwitzigen Fingern zu schnappen. *Maculatum* bedeutet gefleckt und bezieht sich auf die untere Lippe der Blüte.

Anwendung: **Fast so gut wie die Brennnessel**

Die jungen, blättrigen Triebe mit ihrem dezenten, angenehmen Geschmack und die Blüten mit ihren lebhaften Farben sind beide eine gute Salatzutat.

Obwohl die Blätter einen recht starken Geruch verbreiten, wenn man sie zwischen den Fingern zerreibt, eignen sie sich gut als Gemüse. In botanischer Hinsicht unterscheidet sich die Taubnessel zwar deutlich von der Brennnessel, ihre Verwendungsmöglichkeiten sind aber ähnlich. Obwohl sie nicht den typischen Brennnesselgeschmack besitzt, schmeckt sie gekocht zart und angenehm, vor allem in Suppen.

Inhaltsstoffe und Heilwirkung:
Ein heilkräftiges Gemüse

Die Taubnessel enthält einen Gerbstoff, Pflanzenschleime, Glykoside sowie Proteine, Vitamine und Mineralsalze.

Die Blüten und die Blütenstände wirken insbesondere bei weissem Ausfluss und Blutergüssen adstringierend. Bei Leberinsuffizienz kann man den Verzehr von Taubnesseln nur empfehlen.

Verwandte Arten

Von der Gattung *Lamium* kommen in Europa noch zwölf weitere Arten vor.

Die häufig vorkommende **Weisse Taubnessel** *(Lamium album)* ist an denselben Orten zu finden wie ihre

Die Weisse Taubnessel könnte man leicht mit der Brennnessel verwechseln, würden die schönen, weissen Blüten nicht ihre wahre Identität verraten.

nahe Verwandte. Abgesehen von den reinweissen Blüten sieht sie genauso wie die Gefleckte Taubnessel aus und wird wie diese verwendet. Das gleiche gilt für die kleine **Rote Taubnessel** *(Lamium purpureum)*, ein «Unkraut», das auf Feldern und Schutthalden zu finden ist. Die **Goldnessel** *(Lamium galeobdolon)*, die in dicht belaubten, dunklen Wäldern vorkommt, hat blassgelbe, braungetüpfelte Blüten und ist ebenfalls essbar.

Verwechslungsgefahren

Die Blätter der Taubnesseln und besonders der Weissen Taubnessel sehen jenen der Brennnessel täuschend ähnlich, haben jedoch keine Brennhärchen. Während der Blütezeit sind sie problemlos an ihren grossen, zweilippigen Blüten zu erkennen, die auf ihre nahe Verwandtschaft mit der Minze und dem Wilden Salbei hinweisen. Trotz ihres trügerischen Namens und der Ähnlichkeit ist die Taubnessel nicht mit der Brennnessel verwandt.

Vor der Blüte kann man die Gefleckte Taubnessel leicht mit der Weissen Taubnessel verwechseln, was weiter nicht schlimm wäre, denn alle Taubnesseln sind essbar. Allein die Goldnessel ist ein eher mässiger Genuss.

Taubnessel-Lasagne

Rezept von Jean-Marie Dumaine

Für 4 Portionen

Nudelteig:
250 g Mehl, 2 Eier, 1 Esslöffel Wasser, 1 Teelöffel Olivenöl, 1 Prise Salz

Belag:
500 g Taubnesselblätter (die Blüten als Verzierung verwenden), 3 Esslöffel Olivenöl, 100 g geriebener Käse (Parmesan)

Tomatensauce:
1 Zwiebel, 2 Esslöffel Olivenöl, 4 Tomaten, 2 Knoblauchzehen, 2 Esslöffel Thymian oder wilder Oregano, Salz, Pfeffer, Zucker

1. Für den Nudelteig alle Zutaten zu einem glatten Teig verkneten. Den Teig so dünn wie möglich ausrollen und in vier rechteckige Stücke in der Grösse der Auflaufform schneiden.
2. Die Taubnesselblätter in Streifen schneiden und im Olivenöl unter ständigem Rühren dünsten.
3. Für die Tomatensauce die Zwiebel hacken und im Öl glasig dünsten. Die klein geschnittenen Tomaten, den durchgepressten Knoblauch sowie die Thymian- oder Oreganoblätter dazugeben und auf kleiner Flamme mindestens eine halbe Stunde köcheln lassen. Die Sauce abschmecken.
4. Ein Nudelblatt in die geölte Auflaufform geben. Mit einer dünnen Schicht Tomatensauce bedecken, darüber ein Drittel der Taubnesseln geben und mit Käse bestreuen. Das Ganze wiederholen, bis die Zutaten aufgebraucht sind.
5. Mit einer dünnen Schicht Tomatensauce abschliessen und mit beiseite gelegten Taubnesselblüten bestreuen. Im Backofen bei mittlerer Hitze (180 Grad) ungefähr eine halbe Stunde backen.

Malva silvestris

Malve

Malvaceae, Malvengewächse

Blätter: April bis Oktober
Blüten und junge Früchte: Mai bis September

Beschreibung: **Malvenfarbene Blüten auf grünem Grund**

Dekorative Blüten zieren die grosse, zwei- bis mehrjährige Wilde Malve, deren aufrecht oder bogig aufsteigende Stengel mit langgestielten Blättern besetzt sind. Die unteren Blätter sind eiförmig, während die oberen Blätter deutlich in fünflappige, oft spitze Blattabschnitte unterteilt sind. Sämtliche Blätter sind dunkelgrün und am Ansatz häufig rötlich-violett angelaufen. Die wunderschön rosarot gefärbten Kronblättchen der Blüten sind von drei verästelten, dunkleren Längsstreifen durchzogen, die den Bienen den Weg zum Nektar weisen. Ein besonderes Merkmal der Wilden Malve sind die in der Mitte der Blüten zu einer Röhre verwachsenen Staubblätter. Die Blüten sitzen in den Blattachseln und am Sprossende. Sie blühen vom Frühjahr bis zum Sommer und bringen dann kleine runde Früchte hervor.

Standort: **Vor allem auf bearbeiteten Böden**

Die Wilde Malve finden wir überall in unseren Breiten am Wegrand, in Gärten, auf Feldern, Schutthalden und Brachland. Auf nährstoffreichem Boden kann sie eine stattliche Grösse erreichen.

Namensursprung:
Die Malve gab einer Farbe den Namen

Mit *malva* wurden bereits bei den alten Römern die verschiedenen Pflanzen dieser Familie bezeichnet. Von der Farbe der Malvenblüten ist die seit dem 19. Jahrhundert gebräuchliche Bezeichnung «malvenfarben» für ein blasses Violett abgeleitet. Der botanische Name *Malva* geht auf das griechische Wort *malakos,* weich, zurück und bezieht sich auf die weichen Früchte der Pflanze. Der Zusatz *silvestris* bedeutet «im Wald wachsend» (vom lateinischen *silva,* Wald), was allerdings nicht zutreffend ist, da die Wilde Malve nicht in Wäldern vorkommt.

Anwendung: **Ein mildes, zartes Gemüse**

Die jungen, leuchtend hellgrünen und sehr mild schmeckenden Malvenblätter gehören zu den zartesten Blättern, die es gibt. Sie eignen sich hervorragend für Salate. Die bereits entwickelten Blätter können ebenfalls roh gegessen werden und schmecken besonders als gekochtes Gemüse vorzüglich mild. Da die Blätter sehr schleimhaltig sind, was den Menschen in den westlichen Ländern gar nicht mundet – um so mehr aber Afrikanern und Asiaten –, verwendet man sie in der Regel nur in Kombination mit anderen Wildpflanzen, ausser man möchte mit ihnen Suppen eindicken oder köstliche «Gemüsefondues» (siehe das Rezept auf Seite 65) zubereiten.

Seit der Antike geniesst die Malve ein hohes Ansehen: Bereits Cicero pries sie wegen ihrer leicht abführenden Eigenschaften. Bei den Römern galt die Malve als sehr gesundes Gemüse.

Die Malvenblätter können während der ganzen Lebensdauer der Pflanze gesammelt werden, allerdings sind sie oft von Brandkrankheiten befallen, die man schon im Anfangsstadium auf der Blattunterseite erkennen kann. In diesem Fall sollte man auf den Verzehr der Blätter verzichten.

Die lieblichen Blüten dienen zur Verzierung von Salaten und diversen Speisen. Im Mixer püriert, lassen sich mit ihnen Kaltschalen oder originelle Nachspeisen zubereiten.

Kinder essen die jungen und zarten Früchte als «Katzenkäse». Die Früchte kann man schälen und ebenfalls als Salatzutat verwenden. Sie sind wahre «Mini-Okras», die man mit viel Geduld und Ausdauer ebenso zubereiten kann wie diese tropischen, ein wenig klebrigen Früchte des Abelmoschus, die in Afrika und Asien so beliebt sind. Der **Abelmoschus** *(Abelmoschus esculentus)* gehört derselben Pflanzenfamilie wie die Malve an.

Inhaltsstoffe und Heilwirkung:
Eine aussergewöhnlich reizlindernde Wirkung

Die Malve hat einen hohen Gehalt an Proteinen, Provitamin A, Vitamin B_1, B_2 und C sowie an Mineralsalzen und Pflanzenschleimen.

Die Pflanzenschleime sind für die reizlindernde, schleimlösende und in höheren Dosen leicht abführende Wirkung verantwortlich. Die Malve wird bei Verstopfung oder Reizungen des Verdauungskanals empfohlen. Auch bei der Behandlung von Entzündungen und Erkrankungen der Atemwege findet sie – wie ihr naher Verwandter, der **Eibisch** *(Althaea officinalis)* – Verwendung.

Die Wilde Malve ist ein sehr dekoratives Gemüse, von dem man sowohl die grossen rosa Blüten als auch die schmucken Blätter essen kann.

Verwandte Arten

In Europa finden wir zwölf weitere Arten der Gattung *Malva.*

Zu den am weitesten verbreiteten Malvenarten zählen zwei auf Schutthalden und umgegrabenen Böden vorkommende Pflanzen: die **Übersehene Malve** *(Malva neglecta)*, auch **Gänse-** oder **Wegmalve** genannt, und die **Kleine Malve** *(Malva pusilla)*, die beide runde Blätter und weisse Blüten haben. Des weiteren seien noch zwei auf Bergwiesen vorkommende Arten erwähnt: das **Sigmarskraut** *(Malva alcea)* und die **Moschus-Malve** *(Malva moschata)*, die gefiederte Blätter und grosse, rosa Blüten haben. Alle sind wie die Wilde Malve essbar.

Verwechslungsgefahren

Man könnte die Wilde Malve mit einer der oben erwähnten Arten oder – die Wahrscheinlichkeit ist allerdings gering – mit den **Strauchpappeln** *(Lavatera* spp.) oder **Eibischarten** *(Althaea* spp.) verwechseln, deren Blüten dieselbe Struktur wie die Malvenblüten aufweisen und die beide der Familie der Malvengewächse angehören. Eine Verwechslung wäre ungefährlich, da im Prinzip alle Malvengewächse essbar sind.

Gemüsefondue

Für 4 Personen

200 g Zwiebeln, 50 ml Olivenöl, 600 g Malvenblätter, 1/4 l Wasser, 5 Knoblauchzehen, 1 Esslöffel echter Sternkümmel (kein Wiesenkümmel), 1 Esslöffel Koriander, 25 g Butter

Eine Auswahl der folgenden Zutaten:

- *kurz über Dampf gegarte Blütenstände von Bärenklau oder Teufelskralle*
- *rohe oder kurz gedämpfte, geschälte Bärenklau-, Kletten- oder Distelsprossen*
- *blanchierte und in Knoblauch angebratene Weideröschen*
- *Huflattich-Krapfen*
- *geröstete Brotwürfel*
- *in Würfel geschnittener roher Lachs*
- *Garnelen usw.*

1. In einer Pfanne mit dickem Boden die gehackten Zwiebeln im Olivenöl goldbraun braten.
2. Die fein geschnittenen Malvenblätter dazugeben und gut umrühren. Mit Wasser aufgiessen und zu einem Püree einköcheln lassen.
3. Den gepressten Knoblauch mit Kümmel und Koriander in der Butter anbraten und dann zum Malvenpüree geben.
4. Das Malvenpüree in die Mitte des Tisches stellen. Die Zutaten zum Tunken in kleine Schälchen geben.

Man spiesst sie mit einer Gabel auf und taucht sie in das Malvenfondue. In Ägypten, wo dieses Gericht mit Juteblättern (Corchorus olitorius) zubereitet wird, taucht man Brot in die Sauce.

Nasturtium officinale

Brunnenkresse

Brassicaceae (Cruciferae), Kreuzblütengewächse

Gesamte Pflanze: April bis November

Die Echte Brunnenkresse kühlt ihre Wurzeln gern im Wasser.

Beschreibung:
Eine kriechende Pflanze, die dichte Büschel bildet

Die Brunnenkresse ist eine ausdauernde, scharf schmekkende und riechende Wasserpflanze. Ihre langen Stengel schlängeln sich waagrecht im Schlamm oder dicht unter der Wasseroberfläche fort und richten sich erst im oberen Teil auf. Sie sind weich und hohl und bilden hie und da kleine, weisse Nebenwurzeln aus. Ihre dunkelgrün glänzenden Blätter sind in fünf bis sieben rundliche, einzelne Fiederblättchen unterteilt, deren Endfieder breit eiförmig und deutlich grösser ausgebildet ist. Die kleinen Blüten haben vier kreuzständige, weisse Kronblättchen und bilden einen endständigen Blütenstand. Die Blütezeit ist von Juni bis September. Die Früchte sind sehr klein, länglich und leicht gekrümmt.

Vorkommen: **In Bächen und klaren Gewässern**

Die Brunnenkresse wächst überall in unseren Breiten in fliessenden Gewässern, Bächen, Quellen und Gräben und bildet dort oft grossflächige Kolonien. Schon der deutsche Name Brunnenkresse zeugt von ihrer Vorliebe für klare, saubere Gewässer.

Namensursprung: **Ein ausgeprägter Geruch**

Der botanische Name *Nasturtium* bezieht sich – mit etwas Übertreibung vielleicht – auf den ausgeprägten Geruch und Geschmack der Brunnenkresse. Er leitet sich vom lateinischen Wort *nasus* für Nase und *torqueo* für verdrehen ab. Mit etwas Phantasie übersetzt, hiesse dies also «Nasenwürger». In der Antike wurde ursprünglich ein anderes Kreuzblütengewächs, nämlich die ausgesprochen scharf schmeckende **Garten-Kresse** *(Lepidium sativum),* so benannt. Der Zusatz *officinale* verweist darauf, dass die Pflanze früher als Heilpflanze galt.

Das Wort «Kresse» leitet sich vom altfränkischen *kresso* ab, mit dem ein nicht näher bestimmbares Kreuzblütengewächs bezeichnet wurde.

Anwendung: **Eine vielseitige Pflanze**

Die Brunnenkresse ist eine der meistgesammelten Wildpflanzen. Mit den scharf schmeckenden rohen Blättern (einschliesslich Stengel und Blütenstände) werden häufig Salate und andere Gerichte gewürzt. Auch als Verzierung eignen sie sich gut. Durch das Kochen wird der Geschmack milder. Besonders bekannt ist bei uns die Brunnenkressesuppe, aber auch Aufläufe, Soufflés oder Quiches sind sehr schmackhafte Zubereitungsarten. Früher stellte man in Mitteleuropa aus der in Milchsäure vergorenen Brunnenkresse eine Art Sauerkraut her.

Die Brunnenkresse genoss schon immer hohes Ansehen, und seit dem 16. Jahrhundert wird sie in sogenannten Kressebecken angebaut, die von klaren Quellen bewässert werden. Die Pflanze wird besonders in Frankreich und dort vor allem in der Gegend um Paris angebaut.

Die Blätter werden im allgemeinen vor der Blütezeit gesammelt; aber auch während der Blüte und selbst wenn die Früchte bereits ausgebildet sind, kann man sie noch ernten – also fast während der gesamten Lebensdauer der Pflanze. Am besten schneidet man sie kurz oberhalb der

Wasseroberfläche ab, damit sie sich aus dem im Wasser zurückbleibenden Stengel und seinen Nebenwurzeln auch weiterhin gut entwickeln kann. Achten Sie darauf, dass Sie die im Wasserschlamm liegenden Stengel nicht mit ausreissen, denn zum einen verletzen Sie so die Pflanze, und zum anderen müssen Sie die Blätter sonst erst mühsam vom Schlamm säubern.

Eigenschaften und Heilwirkung:

Vorsicht vor eventuellen Parasiten

Die Brunnenkresse hat einen hohen Gehalt an Vitamin C, Provitamin A, Vitamin B und E, Niacin sowie Mineralsalzen, insbesondere Eisen und Jod. Sie enthält ein Glykosid, das bei der Hydrolyse ein sehr scharfes ätherisches Öl abspaltet.

Die Brunnenkresse kräftigt den Organismus und regt Appetit und Verdauung an. Bei übermässigem Genuss der rohen Pflanze kann es allerdings zu Reizungen der Harnwege und inbesondere Blasenentzündungen kommen; das in ihr enthaltene ätherische Senföl kann in grösseren Mengen zu Reizreaktionen führen.

Es kann vorkommen, dass die Brunnenkresse – besonders wenn sie in Bächen wächst, die durch Viehweiden fliessen – von den Larven des Grossen Leberegels *(Fasciola hepatica)* befallen ist, einem bei Wiederkäuern vorkommenden Parasiten, der sich in der Leber abkapselt und für den Menschen sehr gefährlich, ja sogar tödlich sein kann. Deshalb sollte man sich vor dem Sammeln genau vergewissern, dass bachaufwärts keine Schafe oder Kühe weiden oder kürzlich geweidet haben. Wenn man sich nicht ganz sicher ist, sollte man die Brunnenkresse besser abkochen. Dies ist die einzige Möglichkeit, die Parasiten abzutöten und jedes Risiko auszuschliessen. Diese Vorsichtsmassnahme gilt für alle Pflanzen, die im Wasser oder an zeitweise überschwemmten Plätzen wachsen.

Verwandte Arten

In Europa kommt nur noch eine andere Art dieser Gattung vor, die **Kleinblättrige Brunnenkresse** *(Nasturtium microphyllum)*.

Verwechslungsgefahren

Man könnte die Echte Brunnenkresse mit der Kleinblättrigen Brunnenkresse und mit einigen an feuchten Orten wachsenden Kreuzblütengewächsen verwechseln, insbesondere mit dem **Bitteren Schaumkraut** *(Cardamine amara)*, dessen Blüten ebenfalls weiss sind, dessen Stengel aber aufrecht aufsteigen und keine Nebenwurzeln haben; oder mit dem **Knollenblütigen Sellerie** *(Apium nodiflorum)*, einem im Wasser wachsenden Doldengewächs mit eirunden bis lanzettlichen, am Rand gezähnten Blattteilchen.

Eine Verwechslung wäre jedoch unproblematisch, da die Schaumkrautarten alle essbar sind. Der Knollenblütige Sellerie wurde früher zum Teil auch gegessen, sein Nährwert ist aber eher gering. Zudem ist er sehr selten und in bestimmten Gebieten, zum Beispiel in der Schweiz, sogar vom Aussterben bedroht.

Vorsicht ist geboten bei den im Wasser wachsenden Doldengewächsen: dem **Wasserschierling** *(Cicuta virosa)* und dem **Wasserfenchel** *(Oenanthe aquatica)*. Diese beiden Pflanzenarten treiben jedoch nicht im Wasser, und ihre Blätter sind feiner gefiedert als die der Echten Brunnenkresse.

Brunnenkresse-Soufflé

Rezept von Jean-Marie Dumaine

Für 4 Portionen

200 g Brunnenkresse, 50 g Schlagrahm, 2 Esslöffel geriebener Käse (Greyerzer), 1 Knoblauchzehe, 2 Eier, Salz, Pfeffer, Muskatnuss

1. Die Brunnenkresse 5 Minuten in kochendem Salzwasser blanchieren, abschrecken, abtropfen lassen und pürieren.
2. Das Brunnenkressepüree mit dem Schlagrahm, dem Käse, dem durchgepressten Knoblauch und den Eiern verrühren. Mit Salz, Pfeffer und Muskatnuss würzen.
3. Die Eimasse in vier mit Butter ausgestrichene Souffléförmchen füllen und im heissen Wasserbad bei 160 Grad etwa 30 Minuten im Backofen garen (das Wasser darf nicht kochen). Die fertigen Soufflés auf Teller stürzen.

Dazu passt eine Bärlauch-Tomatensauce.
Dieses Rezept ist als Vorspeise gedacht. Mit der doppelten oder dreifachen Menge der Zutaten können Sie ein ausgiebigeres Mahl zubereiten. Dazu wird die Soufflémasse in eine grosse gebutterte und gemehlte Souffléform gegeben und gegart.

Knusprige Brunnenkresseblätter

Rezept von Jean-Marie Dumaine

Für 4 Portionen

2 Handvoll Brunnenkresse, 100 ml Olivenöl, Salz

1. Die Brunnenkresseblätter mit einem Pinsel oder mit Küchenpapier mit Olivenöl bestreichen. Auf ein Backblech legen und mit Salz bestreuen.
2. Die Blätter bei sehr niedriger Hitze (80 Grad) im halb geöffneten Backofen über Nacht trocknen.

Diese Zubereitungsart eignet sich für die Blätter von zahlreichen Wildgemüsen, zum Beispiel Bärlauch, Geissfuss, Bärenklau oder Ampfer.

Origanum vulgare

Dost

Lamiaceae, Lippenblütengewächse

Blätter und Blütenstände: Juli bis September

Der Gewöhnliche Dost ist eine sehr dekorative Pflanze und zugleich ein aromatisches Gewürz. Seine hübschen Blüten wären ein guter Grund, ihn in unseren Gärten öfter anzupflanzen.

Beschreibung: **Eine würzige Zierde**

Der Dost, auch Wilder Majoran oder Origano genannt, ist eine anmutige, ausdauernde Pflanze, die in Büscheln wächst. Wenn man die Blätter und Blüten zwischen den Fingern zerreibt, verbreiten sie einen aromatischen Duft. Die zahlreichen aufrecht aufsteigenden Stengel sind andeutungsweise vierkantig geformt, behaart und rötlich gefärbt. Die gegenständigen Blätter sind relativ klein, eiförmig und – vor allem an der Unterseite – behaart. Am Ende des Stengels und der Seitensprossen bilden die zart rosafarbenen Lippenblüten dichte Blütenstände, unter die sich zahlreiche eiförmige, rötlich-violette Hochblättchen mischen, die dem Dost sein charakteristisches Aussehen verleihen. Die Blütezeit ist im Sommer.

Standort: **An trockenen Orten**

Der Dost kommt fast überall in Mitteleuropa vor und steht bevorzugt an trockenen Böschungen, am Wegrand und manchmal am Waldrand.

Namensursprung: **Die Zierde der Berge**

Der botanische Pflanzenname leitet sich von den griechischen Wörtern *oros*, Gebirge, und *ganos*, Pracht, ab, und kann also mit «Zierde der Berge» übersetzt werden. Der Kontrast zwischen dem blassen Rosa der Kronblättchen und dem kräftigen Rot der Hochblättchen wirkt in der Tat sehr reizvoll. Der Zusatz *vulgare* ist im Sinne von «gemein» zu verstehen und weist darauf hin, dass der Dost in Europa die am weitesten verbreitete Art seiner Gattung ist.

Anwendung:
Die Blüten schmecken besser als die Blätter

Die Blütenstände des Dosts verbreiten, wenn man sie mit den Fingern etwas reibt, einen sehr aromatischen Duft, der ausgeprägter ist als jener der Blätter. Man gibt die Blüten in Salate oder andere Gerichte. Allerdings darf man sie nicht kochen und gibt sie daher erst ganz am Schluss bei. Der Duft der Blüten ist so flüchtig, dass man sie nicht als Tee aufgiessen, sondern besser in einem Gefäss mit Wasser an der Sonne ziehen lassen sollte. Das Wasser erhält so ein vorzügliches Aroma. Zeitweise wurden in Schweden Biere mit Dostblüten gewürzt.

Die Blätter können ebenfalls verarbeitet werden, haben aber wenig Aroma. Dieselbe Art des Dosts finden wir auch im Süden Europas. Dort haben seine Blätter einen intensiven Duft und würzigen Geschmack und werden roh oder gekocht zum Würzen verschiedenster Speisen verwendet, vom Frischkäse bis zur Pizza.

Inhaltsstoffe und Heilwirkung:
Eine verdauungsfördernde Pflanze

Seinen angenehmen Geruch verdankt der Dost einem ätherischen Öl.

Der Dost regt die Verdauung an, hilft bei Blähungen und Krämpfen und wirkt schleimlösend.

Verwandte Arten

In Europa gibt es zwölf weitere Arten der Gattung *Origanum*, allerdings kommt keine davon in Mitteleuropa vor.

In Spanien, Italien, Griechenland und Kreta sowie dem gesamten Mittelmeerraum wachsen dagegen mehrere, lokal begrenzte Arten, die als Gewürz verwendet werden.

Der aus Nordafrika und Westasien stammende **Majoran** *(Origanum majorana)* wird bei uns als Gewürz angebaut.

Verwechslungsgefahren

Angesichts des unverwechselbaren Geruchs und des einzigartigen rosa-roten Farbkontrasts der Blütenstände, ist es kaum wahrscheinlich, dass man den Dost mit anderen in Mitteleuropa heimischen Pflanzen verwechselt.

Sellerieküchlein in knuspriger Dosthülle

Rezept von Jean-Marie Dumaine

Für 4 Portionen

50 g frische Dostblätter, 2 Eier, 50 g geriebener Käse, Salz, Pfeffer, 500 g Knollensellerie, 50 g Mehl, 100 ml Olivenöl, Hagebuttensauce (Rezept Seite 89, Wildrosenpizza), 50 g Dostblüten

1. Die klein geschnittenen Dostblätter mit Eiern, Käse, Salz und Pfeffer verrühren.
2. Den Sellerie schälen und in gleichmässige, etwa 1 cm dicke Scheiben schneiden.
3. Die Selleriescheiben salzen und pfeffern. Erst in Mehl und anschliessend in der Eiermasse wenden. Im heissen Öl auf beiden Seiten knusprig goldgelb braten.
4. Die Dostblüten unter die warme Hagebuttensauce mischen und die Sellerieküchlein darauf servieren.

Sonnentee

200 g Dostblüten, 1 l Wasser

1. Die Dostblüten in ein grosses Glasgefäss geben.
2. Das Gefäss mit dem Wasser auffüllen und mit einem Stück Baumwollstoff und einem Gummiring verschliessen. Für mehrere Stunden an einen sonnenbeschienenen Ort stellen.

Das Wasser wird dabei warm und nimmt nach und nach das zarte Aroma der Blüten auf. Diese Zubereitungsart ist für alle Pflanzen geeignet, deren Duft sich leicht verflüchtigt.

Oxalis acetosella

Sauerklee

Oxalidaceae, Sauerkleegewächse

Blätter: fast ganzjährig
Blüten: April bis Mai
Junge Früchte: Mai bis Juni

Beschreibung: **Ein falsches Kleeblatt**

Der Gemeine oder Wald-Sauerklee ist eine kleine, ausdauernde, fünf bis acht Zentimeter hohe, stengellose und sauer schmeckende Pflanze. Sie hat nur grundständige Blätter, die denen des Kleeblatts verblüffend ähnlich sehen. Sie sind langstielig und haben drei gleichgrosse, herzförmige Teilblättchen, die mit ihrer Spitze am Stiel sitzen. Die relativ grossen Blüten sitzen auf zierlichen Blütenstengeln und haben fünf weisse, mit rosa Äderchen durchzogene Kronblättchen. Aus den Blüten entwickeln sich kleine längliche Früchte.

Standort: **Tief in den Wäldern**

In Wäldern und an schattigen Plätzen bildet der Wald-Sauerklee zumeist kleinere, sehr hübsch anzusehende Kolonien. Er kommt fast überall in unseren Breiten vor und bevorzugt kieselsäurehaltige Böden.

Namensursprung: **Ein richtiger Sauertopf**

Der botanische Name *Oxalis* leitet sich vom griechischen Wort *oxus* für Säure ab. Der Zusatz *acetosella* ist die Verkleinerungsform des lateinischen Wortes für sauer, *acetosa*.

Anwendung: **Vorwiegend als Gewürz**

In vernünftigen Mengen genossen, sind die rohen Blätter, die die charakteristische Oxalsäure enthalten, gut gegen Durst und in Salaten. Sie lassen sich roh oder gekocht wie die Blätter des **Wiesen-Sauerampfers** (*Rumex acetosa*, siehe Seite 92–93) verwenden, schmecken aber feiner und milder. Wenn man die Blätter in Wasser ziehen lässt, erhält man eine erfrischende Limonade.

Die Blüten sind eine Zierde für jeden Salat.

Die jungen Früchte kann man als säuerliches Gewürz verwenden und in Essig haltbar machen. Sie werden gesammelt, solange sie noch sehr weich sind, da sie binnen kürzester Zeit hart werden.

Inhaltsstoffe und Heilwirkung:
Und wieder sind es die Oxalsäuren ...

Die Pflanze hat einen hohen Gehalt an Oxalsäure und deren Salzen, vor allem Calcium- und Kaliumoxalat.

In kleinen Mengen genossen, wirkt der Wald-Sauerklee erfrischend und blutreinigend. In grösseren Mengen jedoch können die in der Pflanze enthaltenen Oxalate Reizreaktionen auslösen und zu Nieren- und Verdauungsstörungen führen. Personen mit Arthritis, rheumatischen Erkrankungen sowie Nieren-, Blasen- und Gallensteinen sollten den Sauerklee daher nur in geringen Mengen geniessen.

Verwandte Arten

Von der Gattung *Oxalis* gibt es in Europa elf weitere Arten.

Zwei Arten *(Oxalis stricta* und *Oxalis corniculata)* sind in Mitteleuropa heimisch. Alle Arten zeichnen sich durch ihren typisch sauren Geschmack aus und können wie oben beschrieben verwendet werden.

Einige exotische Arten werden als Zierpflanzen und – dies kommt allerdings eher selten vor – als Gemüse angebaut.

Verwechslungsgefahren

Den Sauerklee kann man unter Umständen mit dem **Klee** (*Trifolium* spp.) verwechseln – der ähnliche Name deutet dies ja bereits an. Die Blätter des Klees schmecken aber nicht sauer, und die Blüten sehen vollkommen anders aus.

Nomen ist nicht immer Omen, wie das Beispiel des Wald-Sauerklees zeigt. Seine Blätter haben mit dem richtigen Klee nichts gemein.

Garnelen-Cocktail mit Sauerklee

Rezept von Jean-Marie Dumaine

Für 4 Portionen

1 1-Liter-Becher Sauerklee (20 g), 50 ml Öl, Salz, weisser Pfeffer, 400 g Garnelen ohne Schale, 1 Kopfsalatherz oder Eisbergsalat

1. Den Sauerklee fein hacken. Einige Blättchen oder Blüten für die Verzierung beiseite legen.
2. Das Öl mit Salz, Pfeffer und dem gehackten Sauerklee vermischen. Die Garnelen unterheben.
3. Vier Cocktailgläser (oder Schalen) mit den Blättern des Kopf- oder Eisbergsalats auslegen und die marinierten Garnelen darauf verteilen. Mit Sauerkleeblättchen garnieren.

Papaver rhoeas

Klatsch-Mohn

Papaveraceae, Mohngewächse

Junge Blätter: Februar bis Mai
Blüten: April bis September
Samen: Juni bis Oktober

Die Rosetten des Klatsch-Mohns mit ihren zart gefiederten Blättern gehören in Südfrankreich zu den beliebtesten Wildpflanzenarten – und vielleicht auch bald andernorts.

Beschreibung: **Prächtige rote Blüten**
Der Klatsch-Mohn ist eine einjährige, teilweise auch zweijährige Pflanze, an der vor allem die aussergewöhnliche Blüte auffällt. Sie steht häufig in Gruppen. Der einfache, aufrecht aufsteigende Stengel ist mit borstigen Härchen überzogen. Die tief gefiederten Blätter haben lanzettliche, stark gezähnte Blattabschnitte und sind ebenfalls behaart. Sie bilden anfangs eine Grundrosette, die in der Regel nach dem Austreiben des Stengels welkt. An ihm sitzen nur einige wenige Blätter. Die Knospen sind durch zwei grüne Kelchblättchen geschützt. Die grossen, einzeln stehenden Blüten, die aus den Knospen hervorgehen, haben vier scharlachrote, am Grund oft schwarz gefleckte Blütenblätter. Leider welkt diese Pracht, kaum dass sie sich entfaltet hat, sehr schnell dahin, und es bleiben nur die länglichen, an der Spitze mit kleinen Poren versehenen Fruchtkapseln, die zahlreiche bräunliche, fast kugelförmige Samen enthalten. Wenn man den Klatsch-Mohn pflückt, sondert er einen weissen Milchsaft ab.

Standort: **Er ist gern zu Gast auf Getreidefeldern**
Der Klatsch-Mohn bevorzugt bearbeitetes Erdreich; folglich finden wir ihn auf Feldern, in Gärten und am Wegrand. Er ist zwar in ganz Mitteleuropa verbreitet, durch den Einsatz von Unkrautvertilgungsmitteln ist er aber immer seltener anzutreffen. Er stammt ursprünglich aus dem Mittleren Osten, von wo er – als treuer tausendjähriger Begleiter von Feldfrüchten – mit dem Beginn des Getreideanbaus auch nach Europa gelangte.

Namensursprung:
Ein naher Verwandter des Schlaf-Mohns
Der botanische Name *Papaver* soll sich vom keltischen Wort *papa* für Brei ableiten, da es einst üblich war, unter den Brei für die Kinder etwas Milchsaft des **Schlaf-Mohns** *(Papaver somniferum)* zu rühren, damit sie besser einschlafen können. Mit dem Zusatz *rhoeas* wurde bei den alten Griechen diese oder eine andere mit dem Mohn nah verwandte Art bezeichnet.

Anwendung: **Die jungen Blätter und die Blüten**
Solange sie noch eine mehr oder wenige dichte Rosette bilden, kann man die jungen Blätter als Salatzutat verwenden, obwohl sie ein wenig pelzig sind. Sie schmecken angenehm mild und süsslich. In Südfrankreich wurden sie früher im Frühjahr zusammen mit anderen Wildkräutern gekocht. Sie lassen sich vielfältig verarbeiten, vom einfachen Gericht bis zum raffinierten Festmahl. Besonders schmackhaft und einfach zuzubereiten sind sie über Dampf gegart und nur mit einem Hauch Olivenöl serviert – eine willkommene Abwechslung am Ende der kalten Jahreszeit.

Wenn man die Blätter in der Erde, kurz oberhalb der Wurzel abschneidet, kann man die Rosette als ganze ernten.

Die leuchtend roten Blütenblätter ergeben einen fröhlichen Farbtupfer für Salate. Aus ihnen lassen sich auch feine Tees zubereiten, die eine schöne Färbung haben und leicht schmerzlindernd wirken.

Der junge, noch zarte Fruchtknoten schmeckt nach Nüssen; man knabbert ihn einfach so, wie er ist.

Die in der endständigen Fruchtkapsel enthaltenen dunklen Samen kann man wie die des Schlaf-Mohns über Brot oder Gebäck streuen. Geröstet und mit etwas Salz vermischt, ergeben sie ein dezent nach Mandeln schmeckendes Gewürz. Die Römer pressten aus den Samen ein erlesenes Öl.

Inhaltsstoffe und Heilwirkung:

Es besteht keine Gefahr!

Der Milchsaft der verschiedenen Mohngewächse enthält Alkaloide. Im Gegensatz zum Schlaf-Mohn, dessen getrockneter Milchsaft Opium ergibt, ist der des Klatsch-Mohns vollkommen harmlos. Der Milchsaft enthält darüber hinaus Gummi, Harz, Mineralsalze und viele andere Stoffe. Die Blüten des Klatsch-Mohns enthalten Pflanzenschleime, Saccharose, einen natürlichen Farbstoff und ein ungefährliches Alkaloid. In den Samen finden wir ein zum Verzehr geeignetes Öl, Proteine und Lecithin.

Die Blüten des Klatsch-Mohns wirken reizlindernd, beruhigend und helfen bei Erkrankungen der Atemwege. Zusammen mit Malve, Katzenpfötchen, Huflattich, Veilchen, Königskerze und Eibisch gehört der Klatsch-Mohn zu den sogenannten Brustmitteln, die für ihre Heilkräfte bei der Behandlung von Husten, Keuchhusten und Asthma gerühmt wurden. Auch bei Nervosität, Angstzuständen, Gefühlsausbrüchen und Schlaflosigkeit kann er hilfreich sein.

Verwandte Arten

In Europa gibt es 25 weitere Arten der Gattung *Papaver.* In unseren Breiten kommen hauptsächlich der **Saat-Mohn** *(Papaver dubium),* der **Bastard-Mohn** *(Papaver hybridum)* und der **Sand-Mohn** *(Papaver argemone)* vor. Sie sind an ihren unterschiedlichen Fruchtkapseln im Zentrum der Blüte einfach zu erkennen, die je nach Art länglich, kugelförmig, behaart oder unbehaart sind. Alle diese Arten sind wie der Klatsch-Mohn verwendbar.

Der urspünglich aus Asien und Südosteuropa stammende **Schlaf-Mohn** *(Papaver somniferum)* wird als Zierpflanze und wegen der Alkaloide seines Milchsaftes angebaut. Aus seinen jungen, zarten Blättern bereitete man früher einen erlesenen Salat. Die Blätter sind ungiftig, da sie kaum Milchsaft enthalten. Mit den Samen werden Brote und Gebäck bestreut. Sie werden auch in Milch und Honig gekocht und als Füllung für Kuchen verwendet. Aus den Samen wird Mohnöl gewonnen, das früher häufig verwendet wurde und als ebenso wertvoll wie Olivenöl galt. Weder Samen noch Öl sind giftig.

Verwechslungsgefahren

Man kann den Klatsch-Mohn mit den anderen (oben erwähnten) rot blühenden Mohngewächsen verwechseln, die nur anhand ihrer Blüten zu unterscheiden sind. Vom Schlaf-Mohn, dessen Blätter unbehaart und blaugrün glänzend sind, und den **Alpen-Mohn-Arten** *(Papaver alpinum, Papaver rhaeticum)* kann man den Klatsch-Mohn selbst dann leicht unterscheiden, wenn nur die Rosetten ausgebildet sind. Diese extrem seltenen Hochgebirgspflanzen dürfen auf keinen Fall gepflückt werden.

Vom Klatsch-Mohn kennt man vor allem seine scharlachroten Blütenblätter, die eine Zierde für jeden Salat sind.

Würziger Mohnkranz

Für 4 Personen

800 g Klatsch-Mohn-Blätter, 100 g Zwiebeln, 1 Knoblauchzehe, 1 Teelöffel echter Sternkümmel, 200 g gehackte Haselnüsse, Saft einer Zitrone, 8 Eier, 300 g Paniermehl, 1 Teelöffel Salz

Reis-Zwiebel-Püree:
300 g Zwiebeln, 150 g gekochter Reis, 100 g Butter, Salz, Zucker

1. Die Mohnblätter in Wasser kochen und abtropfen lassen.
2. Zwiebeln und Knoblauch hacken und mit dem Kümmel andünsten. Dann die Mohnblätter, die gehackten Nüsse, den Zitronensaft, die leicht schaumig geschlagenen Eier und das Paniermehl unterrühren. Salzen.
3. Eine Gugelhupfform fetten und mehlen, die Masse hineingeben und im Wasserbad bei mittlerer Hitze (160 Grad) im Backofen 90 Minuten backen.
4. Für das Reis-Zwiebel-Püree die Zwiebeln mit der Schale im Backofen bei 180 Grad 45 Minuten garen.
   Noch warm schälen und mit dem gekochten Reis verrühren. Die Butter nach und nach zugeben. Mit Salz und Zucker abschmecken.
5. Den Mohnkranz vorsichtig aus der Form stürzen. Das Püree in der Mitte des Kranzes anrichten.

Mohngewürz

200 g Klatsch-Mohn-Samen, 100 g Meersalz

1. Die Mohnsamen mit dem Meersalz in einer Pfanne unter ständigem Rühren kurz rösten. Vorsicht, die Körner brennen schnell an.
2. In der Kaffeemühle mahlen und in einem verschliessbaren Gefäss aufbewahren.

Das Mohngewürz kann wie Salz verwendet werden.

Phyteuma spicatum

Teufelskralle

Campanulaceae, Glockenblumengewächse

Junge Blütenstengel: Mai bis Juni

Aus der Mitte der Blattrosette spriessen die jungen, traumhaft zarten Blütenstände der Ährigen Teufelskralle hervor.

Beschreibung: **Veilchenähnliche Blätter**

Die Ährige Teufelskralle oder Rapunzel ist eine ausdauernde Pflanze mit dicken Wurzeln, die aussen cremeweiss bis bräunlich sind und ein weisses Fruchtfleisch von feinem Geruch und Geschmack besitzen. Die äussere Haut enthält einen schwefelgelben, ein wenig scharfen Milchsaft. Als erstes treiben die grundständigen Blätter aus; sie sind gross, herzförmig, haben lange Blattstengel und sind manchmal in der Mitte bräunlich bis violett gefleckt. Später entwickelt sich der einzige, aufrechte Pflanzenstengel, an dem einige kleine, länglich geformte, stengellose Blätter sitzen. Die ungewöhnlich geformten Blüten sind gelblich bis weiss, in seltenen Fällen hellblau. Sie bilden eine dichte, längliche, endständige Ähre, die während der Blüte von Juni bis August ein wenig zerzaust aussieht.

Vorkommen: **Oft zu Gast im Untergehölz**

Die Teufelskralle bildet in Wäldern, an schattigen Böschungen und seltener auch auf Wiesen schöne Kolonien. Sie kommt fast überall in unseren Breiten, vor allem aber in den Bergen vor.

Namensursprung: **Ährenförmige Blütenstände**

Der botanische Name *Phyteuma* kommt aus dem Griechischen und bedeutet «kraftvolle Pflanze», vielleicht weil die Teufelskralle eine so grosse Wurzel hat und häufig grosse Kolonien bildet. Der Zusatz *spicatum,* ährenförmig, bezieht sich auf den endständigen Blütenstand.

Anwendung: **Nur kleine Mengen sammeln**

Die dicke, fleischige Wurzel der Ährigen Teufelskralle hat einen angenehmen Geschmack. Wegen des in der Schale enthaltenen gelben Milchsafts schmeckt sie roh angenehm scharf nach Rettich. Wenn man sie in Wasser kocht, brät oder wie Folienkartoffeln in die Glut legt, wird sie mild und süsslich und erinnert im Geschmack eher an Esskastanien. Früher wurde die nährstoffreiche Teufelskrallenwurzel relativ häufig gegessen.

Die Wurzeln reichen tief in die Erde und lassen sich manchmal nur mit Mühe ernten. Man sollte nicht zu viele Wurzeln ziehen, da sonst nichts mehr nachwachsen kann. Ernten sollte man die Wurzeln auch nur dann, wenn die Pflanze am jeweiligen Fundort in ausreichend grossen

Beständen wächst. Die Wurzel bleibt auch nach dem Austreiben der Blütenstengel zart.

Die zarten und feinen Blätter lassen sich roh als Salat oder gekocht als Gemüse zubereiten.

Die jungen, noch geschlossenen Blütenstände ergeben hervorragende «Spargelspitzen» von süsslichem, mildem und doch würzigem Geschmack und weicher, etwas mehliger Beschaffenheit. Am besten gart man sie einige Minuten über Dampf – nicht zu lange, damit sie nicht verkochen. Die Teufelskralle ist eines der besten Nahrungsmittel, das wir in unseren Breiten in der Natur finden können.

Inhaltsstoffe und Heilwirkung:

Eine nährstoffreiche Wurzel

Die Wurzeln sind reich an Stärke und einfachen Zuckern.

Verwandte Arten

In Europa gibt es 24 weitere Arten der Gattung *Phyteuma.*

Eine nahe Verwandte der Ährigen Teufelskralle, die **Rapunzel-Glockenblume** *(Campanula rapunculus)*, wurde früher wegen ihrer Wurzeln und Blätter angebaut. Auf Bergwiesen finden wir mehrere dunkelblau blühende Arten der Gattung *Phyteuma.* Sie sind geschützt und dürfen auf keinen Fall gesammelt werden.

Verwechslungsgefahren

Man kann die Ährige Teufelskralle mit anderen gross gewachsenen und längliche Ähren tragenden Arten dieser Gattung verwechseln, darunter die *Phyteuma halleri* und die *Phyteuma scorzoneraefolium,* die jedoch blaue Blüten haben. Die anderen Arten sind in der Regel kleiner und haben kugelförmige Blütenstände.

Solange nur die Blätter ausgetrieben haben, könnte man die Ährige Teufelskralle mit dem Veilchen verwechseln. Die Blätter der Teufelskralle sind jedoch hellgrün und in der Mitte oft bräunlichviolett gefleckt und haben wenige, oft gar keine Härchen; die Veilchenblätter hingegen sind behaart, weich und mattgrün.

In jedem Fall sind alle diese Pflanzen essbar; einige im Gebirge heimische Teufelskrallenarten sind jedoch sehr selten und dürfen nicht gepflückt werden.

Bei der Ährigen Teufelskralle kann man zusammen mit den Wurzeln auch die grundständigen Blattbüschel miternten.

Teufelskrallenblüten mit Crème fraîche

Für 4 Portionen

300 g junge Blütenstände der Ährigen Teufelskralle, 100 g Crème fraîche, Salz

1. Die jungen Blütenstände mit dem zarten Teil des Stengels einige Minuten über Dampf garen, so dass sie knackig bleiben. Gut darauf achten, dass sie nicht verkochen.
2. Die Crème fraîche wärmen und leicht salzen. Zusammen mit den Blütenständen auf einer Platte anrichten.

Picea excelsa

Fichte

Pinaceae, Kieferngewächse

Junge Triebe: April bis Juni

Beschreibung:

Ein Nadelbaum von stattlicher Grösse

Die Fichte wird wegen ihres schuppigen, rotbraunen Stammes häufig auch Rottanne genannt. Die nach unten hängenden Äste sind mit kleinen, spitzen Nadeln besetzt, die wie die Borsten einer Rundbürste rund um die Äste stehen. Die Nadeln haben einen rautenförmigen Querschnitt und lassen sich mehr oder weniger gut zwischen den Fingern rollen. Die Zweige der Fichte sind mit kleinen, spitzen Höckern übersät, auf denen die Nadeln sitzen. Die männlichen Blüten bilden mit gelben Pollen bestäubte Kätzchen. Aus den weiblichen Blüten entstehen am Ende der Äste grünliche und später violett schimmernde Zapfen. Die reifen Zapfen sind hellbraun und schuppig; sie hängen nach unten und fallen später ab, bleiben aber geschlossen.

Standort: **Die Fichte wird häufig aufgeforstet**

Den natürlichen Standort der Fichte bilden die subalpinen Stufen der Vorgebirgswälder in Mittel- und Nordeuropa. Wegen ihres Holzes wird sie aber auch häufig in niedrigeren Lagen aufgeforstet, wo die dunklen Fichtenwälder die Landschaft beherrschen.

Namensursprung: **Ein harziger Baum**

Die botanische Bezeichnung *Picea* leitet sich vom dem lateinischen Ausdruck *pix* für Pech oder Harz, dem Saft der Fichte, ab. Die Fichte liefert in der Tat grosse Mengen Harz. Der Zusatz *excelsa,* erhaben, weist auf die stattliche Grösse hin, die sie erreichen kann. Die weibliche Form wird hier deshalb verwendet, weil für die Römer alle Bäume weiblich waren.

Anwendung: **Ein verblüffender Zitronengeschmack**

Die jungen Triebe der Fichte heben sich mit ihrem zarten Hellgrün vom Rest der Zweige ab. Sie schmecken zart und angenehm säuerlich nach Zitrone und haben einen dezenten balsamischen Duft. Beim Spazierengehen kann man sie einfach abpflücken und gleich naschen, oder man gibt sie zu Salaten, in denen sie als Essigersatz dienen können. Sie sind ein gutes Gewürz für verschiedene Speisen, insbesondere für Fisch. Die jungen Triebe können von Frühlingsbeginn an, wenn sie austreiben, bis zu dem Zeitpunkt, ab dem sie langsam hart werden, geerntet werden, indem man sie zwischen Daumen und Zeigefinger nimmt und abzwickt. Die älteren Nadeln sind so hart, dass man sie nur noch als Teeaufguss verwenden kann.

Einen grünen und aromatischen Fichtennadelsirup stellt man her, indem man ein Gefäss abwechselnd mit Schichten junger Triebe und Schichten Zucker füllt und anschliessend an der Sonne oder an einem warmen Ort ziehen lässt. Das Ganze wird dann nach einer Weile durch ein Tuch abgegossen oder durch die feine Lochscheibe des Passiergeräts gedreht. Mit dem Sirup werden Getränke und Sorbets aromatisiert.

Inhaltsstoffe und Heilwirkung:

Gegen Husten und Lungenkrankheiten

Das ätherische Öl der Fichtennadeln enthält die auch in der Zitrone vorkommende Substanz Limonen. Sie ist für den säuerlichen Geschmack der Fichtennadeln verantwortlich. Die Nadeln enthalten sehr viel Vitamin C.

Die Nadeln und die jungen Triebe wirken schleimlösend und schweisstreibend. Der Fichtennadelsirup ist ein gutes Hustenmittel. Die Wurzel wirkt schleimlösend, balsamisch und antiseptisch.

Verwandte Arten

In Europa gibt es von der Gattung *Picea* nur noch eine weitere Art, die auf dem Balkan zu finden ist.

Verwechslungsgefahren

Es kommt häufig vor, dass die Fichte mit der Weisstanne *(Abies alba)* verwechselt wird, obwohl diese beiden grossen Koniferen recht verschieden sind.

Die Weisstanne hat eine hellgraue, glatte Rinde, und bei jungen Bäumen ist der Stamm mit grossen, harzgefüllten Warzen bedeckt. Die gegenständigen Äste stehen horizontal vom Stamm ab. Sie haben flache, längliche und an der Spitze abgerundete Nadeln, die kammförmig gescheitelt und zweizeilig auf einer Ebene angeordnet sind. Auf der Unterseite sind die Nadeln mit zwei weissen Streifen versehen. Sie sind mit dem Ast durch eine kleine Scheibe verbunden, und wenn man die Nadeln abbricht, bleibt an der Bruchstelle eine rundliche Narbe. Im Oktober, wenn die Samen reif sind, fächern sich die Tannenzapfen auf und die Samen fallen zu Boden.

Die Weisstanne wächst in den Gebirgslagen Mittel- und Südeuropas in feuchten Wäldern, in denen sich oft auch Rotbuchen finden. Die Weisstanne ist viel seltener als die Fichte, da sie kaum aufgeforstet wird.

Die jungen Triebe der Weisstanne können wie die der Fichte verwendet werden. Sie schmecken zitronensauer und sind oft bitter.

Schlimmer wäre es, wenn man die Triebe der Koniferen und vor allem die der Weisstanne mit jenen der **Eibe** *(Taxus baccata)* verwechseln würde, die ein tödliches Gift enthalten.

Die Eibe ist ein wild wachsender Strauch oder kleiner Baum, der in den Wäldern niedriger bis mittlerer Lagen wächst. Sie wird oft als Zierhecke in Gärten oder Parkanlagen gepflanzt. Die dunkelgrünen Nadeln der Eibe sind wie bei der Weisstanne gescheitelt und auf einer Ebene angeordnet. Allerdings sind sie spitz (die der Weisstanne sind oben abgerundet), weich (die der Weisstanne sind ziemlich hart) und auf der Unterseite durchgehend gelblich grün (bei der Weisstanne sind sie auf der Unterseite mit zwei weisslichen Streifen durchzogen). Zudem schmecken sie bitter (die der Weisstanne schmecken säuerlich). Die Eibe trägt rote Scheinfrüchte, die die Samen umschliessen.

Die Blätter und Samen sind aufgrund ihres hohen Alkaloidgehalts giftig. Der rote Teil der Frucht, der Samenmantel, ist jedoch essbar. Er schmeckt süsslich, enthält viele Pflanzenschleime und ist sehr angenehm zu knabbern. Aber man muss äusserst vorsichtig sein, dass man nicht aus Versehen einen Samen erwischt, den man dann sofort ausspucken muss.

Die Triebe der anderen Koniferen sind alle essbar, insbesondere die der **Europäischen Lärche** *(Larix decidua)*, der einzigen Koniferenart in unseren Breiten, die im Herbst ihre Nadeln verliert und dann sehr luftig aussieht. Die jungen, sehr feinen Nadeln schmecken zart und zitronenähnlich und machen sich besonders in Salaten gut.

Im Frühling haben die zarten, hellgrünen Triebe am Ende der Fichtenzweige ein leicht säuerliches Aroma.

Fichtentriebe in Essig eingelegt

Rezept von Jean-Marie Dumaine

500 g junge Fichtentriebe, 5 Wacholderbeeren, 1 Teelöffel grobes Meersalz, ½ l guter Weinessig

1. Die Fichtentriebe mit den Wacholderbeeren in ein grosses, verschliessbares Gefäss drücken.
2. Das Salz beigeben und mit dem kochenden Essig übergiessen. Das Gefäss sofort verschliessen.

Die eingelegten Fichtentriebe können wie Essiggurken oder Kapern verwendet werden. Sie können sie zum Beispiel fein hacken und Mayonnaisen damit würzen.

Fichtennadelsirup

500 g junge Fichtentriebe, 500 g Zucker

1. Ein Glasgefäss abwechselnd mit Schichten von Fichtentrieben und Zucker füllen.
2. Das Gefäss ungefahr drei Wochen in die Sonne oder vor einen nicht zu heissen Heizkörper stellen, bis der Zucker vollständig aufgelöst ist.
3. Den Sirup durch ein Tuch filtern und das Tuch gut ausdrücken. Den Sirup in Glasflaschen abfüllen.

Dieser Sirup verleiht Joghurt und Sorbets ein köstliches Aroma.

Plantago major

Wegerich

Plantaginaceae, Wegerichgewächse

Juni bis August
Blütezeit

Der Breit-Wegerich scheut sich nicht, mitten auf dem Weg Platz zu nehmen.

Beschreibung: **Breitblättrige Rosetten**

Der ausdauernde und ungewöhnlich aussehende Breit-Wegerich oder Grosse Wegerich bildet mit seinen langstieligen, mehr oder weniger aufgerichteten Blättern eine grundständige Rosette. Sie haben eine feste Beschaffenheit, sind breit, eiförmig und von sehr ausgeprägten Parallelnerven durchzogen. Aus dem Mittelpunkt der Rosette entspringen die blattlosen Pflanzenstengel, an denen lange, endständige, sehr schmale und zylinderförmige Ähren sitzen. Aus den weissen Blütenköpfchen ragen lange Staubgefässe hervor.

Standort: **Er mag es, wenn man ihn mit Füssen tritt**

Der Breit-Wegerich bevorzugt die zusammengetretenen Böden von Feldwegen, wo er keine Konkurrenz fürchten muss, und mit seinen breiten, harten und niederliegenden Blättern macht es ihm wenig aus, wenn Schuhe oder Hufe auf ihn treten oder Reifen über ihn rollen. Er kommt überall in unseren Breiten auf Brachland, Feldern, Wegen und Wiesen vor, wo er in der Regel in Kolonien steht.

Namensursprung: **Er hat die Form einer Fusssohle**

Bereits bei den alten Römer wurde der Breit-Wegerich als *plantago* bezeichnet. Dieser Name leitet sich vom römischen Wort *planta* ab, was «Fusssohle» bedeutet und die flach am Boden wachsenden Blätter des Wegerichs bildhaft beschreibt. Den Zusatz *major*, grösser, erhielt er wegen der Grösse, die die Blätter bisweilen entwickeln können.

Anwendung: **Ein Hauch von wilder Natur**

Die jungen Blätter sind zart genug, um roh als Salatzutat verwendet zu werden. Ihr Geschmack ist ein wenig bitter und erinnert erstaunlicherweise an Pilze. In der Mitte der Rosette finden sich fast immer frische, junge Blätter.

Die älteren, härteren Blätter ergeben sehr gute Suppen oder Gemüsegerichte, wobei sie meist in Kombination mit anderen Wildpflanzen verwendet werden. Ihr sehr ausgeprägter Geschmack wird so durch die anderen Zutaten etwas abgemildert. Manchmal ist es auch ratsam, die Blätter vorher einmal abzukochen und das Wasser abzugiessen, um ihnen den zuweilen bitteren Geschmack zu nehmen. Mit den Blättern des Breit-Wegerichs lassen sich Soufflés, Gemüsekuchen und andere leckere Speisen zubereiten. In verschiedenen Gegenden kocht man daraus heute noch die traditionelle Frühlingssuppe, in die auch Löwenzahnblätter und junge Brennnesseltriebe gehören.

Aufgrund seiner blutreinigenden Eigenschaften wirkt der Wegerich wahre Wunder, wenn es darum geht, den Körper am Ende des Winters von all dem zu befreien, was sich im Laufe der kalten Jahreszeit so angesammelt hat, wenn die Nahrung schwerer und die Möglichkeit zu körperlicher Betätigung eingeschränkt ist.

Aus dem Breit-Wegerich kann man durch Milchsäuregärung ein gutes Sauerkraut herstellen. Hierfür sollte man die Blätter, bevor man sie ins Fass gibt, in dünne Streifen schneiden.

Die Samen des Wegerichs sind nicht nur ein Leckerbissen für Kleinvögel, sondern auch für uns Menschen. Wer die Geduld aufbringt, die Samen zu sammeln, kann sie fein mahlen und unter verschiedene Getreidemehle mischen oder in Suppen mitkochen. Geröstet, gemahlen und mit Salz vermischt ergeben sie ein gutes Gewürz. Die Pflanzenschleime aus den Samen eines anderen Wegerichgewächses *(Plantago ovata)* werden als Stabilisatoren für verschiedene Eiscremen verwendet.

Inhaltsstoffe und Heilwirkung:

Ein wahres Wundermittel!

Der Breit-Wegerich hat einen hohen Gehalt an Proteinen, Vitamin C und Mineralsalzen. Er enthält zudem Pflanzenschleime und Gerbstoffe.

Der Breit-Wegerich wirkt festigend auf das Gewebe und gleichzeitig reizlindernd. Er hat blutreinigende, antiseptische und blutstillende Eigenschaften. Äusserlich wird er bei Augenreizungen in Form von Kompressen verwendet. Wenn man Brennnessel- oder Insektenstiche mit zerdrückten Breit-Wegerich-Blättern einreibt, lässt der Schmerz sofort nach. Auch die Wundheilung wird durch Auflegen von zerriebenen Blättern gefördert.

Die von einer Schleimschicht überzogenen Samen sind wie die Samen des aus dem Mittelmeerraum stammenden **Flohsamenkrauts** *(Plantago psyllium)* ein leichtes Abführmittel.

Verwandte Arten

In Europa gibt es 34 weitere Arten der Gattung *Plantago.*

Hierbei handelt es sich hauptsächlich um den **Spitz-Wegerich** *(Plantago lanceolata),* dessen längliche, aufgerichtete Blätter Büschel bilden, und den **Mittleren Wegerich** *(Plantago media),* dessen stengellose Blätter eine flache Grundrosette bilden. Beide Arten kommen sehr häufig auf Wiesen und an Wegrändern vor. Der **Schlitzblättrige Wegerich** *(Plantago coronopus),* der auf sandigen Böden vor allem in Küstengebieten wächst, hat gezähnte und stark gefiederte Blätter.

Diese drei Arten kann man roh oder gekocht wie den Breit-Wegerich essen. Die Blätter der meisten anderen Arten sind lanzettlich geformt. Wegen ihrer harten Beschaffenheit sind sie kaum zum Verzehr geeignet. Keine dieser Pflanzen ist giftig.

Verwechslungsgefahren

Man könnte den Breit-Wegerich eventuell mit dem Mittleren Wegerich verwechseln, was allerdings ohne Folgen bliebe. Mit anderen Pflanzen kann man ihn kaum verwechseln.

Wegerich in Weissweinsauce

Für 4 Portionen

50 g Butter, 500 g Breit-Wegerich-Blätter, 1 Esslöffel Senfkörner, ¼ l Weisswein, 1 Teelöffel Salz, Pfeffer

Sauce:
50 g Mehl, 100 ml Weisswein, 150 g Crème fraîche

1. Die Butter in einem Topf zergehen lassen, die gewaschenen und klein geschnittenen Wegerichblätter dazugeben und gut durchmischen, bis alle Blätter rundherum mit Butter überzogen sind.
2. Die Senfkörner zerdrücken und zum angebratenen Wegerich geben. 10 Minuten unter gelegentlichem Rühren dünsten. Mit dem Weisswein ablöschen und mit Salz und Pfeffer abschmecken.
3. Zugedeckt zum Kochen bringen, die Temperatur reduzieren und dann noch eine Viertelstunde köcheln lassen.
4. Den Wegerich aus dem Topf nehmen und dabei so viel Flüssigkeit wie möglich im Topf lassen. Das im Wein aufgelöste Mehl und die Crème fraîche unter die verbliebene Flüssigkeit rühren. Die Sauce mit dem Schneebesen aufschlagen, bis sie sämig und glatt ist. Die Sauce über den Wegerich geben und sofort servieren.

Süsser Wegerich-Brennnessel-Kuchen

Für 4 Portionen

Mürbteig (Rezept Seite 51)

Belag:
200 g Breit-Wegerich-Blätter, 200 g Brennnesselspitzen, 4 Eier, 1,8 l Milch, 2 Esslöffel Honig, 50 g Rosinen, 100 g gemahlene Haselnüsse, 30 g brauner Zucker

1. Den Mürbteig, wie auf Seite 51 beschrieben, zubereiten und damit eine Kuchenform auslegen. Etwas Teig für die Verzierung aufheben.
2. Den Wegerich und die Brennnesseln in Wasser kochen, abtropfen lassen, gut ausdrücken und klein hacken.
3. Eier, Milch und den im Wasserbad zerlassenen Honig schaumig aufschlagen. Die Rosinen und das klein gehackte Wildgemüse unterheben.
4. Den Kuchenboden mit den gemahlenen Nüssen bedecken. Darüber die Wegerich-Brennnessel-Masse geben. Den Kuchen mit einem Muster aus dünnen Teigstreifen verzieren und mit dem braunen Zucker bestreuen (er karamelisiert beim Backen).

Mit diesem ungewöhnlichen Kuchen werden Sie viel Lob ernten!

Polygonum bistorta

Wiesen-Knöterich

Polygonaceae, Knöterichgewächse

Wurzelstock: ganzjährig
Blätter: Mai bis Oktober

Beschreibung: **Zweifarbige Blätter und rosa Blüten**
Der Wiesen- oder Schlangen-Knöterich ist eine ausdauernde Pflanze, die vor allem in der Blütezeit sehr schön anzusehen ist. Die unteren Stengelblätter haben lange, flügelartige Stiele und können insgesamt bis zu 50 cm lang werden. Sie sind zugleich breit und länglich und am Blattgrund leicht herzförmig eingeschnitten. Die Ränder sind leicht gewellt, die Blattoberseite ist leuchtend grün, die Unterseite bläulichgrün. In der Mitte sind die Blätter von einem dicken, weisslichen Mittelnerv durchzogen. Die Blätter ziehen sich unten abrupt zusammen und den ganzen Blattstengel entlang. An den aufrechten, runden Pflanzenstengeln sitzen etwas kleinere Blätter; am Stengelende drängen sich kleine, rosa Blütenköpfchen zu einer einzelnen dichten Ähre, deren Länge der zwei- bis dreifachen Breite entspricht. Die Blütezeit ist von Juni bis August.

Standort: **Zahlreich auf Wiesen vertreten**
Der Wiesen-Knöterich bildet auf feuchten Wiesen, vor allem in den Bergen, grossflächige Kolonien. Er kommt fast überall in unseren Breiten vor.

Namensursprung:
Ein grosser verschlungener Wurzelstock
Die botanische Bezeichnung *Polygonum* leitet sich vom griechischen Worten *polus,* zahlreich, und *gonu,* Knie, ab und weist auf die vielen Knötchen am Pflanzenstengel hin. Den Zusatz *bistorta,* was «zweimal gewunden» bedeutet, verdankt der Wiesen-Knöterich den grossen, fleischigen, zartrosa Erdsprossen seines Wurzelstocks, die meist mehr oder weniger in sich verschlungen sind.

Anwendung: **Schmackhafte Blätter im Überfluss**
Der dicke Wurzelstock des Wiesen-Knöterichs enthält viel Stärke und leider auch Gerbstoffe, so dass er zum Verzehr ungeeignet ist. Man muss nur ein kleines Stückchen der Wurzel probieren, um dies festzustellen: der ganze Mund scheint sich zusammenzuziehen. Nur in Nordeuropa, Sibirien und Alaska wurde der Wurzelstock früher zum Verzehr zunächst lange in Wasser eingelegt und dann wie Folienkartoffeln in die Glut gelegt oder in Wasser gekocht. Die Zubereitung ist sehr aufwendig und das Resultat nicht gerade überwältigend.

Die grossen Blätter lassen sich da schon besser verarbeiten. Solange sie noch jung und zart sind, passen sie gut in gemischte Salate. Später kann man sie sehr gut als gekochtes Gemüse zubereiten. Im Süden Englands machte man früher im Frühling aus den Blättern des Wiesen-Knöterichs einen deftigen Gemüse-Pudding, der «Dock pudding» genannt wurde. Man kann die Blätter auf verschiedenste Art und Weise in Quiches, Soufflés oder anderen Gerichten verarbeiten.

Die Blätter können nahezu während der gesamten Lebensdauer der Pflanze geerntet werden. Angesichts seiner grossen und zahlreichen Blätter und seines Nährwerts stellt der Wiesen-Knöterich eines der wichtigsten Wildgemüse dar.

Inhaltsstoffe und Heilwirkung:
Die saure Wurzel wirkt adstringierend
Der Wurzelstock enthält viel Stärke und Gerbstoffe sowie Oxalsäure, auf die sein säuerlicher Geschmack zurückzuführen ist. Die Oxalsäure kann im Organismus zu gefährlichen Reizreaktionen führen, wenn man zu grosse Mengen davon zu sich nimmt. Sie lässt sich entfernen, indem man die Wurzeln längere Zeit in Wasser einlegt oder kocht.

Die Wurzeln des Wiesen-Knöterichs wirken adstringierend und kräftigen den Organismus.

Verwandte Arten
In Europa gibt es 35 weitere Arten der Gattung *Polygonum.*

Ein naher Verwandte des Wiesen-Knöterichs, der **Knöllchen-Knöterich** *(Polygonum viviparum),* kommt häufig auf Bergwiesen vor und hat an seinem Stengel kleine, rote, nach Nüssen schmeckende Knötchen, die man roh knabbern kann.

Der **Winden-Knöterich** *(Polygonum convolvulus),* eine einjährige Kletterpflanze, hat kleine, weissliche Blüten und schmächtige, sehr biegsame Pflanzenstengel, an denen herzförmig eingeschnittene, mit zwei Öhrchen versehene Blätter sitzen. Er kommt des öfteren auf Brachland, Feldern und in Gärten vor. Seine Samen wurden wohl schon von den Menschen der Jungsteinzeit verwendet, denn bei Ausgrabungen fand man verkohlte

Überreste davon. Man verarbeitete sie damals im Ganzen zu Grützen oder gemahlen zu Brei. Die Samen sind zart, mehlig, angenehm im Geschmack und wirken auch roh nicht im geringsten adstringierend, was bei den Knöterichgewächsen wirklich eine Seltenheit ist. Sie haben eine dreikantige Form und einen hohen Nährwert. Beide Eigenschaften haben sie also mit dem Samen des **Echten Buchweizens** *(Fagopyrum esculentum)* gemein, der übrigens mit den Knötericharten verwandt ist. Die milden Blätter des Winden-Knöterichs schmecken gut in Salaten. Auch die Samen des **Hecken-Knöterichs** *(Polygonum dumetorum)*, der dem Winden-Knöterich sehr ähnlich ist, sind essbar.

Der **Pfirsichblättrige Knöterich** *(Polygonum persicaria)* ist eine aufrecht wachsende Pflanze mit langen, schwarz gezeichneten Blättern und dichten Ähren aus rosa Blüten. Er wächst am Wegrand, in Gräben und auf Feldern. Seine Blätter haben, wenn man sie roh isst, einen scharfen Geschmack; sie können aber auch als Gemüse gekocht werden.

Der **Wasserpfeffer** (*Polygonum hydropiper)* wächst auf feuchten Böden und hat lange, zierliche Ähren mit weissen Blütenköpfchen. Seine Blätter schmecken roh brennend scharf und wurden früher in kleinen Mengen als Gewürz verwendet. Im Übermass genossen können sie Reizungen hervorrufen, abgekocht oder getrocknet aber verlieren sie diese unangenehme Eigenschaft gänzlich. Die Samen lassen sich wie Pfefferkörner verwenden.

Der Wiesen- oder Schlangen-Knöterich verdankt seinen Namen der Form seiner Wurzel, die sich wie eine Schlange windet. Im Innern ist sie rosafarben.

Verwechslungsgefahren

Angesichts des bevorzugten Standorts des Wiesen-Knöterichs sind Verwechslungen so gut wie ausgeschlossen. Die Knöterichgewächse mit rosa Blüten *(Polygonum amphibium, Polygonum mite* und *Polygonum persicaria)* wachsen nicht auf Bergwiesen. Der **Alpen-Knöterich** *(Polygonum alpinum)* und der Knöllchen-Knöterich haben weisse Blüten. Was den Wasser-Knöterich betrifft, ist eine Verwechslung kaum möglich, da er im Wasser steht und seine Blätter flach auf der Wasseroberfläche treiben. Es gibt jedoch eine an Land wachsende Unterart des Wasser-Knöterichs, die wie ein kleiner Wiesen-Knöterich aussieht. Der Pflanzenstengel mit der Ähre ist aber kürzer und auch die Blätter sind schmaler.

Da kein Knöterichgewächs giftig ist, wäre eine Verwechslung auch ungefährlich. Früher wurden die Blätter und teilweise auch die Samen der meisten Knöterichgewächse gegessen, obwohl sie häufig zu adstringierend und manchmal sehr scharf sind.

Den Blütenstand des Wiesen-Knöterichs könnte man bei oberflächlicher Betrachtung für den einer Orchidee halten, aber schon ein kurzer Blick auf die Blätter genügt, um jeden Zweifel zu zerstreuen: Bei den Orchideen verlaufen die Blattnerven parallel, während sie beim Wiesen-Knöterich alle von der Mittelrippe ausgehen.

Dock Pudding

Dieses Rezept ist ein traditionelles Frühlingsgericht in den ländlichen Gegenden Englands.

Für 4 Portionen

300 g Wiesen-Knöterich-Blätter, 100 g Brennnesselspitzen,
100 g Löwenzahnblätter, 2 gekochte Eier, 4 rohe Eier, 100 g Butter,
1 Teelöffel Salz, Pfeffer

Weisse Sauce:
40 g Butter, 2 gehäufte Esslöffel Mehl, 400 ml Wasser, Salz,
20 g Meerrettich

1. Das Gemüse waschen und kurz in Salzwasser kochen. Abtropfen lassen und in Stücke schneiden.
2. Die gekochten Eier hacken, die rohen verquirlen und beides mit der Butter unter das gekochte Gemüse mischen. Mit Salz und Pfeffer würzen.
3. Das Gemüse nochmals erhitzen, anschliessend in eine Backform geben und im Wasserbad im Backofen bei 175 Grad eine halbe Stunde garen.
4. Aus Butter, Mehl und Wasser eine Béchamelsauce zubereiten. Mit Salz und dem geriebenen Meerrettich würzen. Die Sauce über den Pudding geben und servieren.

Primula officinalis

Schlüsselblume

Primulaceae, Primelgewächse

Blätter, Blüten: März bis Mai

Die blühende Frühlings-Schlüsselblume gehört zu den anmutigsten unter unseren einheimischen Pflanzen.

Beschreibung: **Blätter mit schöner Zeichnung**

Die Arznei- oder Frühlings-Schlüsselblume ist eine einjährige Pflanze mit anmutigen, dekorativen Blättern und Blüten. Alle Blätter sind zu einer dichten Rosette angeordnet. Sie sind oben breiter und ziehen sich im unteren Teil abrupt zum Blattstengel hin. Wie eine Musterung durchziehen die ausgeprägten Nerven die Unterseite der zartgrünen Blätter. Der einzige Blattstengel entspringt aus der Mitte der Rosette und überragt deren Blätter. Die relativ kleinen Blütenköpfchen haben fünf dunkelgelbe Kronblättchen, die an ihrem Ansatz einen orangefarbenen Fleck aufweisen. Sie bilden kleine, locker angeordnete, endständige Dolden.

Standort: **Sie liebt den Halbschatten**

Die Schlüsselblume wächst am Waldrand, in kühlen Wäldern, Hecken oder auf schattigen Wiesen. Sie kommt überall in unseren Breiten vor.

Namensursprung: **Sie blüht im Frühling**

Der botanische Pflanzenname *Primula* ist die Verkleinerungsform des lateinischen Wortes für «die erste», *prima,* denn die Schlüsselblume ist einer der ersten Frühjahrsboten. In Frankreich wird die Schlüsselblume denn auch, vom lateinischen «primo vere» (Beginn des Frühlings) abgeleitet, «primevère» genannt. Der Zusatz *officinalis* verweist darauf, dass sie früher als Heilpflanze sehr geschätzt wurde.

Anwendung: **Blätter und Blüten**

Die ganz jungen Blätter der Schlüsselblume können als Salatbeigabe verwendet werden. Sie schmecken ein wenig scharf und erinnern an Anis. Die voll entwickelten Blätter kann man zusammen mit anderen Wildpflanzen gekocht zubereiten. Beim Fritieren werden sie schön knusprig. Aus den Blättern der Schlüsselblume, einigen Kartoffeln und einer Zwiebel lässt sich eine sämige, grüne Suppe zubereiten.

Die Blätter kann man während nahezu der gesamten Lebensdauer der Pflanze sammeln, am besten sind sie jedoch im Frühjahr, wenn sie noch ganz jung sind. Die Blätter welken, sobald die Samen heranreifen.

Die hübschen gelben Blüten der Schlüsselblume sind eine anmutige Verzierung für kalte und warme Gerichte. Ihr feines Aroma kommt in Nachspeisen wie Joghurt- und Schaumcremen hervorragend zur Geltung. In England stellte man früher aus den Blüten, Wasser und Honig einen Met her.

Inhaltsstoffe und Heilwirkung:
Vielfältige Heilkräfte

Die Blätter der Schlüsselblume sind reich an Vitamin C und Mineralsalzen (insbesondere an Magnesium und Kalium). Des weiteren enthalten sie Saponine, Glykoside und reichlich Pflanzenschleime, die reizlindernd wirken.

Die Schlüsselblume fördert den Schleimauswurf und wirkt krampflösend, schmerzstillend und harntreibend. Man verwendet in erster Linie die nach Anis duftende Wurzel. Äusserliche Anwendung finden die Blätter bei Quetschungen und Blutergüssen. Um die Halsschmerzen bei Angina und Erkältungen zu lindern, wird ein wohltuender Kräutertee aus den getrockneten Blüten empfohlen, die reizlindernd und beruhigend wirken. Sie gehören wie die Blätter von Veilchen, Katzenpfötchen, Huflattich und einigen anderen Pflanzen zu den sogenannten Brustmitteln – eine köstlich schmeckende Heilkräutermischung, die ja auch aus den anmutigsten Pflanzen unserer Flora besteht.

Schüsselblumenwein, der in Frankreich «Kuckuckswein» genannt wird, wird bei Herzkrankheiten eine Heilwirkung zugeschrieben. Zur Herstellung des Weins lässt man die Blüten der Schlüsselblume an einem sonnenbeschienenen Platz vierzehn Tage lang in Weisswein ziehen.

Stengellose Schlüsselblumen kauern sich unter welken Blättern zusammen.

Verwandte Arten

Es gibt 32 weitere Arten der Gattung *Primula* in Europa.

Auf Wiesen und am Waldrand finden wir zu Beginn des Frühjahrs auch die **Gewöhnliche** oder **Grosse Schlüsselblume** *(Primula elatior)* mit ihren grossen, safrangelben Blüten, die am Ende des langen Blütenstengels ebenfalls kleine Dolden bilden. Die Blüten der **Stengellosen Schlüsselblume** *(Primula vulgaris)*, die ebenfalls in lichten, trockenen Wäldern und am Waldrand vorkommt, scheinen direkt in der Mitte der Blattrosette zu sitzen. Sie sind in der Regel blassgelb und können einen Durchmesser von bis zu 3 cm haben. In Gärten werden auch weisse, violette oder bräunlichviolette Varietäten angepflanzt.

Verwechslungsgefahren

Vor der Blüte ist es sehr schwierig, die drei Arten nur anhand ihrer Grundrosetten zu unterscheiden. Dazu muss man wissen, dass sich die Blätter der Gewöhnlichen Schlüsselblume unten abrupt zum Blattstengel hin zusammenziehen, während die Blätter der zwei anderen Arten sich nur allmählich zum Blattstengel hin verjüngen. Bei der Stengellosen Schlüsselblume ist der Blattstengel sehr viel kürzer als bei der Gewöhnlichen Schlüsselblume. Eine Verwechslung würde keine grösseren Unannehmlichkeiten nach sich ziehen, da alle drei Arten geniessbar sind.

Alle anderen Arten der Gattung *Primula* sollte man auf keinen Fall pflücken, denn diese kleinen Alpenblumen sind sehr selten, meist sogar vom Aussterben bedroht und stehen folglich unter Schutz.

Lachstatar mit knusprigen Schlüsselblumenblättern

Rezept von Jean-Marie Dumaine

Für 4 Portionen

400 g Lachsfilet, 1 Zitrone, 1 Tomate, 1 Esslöffel Olivenöl, Meersalz, Pfeffer, 12 zarte Schlüsselblumenblätter, ½ l Öl

1. Das Lachsfilet fein würfeln. Die Zitrone schälen, häuten, filetieren und in feine Würfel schneiden. Die Tomate überbrühen, abschrecken, häuten, den Stielansatz herausschneiden, vierteln, entkernen und das Fruchtfleisch fein würfeln. Alle Zutaten gut vermischen. Mit Salz und Pfeffer würzen.
2. Die Schlüsselblumenblätter kurz in heissem Fett fritieren. Auf Küchenpapier abtropfen lassen und salzen.
3. Das Tatar auf Tellern anrichten und mit den knusprigen Blättern garnieren.

Schlüsselblumen-Mousse

Für 4 Portionen

4 sehr frische Eier, 100 g Zucker, 100 g Schlüsselblumenblüten, Saft einer Zitrone

1. Die Eigelbe mit dem Zucker sehr schaumig schlagen. Die Kelchblätter von den Blüten entfernen. Die Blüten fein hacken und unter den Eischaum heben. Den Zitronensaft dazugeben.
2. Das Eiweiss steif schlagen und vorsichtig unter den Eischaum heben.
3. Die Schlüsselblumen-Mousse in tiefe Schüsselchen füllen und mit ganzen Blüten verzieren. Da die Mousse nach einer Weile zusammenfallen kann, sollte man sie sofort servieren.

Prunus spinosa

Schlehe

Roseaceae, Rosengewächse

Früchte: September bis Dezember

Der Anblick von Hecken blühenden Schlehdorns erfreut unser Herz, denn sie verkünden mit ihrer Blütenpracht die Wiederkehr des Frühlings.

Beschreibung: **Ein stacheliger Zwetschgenbaum**

Die Schlehe oder der Schwarzdorn ist ein dorniger, sehr dicht verzweigter Strauch mit dunkler Rinde, der im Frühjahr eine prachtvolle Blüte trägt. Der normalerweise kurze Stamm hat dichte, mit langen, harten Dornen besetzte Äste, die in alle Himmelsrichtungen abstehen. Die kleinen, lanzettlichen Blätter sind am Rand leicht gezähnt. Die kleinen Blüten besitzen fünf einzelne Blütenblättchen. Auf den Ästen verteilen sich unzählige der meist einzeln stehenden Blüten. Die Blütezeit ist im März und April. Die kugelförmigen, schwarzblauen, mit einer weissen Mehlschicht bedeckten Früchte haben einen Durchmesser von ein bis zwei Zentimeter und sehen wie kleine Pflaumen aus.

Standort: **Hecken und Gebüsche**

Die weisse Blütenpracht der Schlehe lässt zu Beginn des Frühjahrs Hecken, Wälder und Gebüsche aussehen, als seien sie mit Puderzucker bestreut. Die Schlehe kommt überall in unseren Breiten vor.

Namensursprung:

Eine nahe Verwandte der Pflaume

Prunus heisst die **Zwetschge** *(Prunus domestica)* auf Lateinisch, abgeleitet vom griechischen Namen für diesen Strauch, *proumnos.* Der Zusatz *spinosa,* dornig, beschreibt vortrefflich das auffälligste Merkmal der Schlehe.

Anwendung: **Die säuerlichen Früchte**

Die Schlehenfrüchte stehen nicht ganz zu Unrecht im Ruf, sauer und adstringierend zu sein. Wenn aber der Frost sie einmal erwischt hat, können sie so mild werden, dass man sie auch roh bestens essen kann. Normalerweise aber verwendet man sie gekocht oder gesüsst in Kuchen, Kompotten, Marmeladen, Saucen oder Eis.

Lässt man die Schlehenfrüchte gären, erhält man ein alkoholisches Getränk, Schlehenwein oder -schnaps, der vor allem im Norden Europas sehr beliebt ist. In Schnaps eingelegte Früchte ergeben einen vorzüglichen Schlehenlikör mit einer schönen violetten Färbung. Früher wurden die Früchte in Salzlake eingelegt, in der man sie einen Monat lang ziehen liess. So verloren sich die un-

Mit dem ersten Frost erhalten die kleinen, runden und bläulich schimmernden Schlehenfrüchte erst ihre Süsse.

angenehmen Eigenschaften, und man erhielt angenehm säuerliche Früchte, die man wie Oliven oder wie die vergorenen japanischen «Umeboshi»-Pflaumen ass. Den frisch gepressten Schlehensaft kann man ebenso vielfältig wie Weinessig oder Apfelwein verwenden. Für diese Arten der Verarbeitung muss man glücklicherweise nicht warten, bis der erste Frost die Früchte ereilt.

Mit den Blüten der Schlehe lassen sich im Frühjahr Salate und Nachspeisen dekorieren. Sie verleihen Cremespeisen eine aromatische, ein wenig nach Bittermandeln schmeckende Note.

Inhaltsstoffe und Heilwirkung:

Ungeniessbarer Kern

Die Schlehenfrüchte sind reich an organischen Säuren, Gerbstoffen und Vitamin C.

Der Stein der Frucht enthält Blausäure und ist daher potentiell giftig.

Verwandte Arten

Von der Gattung *Prunus* gibt es in Europa zwölf weitere wild wachsende Arten.

Die Schlehe ist eine Verwandte der in Obstgärten angebauten **Pflaume.** Sie gehört derselben Gattung an wie die wilden oder gezüchteten **Kirschen** (*Prunus avium, Prunus cerasus, Prunus mahaleb, Prunus padus* usw.).

Verwechslungsgefahren

Während der Blütezeit könnte man die Schlehe mit dem **Zweigriffligen Weissdorn** (*Crataegus laevigata,* siehe Seite 46–47) verwechseln, der ebenfalls häufig in Hecken vorkommt. Die Blätter des Zweigriffligen Weissdorns sind aber meist stark gefiedert, und die Früchte sind nur erbsengross und rot.

Schlehenessig

1 kg Schlehen

Die Schlehenfrüchte grob zerdrücken, in ein Keramik- oder Glasgefäss geben und verschliessen. Die Schlehen ungefähr eine Woche gären lassen. Dann durch ein Tuch oder im Entsafter auspressen, den Saft filtern und in Flaschen abfüllen.

Der säuerliche und aromatische Saft kann wie Wein- oder Apfelessig verwendet werden.

Schlehen-Chutney

1 kg entkernte Schlehen, 250 g Rosinen, 100 g Zwiebeln, 1 Esslöffel Olivenöl, 1 Teelöffel Salz, 1 Messerspitze Nelkenpfefferpulver, 100 g Honig, 10 g frischer Ingwer, 1 Esslöffel Koriander

1. Die Rosinen einige Stunden in Wasser einweichen, so dass sie schön aufgehen.
2. Die Zwiebeln hacken und im Olivenöl anbraten, dann die entkernten Schlehen zugeben. Auf kleiner Flamme unter gelegentlichem Rühren einkochen lassen.
3. Mit Salz, Nelkenpfeffer, Honig, dem geriebenen Ingwer und Koriander abschmecken.

Diese Sauce passt gut zu Getreidegerichten, aber auch zu frischer, gedünsteter Gänseleber.

Quercus robur

Eiche

Fagaceae, Buchengewächse

Eicheln: September bis Dezember

Die Früchte der verschiedenen Eichenarten waren über Jahrhunderte Bestandteil der menschlichen Nahrung. Es ist aber wichtig zu wissen, wie man die Eicheln richtig verarbeitet.

Die Flaumeiche fühlt sich besonders an trockenen Hanglagen wohl.

Beschreibung: Ein majestätischer Baum

Die Stiel-Eiche kann mehrere Jahrhunderte alt werden. Der mächtige Wuchs und die Form ihrer Blätter sind ihr besonderes Merkmal. Der Stamm hat eine schwarzbraune Rinde, die tiefe Längsrisse aufweist. Die stiellosen Blättchen haben eine charakteristische, gelappte Form. Die Stiel-Eiche hat sehr kleine Blüten. Sie trägt sowohl die weiblichen als auch die männlichen Blüten am selben Baum. Ihre Früchte, die Eicheln, sitzen in einem langstieligen, zapfenförmigen Fruchtbecher.

Vorkommen: In den Wäldern weiter Ebenen

Anders als heute stellten die Eichen früher fast überall in Europa den Hauptbestand der Wälder in tieferen Lagen dar.

Namensursprung: Die Königin unter den Bäumen

Der botanische Name *Quercus* leitet sich von den keltischen Wörtern *quer* für schön und *cuez* für Baum ab und zeugt von dem hohen Ansehen, das die Eiche einst genoss. *Robur* wurde die Stieleiche bei den Römern genannt.

Anwendung: Ein wichtiges Nahrungsmittel für unsere Vorfahren

Vor mehreren tausend Jahren stellten die Eicheln für die Menschen in unseren Breiten ein wichtiges Nahrungsmittel dar. In den Ausgrabungsstätten des Altertums findet man deshalb immer wieder in den Küchen Reste von Eicheln. Bis zur Jahrhundertwende war der aus Eicheln zubereitete Brei für die Indianer Kaliforniens Bestandteil der täglichen Nahrung.

Die Eicheln sind wegen des hohen Gerbstoffgehalts bitter und adstringierend. Da Gerbstoffe wasserlöslich sind, muss man die Eicheln nur lange genug kochen und das Wasser immer wieder wechseln, um eine hervorragende Grundlage für salzige Gerichte (Brei, Gemüsepasteten) oder Süssspeisen (Cremen, Torten, Kuchen usw.) zu erhalten. Getrocknete und gemahlene Eicheln kann man ohne weitere Verarbeitung als Mehl verwenden. Man kann auch die ganzen Eicheln verarbeiten, sofern sie nicht zu bitter sind. Früher stellte man aus gerösteten Eicheln häufig Kaffee-Ersatz her.

In Südeuropa und Nordafrika finden wir Eichen, deren Früchte so süss sind, dass man sie wie Nüsse roh essen oder wie Esskastanien rösten kann.

Die Eicheln werden im Herbst gesammelt. Wenn sie nicht wurmig oder von Feuchtigkeit angegriffen sind, kann man sie manchmal sogar noch im folgenden Frühjahr vom Boden aufsammeln. An trockenen, gut belüfteten Orten lassen sie sich bestens aufbewahren.

Inhaltsstoffe und Heilwirkung:

Ein nahrhaftes Lebensmittel

Die Eicheln besitzen wegen des hohen Gehalts an Kohlehydraten und Proteinen einen grossen Nährwert.

Wegen ihres Gerbstoffgehalts kann ein übermässiger Genuss von rohen, unbehandelten Eicheln Kopfschmerzen und Verdauungsprobleme verursachen.

Verwandte Arten

In Europa gibt es 26 weitere Arten der Gattung *Quercus*. Hierbei handelt es sich in erster Linie um die **Trauben-Eiche** *(Quercus petraea)* und die **Flaum-Eiche** *(Quercus pubescens)*.

Mehrere einheimische oder exotische (vor allem nordamerikanische) Eichen werden wegen ihres Holzes oder als Zierbäume angepflanzt.

Verwechslungsgefahren

Verwechslungsmöglichkeiten bestehen höchstens mit anderen Arten dieser Gattung. Ein Irrtum bliebe im übrigen ohne Folgen, da die Früchte aller Eichenarten essbar sind, unter der Voraussetzung, dass man sie wie oben beschrieben zubereitet.

Eichelpastete

Für 4 Portionen

250 g Eicheln, 50 g Pflanzenfett, 2 Esslöffel Olivenöl, 75 g schwarze in Öl eingelegte Oliven, 1 kleine Zwiebel, 1 Knoblauchzehe, 2 Eier, Salz, 10 Wacholderbeeren

1. Die Eicheln einschneiden und einige Minuten in Wasser kochen, damit sie sich besser schälen lassen.
2. Die geschälten Eicheln klein hacken und mehrmals hintereinander in jeweils frischem Wasser abkochen, bis alle Gerbstoffe und jeglicher bitterer Geschmack vollständig entfernt sind und das Wasser beim Kochen klar bleibt (solange in den Eicheln noch Gerbstoffe enthalten sind, färbt es sich schokoladenbraun).
3. Die gekochten Eicheln zu Mus zerdrücken und mit dem Pflanzenfett, dem Olivenöl, den entsteinten Oliven, den gehackten Zwiebeln, dem Knoblauch und 2 Eigelb vermischen. Mit Salz und Wacholderbeeren abschmecken, dann den locker geschlagenen Eischnee unterheben.
4. Die Masse in eine Backform geben und im Ofen bei 180 Grad 40 Minuten backen.

Die Pastete schmeckt am besten kalt und kann mehrere Tage aufbewahrt werden.

Eichelkuchen

Für 4 Portionen

Mürbteig (Rezept Seite 51)

Belag:
200 g Eichelpüree, 300 g Joghurt, 4 Esslöffel Honig, 50 g Rosinen, 100 ml Milch, 2 Eiweiss, Zimtpulver

1. Den Mürbteig, wie auf Seite 51 beschrieben, zubereiten und eine Kuchenform damit auslegen.
2. Das wie im obigen Rezept beschrieben zubereitete Eichelpüree mit dem Joghurt, dem Honig und den Rosinen mischen und die Milch unterrühren. Das Eiweiss zu Schnee schlagen und vorsichtig unterheben. Mit Zimtpulver verfeinern.
3. Die Eichelmasse auf dem Teigboden verstreichen und den Kuchen eine halbe Stunde bei 180 Grad backen.

Wenn Sie ein Eichelpüree haben sollten, das noch zu viele Bitterstoffe enthält, ist dieses Rezept ein besonderer Tip, denn die Proteine der Milch und des Eiweisses verbinden sich mit den Gerbstoffen und neutralisieren sie.

Rosa canina

Hunds-Rose

Rosaceae, Rosengewächse

Blüten: Mai bis Juni
Hagebutten: September bis März oder später

Die Hunds-Rose gehört zu den dekorativsten Sträuchern in unseren Breiten. Ihre Blüten schmücken auch Salate.

Beschreibung: **Eine wilde Rose**

Die Hunds-Rose ist ein dorniger und sehr dekorativer Strauch, vor allem wenn er Blüten und später Früchte trägt. Die schmalen, biegsamen und bogenförmigen Stengel sind mit kräftigen, stark gekrümmten und abgeflachten Dornen besetzt. Mit der Zeit werden die ältesten Stengel so kräftig, dass sie wie Stämme wirken. Sie sind dann dornenlos und haben eine gräuliche Rinde. Die Blätter sind fünf- bis siebenzählig gefiedert; die Blattabschnitte sind eirund und am Rand gezähnt. Die zart duftenden Blüten bestehen aus fünf tief gefiederten Kelchblättern und fünf weissen bis rosafarbenen Kronblättern. Sie stehen einzeln oder zu mehreren am Astende. Gegen Ende des Sommers erscheinen anstelle der Blüten längliche Bällchen, die Hagebutten, die sich bald karminrot verfärben und in farbenfrohem Kontrast zum grünen Laubwerk stehen. Sie bilden eine Art fleischige Scheinfrucht, an deren Ende die weiter bestehenden Kelchblätter und Staubgefässe hervorstehen. In ihrem Inneren beherbergen sie kleine Kernchen, die eigentlichen Früchte.

Standort: **Eine Sonnenanbeterin**

Die Hundsrose ist in unseren Breiten häufig in Hecken und Böschungen, am Waldrand und am Strassenrand anzutreffen.

Namensursprung: **«Die Rose der Hunde»**

Rosa canina bedeutet auf Deutsch «die Rose der Hunde». Das griechische Wort hierfür ist *cynorrhodon*. Ihren Namen hat sie daher, dass man die Wurzel der Hunds-Rose früher als Medizin gegen Tollwut rühmte. Die Hagebutten sind auch als «Juckpulver» bekannt, denn die feinen Härchen auf den harten Früchten können einen starken Juckreiz auslösen.

Anwendung:

Anmutige Blüten mit einem kaum merklichen Duft

Die Blüten sind eine hübsche Dekoration für Salate und Nachspeisen, denen sie ein dezentes Aroma verleihen. Man kann die Blüten kandieren, indem man sie in gezuckerten Eischnee taucht und an der Luft trocknen lässt. Mit den so kandierten Röschen lassen sich Speisen kunstvoll verzieren.

Hagebuttensuppe

Für 4 Portionen

300 g Hagebutten, 1 Liter Wasser, 1 Prise Salz, 50 g Zucker, 50 g Maisstärke, 200 g Crème fraîche

1. Die Hagebutten im Wasser langsam weich kochen. (Nach dem ersten Frost gesammelte Hagebutten brauchen nicht gekocht zu werden.)
2. Die Hagebutten mit dem Sud durch das Passiergerät drehen, um die Haut und die behaarten Kernchen zu entfernen. Salzen, zuckern und die pürierte Suppe wieder auf den Herd stellen.
3. Die Maisstärke in etwas kaltem Wasser verrühren, zur Suppe geben und diese aufkochen.
4. Die Suppe kann heiss oder kalt serviert werden. Dazu wird auf jede Portion ein Häubchen Crème fraîche gegeben.

Die Hagebuttensuppe kann man je nach Gusto am Anfang oder am Ende eines Menüs servieren.

Wildrosenpizza

Für 4 Portionen

300 g Pizzateig

Sauce:
200 g dickes Hagebuttenmus, 250 g Zwiebeln, 5 Knoblauchzehen, 50 ml Olivenöl, Salz, 1 Esslöffel Feld-Thymian, 1 Esslöffel Wilder Dost

Pizzabelag:
40 g Sardellenfilets, 100 g schwarze, in Öl eingelegte Oliven, 150 g Mozzarella

1. Eine Kuchenform mit dem Pizzateig auslegen.
2. Wie oben beschrieben, jedoch nur mit ½ l Wasser das Hagebuttenpüree zubereiten.
3. Die Zwiebeln in Halbmonde schneiden, den Knoblauch zerdrücken und im Olivenöl dünsten. Das Hagebuttenmus zugeben. Mit Salz, Thymian und Dost verfeinern und auf dem Teigboden verteilen.
4. Mit den Sardellenfilets, den schwarzen Oliven und dem klein geschnittenen Mozzarella belegen und im Backofen bei 250 Grad 30 Minuten überbacken.

Ein aussergewöhnliches Gericht!

Mit dem ersten Frost werden die Hagebutten weich. Das Mark schmeckt dann süsssauer und ausgesprochen aromatisch. Um an ihr schmackhaftes Inneres zu kommen, drückt man die Hagebutten unten ganz leicht zwischen den Fingern zusammen; oben kommt dann ein Stückchen orangefarbenes, süsssaures Mark heraus, das man einfach so lutschen kann.

Hagebutten sind vielseitig verwendbar. Das Entfernen der Kernchen ist dabei das grösste Problem. Am besten dreht man die weichen Früchte hierzu durch das Passiergerät. So erhält man ein dickes, wohlschmeckendes Mark. Hagebutten, die man vor dem ersten Frost gesammelt hat, wenn sie noch hart sind, müssen zuvor einige Minuten in Wasser weich gekocht werden. Man kann auch jede einzelne Hagebutte durchschneiden und die Kernchen mit einem Messer entfernen, was aber ausgesprochen mühselig ist.

Normalerweise werden aus dem schmackhaften Mark Sirup, Marmeladen, Gelees und sogar, dies vor allem in Schweden, Suppen zubereitet. Man kann das Mark ganz einfach pur oder mit Joghurt oder Quark vermischt geniessen. Man kann es auch auf einer Platte oder einem Brett ausstreichen, an der Sonne oder im Ofen trocknen lassen und die dünne, getrocknete Schicht dann mit einem Messer in kleine viereckige Stückchen schneiden. Mit Knoblauch und Gewürzen abgeschmeckt, ergibt das Mark eine Art Tomatensauce für Nudeln und Pizze.

Aus getrockneten Hagebutten lassen sich fruchtige Tees oder säuerliche Erfrischungsgetränke für den Sommer zubereiten. In der Schweiz ist in den Restaurants und Cafés ein Hagebuttentee aus einer Mischung mit einer afrikanischen Hibiskusart *(Hibiscus sabdariffa)* erhältlich. Wenn man Tee selbst zubereitet, sollte man die Kernchen durch einen Papierfilter abseihen.

Inhaltsstoffe und Heilwirkung:
Eine wahre Vitamin-C-Bombe

Hagebutten sind erstaunlich reich an Vitamin C und eine der besten uns bekannten Quellen für dieses Vitamin (sie enthalten ungefähr zwanzigmal mehr Vitamin C als Zitrusfrüchte). Bemerkenswert ist die Tatsache, dass das Vitamin C der Hagebutten offensichtlich hitzebeständig ist. Die Hagebutten enthalten aber auch Provitamin A, die Vitamine B, Niacin sowie Mineralsalze, Fruchtsäuren (Apfel- und Zitronensäure), Pektin, Zucker usw. Die harten Körner im Inneren der Hagebutten sind reich an Vitamin E.

Die Hagebutte wirkt kräftigend und blutreinigend. Die Blätter enthalten grosse Mengen an Gerbstoffen und sind adstringierend. Man verwendet sie bei Durchfall und Ruhr als Teeaufguss und bei Angina und Halsentzündungen zum Gurgeln.

Die Hunds-Rose trägt ein merkwürdig genopptes Kleid aus grossen rot-grünen Wucherungen. Es handelt sich dabei um Rosengallen, die durch den Stich der Rosengallwespe hervorgerufen werden. Die Rosengalle ist reich an Gerbstoffen und wird wie die Blätter der Hunds-Rose schon seit ewigen Zeiten als Heil- und zusätzlich als Wurmmittel eingesetzt.

Verwandte Arten

In Europa gibt es 46 weitere Arten der Gattung *Rosa,* die man im Volksmund allgemein «Hagebutten» nennt.

Verwechslungsgefahren

Die verschiedenen Arten der Wildrosen ähneln sich mit ihren biegsamen, dornigen Ästen, den gefiederten und gezähnten Blättern und den zarten, weissen, rosafarbenen oder roten Kronblättern so sehr, dass man sie in der Regel nur schwer voneinander unterscheiden kann. Die besten Unterscheidungsmerkmale sind gewöhnlich die Dornen (gebogene oder gerade Dornen oder dornenlos), die Staubgefässe (zusammengewachsen, freistehend, behaart oder unbehaart), die Blätter (mit Drüsen oder ohne) und die Nebenblättchen (verhältnismässiger Grössenunterschied der Nebenblättchen an den Ästen mit und ohne Blüten).

Verwechslungen innerhalb der Gattung *Rosa* sind ungefährlich, da die Blüten und vor allem die Früchte aller Arten wie die der Hunds-Rose verwendbar sind. Zwischen den einzelnen Arten, ja sogar manchmal zwischen Pflanzen ein und derselben Art, bestehen jedoch grosse Qualitätsunterschiede. In manchen Fällen haben die Hagebutten kaum Fruchtfleisch und einen faden Geschmack. Dann wieder schmecken sie köstlich fruchtig und ein wenig nach Himbeere, die ja mit der Hunds-Rose verwandt ist.

Die leuchtend roten Hagebutten bilden die Grundlage für raffinierte Gerichte. Sie werden erst nach dem ersten Frost so richtig weich.

Dennoch sei zur Sorgfalt gemahnt, da einige Arten dieser Gattung sehr selten sind.

Hagebutten-Portwein

Rezept von Jean-Marie Dumaine

2,5 kg Hagebutten, 2 kg Zucker, 6 l Wasser, 10 g Portweinhefe (oder frische Backhefe)

1. Die Hagebutten grob zerstossen. Den Zucker im Wasser auflösen. Die Hefe unterrühren und die Hagebutten dazu geben.
2. In ein geeignetes Gefäss giessen, mit einem Gärröhrchen oder einem Tuch verschliessen und an einem kühlen Ort etwa einen Monat lang gären lassen.
3. Den Portwein filtrieren und weiter gären lassen.
4. Wenn der Gärprozess abgeschlossen ist, d.h. wenn sich keine Kohlensäure mehr bildet, den Wein auf Flaschen ziehen. Am besten schmeckt er nach weiteren 6 Monaten Lagerung.

Tip: Gut gekühlt servieren.

Rumex acetosa

Sauerampfer

Polygonaceae, Knöterichgewächse

Blätter: April bis November

Das besondere Merkmal der leicht gewellten, fleischigen Blätter des Wiesen-Sauerampfers ist ihr säuerlicher Geschmack.

Beschreibung: **Ein unverwechselbarer Geschmack**

Der Sauerampfer oder Wiesen-Sauerampfer ist eine ausdauernde Pflanze, die man leicht an ihrem sauren Geschmack erkennen kann. Die aufrechten, längs gerillten Stengel sind im oberen Teil verzweigt. Die länglichen, spiessförmigen Blätter haben am Ansatz zwei spitze Öhrchen, die parallel zur Mittelrippe verlaufen. Die Blätter sind ein wenig fleischig und haben eine schöne, glänzend dunkelgrüne Farbe. Die unteren Blätter haben einen deutlich ausgeprägten Blattstengel, während die oberen Blätter direkt am Stengel sitzen und diesen mit ihren Öhrchen umfassen. Am Ende der Sprossen bilden die kleinen, grünlich bis rötlich gefärbten Blüten relativ dichte Rispen. Sie blühen von Mai bis September und bilden in der Folge kleine, dreikantige Früchte aus.

Standort: **Inmitten grüner Wiesen**

Sauerampfer finden wir überall in unseren Breiten auf Wiesen, Weiden und am Wegrand. Vor der Blüte erkennt man ihn an seinen glänzenden, fleischigen Blättern, die dichte Büschel bilden. Im Sommer fallen seine anmutigen, endständigen Blütenstände schon von weitem auf.

Namensursprung:

Form und Geschmack gaben den Namen

Mit dem lateinischen Wort *rumex* wurde früher eine Art Lanze bezeichnet. Ihren Namen verdankt diese Gattung den wie Pfeil- oder Lanzenspitzen geformten Blättern einiger ihrer Vertreter. Der Zusatz *acetosa,* säuerlich, bezieht sich auf den Geschmack des Sauerampfers.

Anwendung: **Ein wild wachsendes Gewürzkraut**

Die Blätter des Sauerampfers können über die ganze Lebensdauer der Pflanze gesammelt werden, da sogar die älteren Blätter zart bleiben. Vom Frühjahr bis zum Herbst bereichern sie zahlreiche Speisen mit ihrem angenehm säuerlichen Aroma. Mit ein paar Sauerampferblättern im Salat benötigt man zum Beispiel weniger Essig. Man kann den Sauerampfer auf tausenderlei Arten verwenden: in Suppen, Pürees, Omeletten, Saucen – sehr gut zu Fischgerichten – oder in Butter gewendet. Er hat allerdings einen so ausgeprägten Geschmack, dass man ihn nur in geringen Mengen verwenden sollte. Eine raffinierte

Limonade erhält man, indem man die rohen Blätter in mit etwas Zucker oder Honig gesüsstem Wasser ziehen lässt. Sauerampfer ist oft auch in Gemüsegärten zu sehen, wo er neben Kerbel, Estragon und Schnittlauch zu den *Fines Herbes*, den Küchenkräutern, gehört, mit denen in Frankreich Suppen und Omeletten gewürzt werden. Die im Garten angebauten Arten unterscheiden sich von dem wilden Sauerampfer nur darin, dass sie etwas grösser sind.

Inhaltsstoffe und Heilwirkung:

Vor den Oxalsäuren sei gewarnt!

Seinen unverwechselbaren Geschmack erhält der Sauerampfer durch seinen hohen Gehalt an Oxal- und anderen organischen Säuren.

Den Blättern wird eine blutreinigende und harntreibende Wirkung zugeschrieben. In gekochtem Zustand wirken sie reizlindernd und leicht abführend.

Aus der Oxalsäure entstehen lösliche Oxalate (insbesondere Kalziumoxalat), die im Körper Reizungen hervorrufen und zur Bildung von Gallen- und Nierengriess führen können. Sie erschweren auch die Aufnahme von Kalzium im Körper. Daher sollte man Sauerampfer nur massvoll geniessen. Personen mit Nieren- und Lebererkrankungen, Arthritis sowie Nieren-, Gallen- und Blasensteinen sollten auf den Verzehr von Sauerampfer ganz verzichten.

Verwandte Arten

Von der Gattung *Rumex* kommen in Europa noch 49 weitere Arten vor, die nicht alle säuerlich schmecken (siehe unten).

Den **Aronstabblättrigen Ampfer** *(Rumex arifolius)* finden wir häufig in Wäldern der Gebirgslagen über 1000 Meter. Auch er wurde früher oft in Gemüsegärten angepflanzt. Das gleiche gilt für den **Schildblättrigen Ampfer** *(Rumex scutatus)*, der auf Geröllfeldern und Felsen im Gebirge wächst. Er gehört vielleicht zu den schmackhaftesten Ampferarten. Auf sandigen und sauren Böden finden wir den **Kleinen Sauerampfer** *(Rumex acetosella)*, der winzige Blätter mit zwei abstehenden Öhrchen hat.

Die anderen Arten dieser Gattung (Unterart *Eu-rumex)* schmecken nicht säuerlich, sondern nur bitter und adstringierend (siehe *Rumex crispus*, Seite 94–95). Im Gegensatz zu den Sauerampfern haben die Blättchen dieser Unterart keine Öhrchen.

Verwechslungsgefahren

Die oben beschriebenen, säuerlich schmeckenden Arten der Gattung Rumex können untereinander leicht verwechselt werden, was aber nicht weiter schlimm ist, da sie alle essbar sind.

Auf Felsen und Geröllfeldern in den Alpenregionen und auf kieselsäurehaltigen Böden kommt der **Säuerling** *(Oxyria digyna)* vor, eine kleine, ausdauernde, säuerlich schmeckende Alpenpflanze mit nierenförmigen Blättern. Die Blätter können wie jene des Sauerampfers roh in Salaten oder gekocht für Suppen oder in Kombination mit anderen Gemüsesorten verwendet werden. Man kann sie auch in Milchsäure gären lassen.

Jakobsmuschel-Carpaccio mit Sauerampfer und Champignons

Rezept von Jean-Marie Dumaine

Für 4 Portionen

8 ausgelöste Jakobsmuscheln, Saft von einer Zitrone, 1 Teelöffel Senf, 3 Esslöffel Olivenöl, 1 Teelöffel Salz, Pfeffer, 500 g Champignons, 1 Bund Sauerampfer

1. Die Jakobsmuscheln in hauchdünne Scheiben schneiden und rosettenförmig auf vier Tellern anrichten.
2. Zitronensaft, Senf, Olivenöl, Salz und Pfeffer zu einer Sauce verrühren.
3. Die Jakobsmuscheln mit etwas Sauce beträufeln.
4. Die Champignons putzen und in dünne Scheiben schneiden.
5. Den Sauerampfer fein schneiden. Kurz vor dem Servieren mit den Champignons und der restlichen Sauce vermischen und in der Mitte der Teller anrichten.

Sauerampfersauce

Rezept von Jean-Marie Dumaine

Für 4 Portionen

40 g Butter, 100 g Sauerampferblätter, 200 g Rahm, Salz, Pfeffer

1. Die Hälfte der Butter in einem Topf zergehen lassen, die Hälfte des Sauerampfers dazugeben und andünsten. Den Rahm zufügen und 5 Minuten kochen lassen. Im Mixer oder mit dem Pürierstab des Handrührers pürieren und durch ein Sieb streichen.
2. Die restliche Butter in Stückchen in die Sauce rühren und noch einmal mit dem Pürierstab durchmixen. Mit Salz und Pfeffer würzen. Vom Herd nehmen.
3. Den restlichen Sauerampfer in feine Streifen schneiden und erst unmittelbar vor dem Servieren unter die Sauce ziehen, damit er sich nicht braun verfärbt.

Tip: Die Sauce passt gut zu Lachs und Forelle, aber auch zu weich gekochten Eiern und Hühnchenbrust.

Rumex crispus

Krauser Ampfer

Plygonaceae, Knöterichgewächse

Blätter: März bis Mai

Im Sommer entwickelt der Krause Ampfer langgezogene Blütenstände.

Beschreibung: **Eine unscheinbare Pflanze**

Der Krause Ampfer ist eine ausdauernde Pflanze mit aufrecht aufsteigenden, verzweigten, längs gestreiften Stengeln. Die grundständigen Blätter bilden Büschel und sind länglich-eiförmig, während die Stengelblätter eher lanzettlich sind. Alle Blätter haben einen Stengel und sind am Rand gekräuselt. Sie sind ein wenig fleischig und von mattem Dunkelgrün. Die erst grünlich und später rötlich gefärbten, winzigen Blüten bilden lange, aufgerichtete Blütenstände. Die Blütezeit ist im Sommer.

Standort: **Er fühlt sich überall zu Hause**

Den Krausen Ampfer können wir überall in unseren Breiten auf feuchten Wiesen, Feldern, Schutthalden und an Wegrändern antreffen.

Namensursprung:

Die Form der Blätter gab den Namen

Rumex wurde der Ampfer bei den Römern genannt (siehe Sauerampfer, Seite 92). Der Zusatz *crispus,* gekräuselt, spielt, wie auch der deutsche Name, auf die gekräuselten Blätter an.

Anwendung:

Jung und frisch sollte man ihn geniessen

Die ganz jungen, noch eingerollten Blätter des Krausen Ampfers können Salaten beigegeben werden, sie sind aber sehr schleimhaltig.

Die Blätter sammelt man am besten, solange sie noch jung sind und in dichten, grundständigen Büscheln stehen. Später reichern sie Gerbstoffe an und werden bitter. Ältere Blätter sollte man eher gekocht verwenden. Sie lassen sich wie Spinat auf alle möglichen Arten zubereiten. Sollte der bittere und adstringierende Geschmack zu sehr hervortreten, kann man sie ein- bis zweimal abkochen, um sie von den Gerbstoffen zu befreien. Nach dieser Vorbereitung, bei der gleichzeitig auch die unerwünschten Oxalsäuren ausgekocht werden, haben die Blätter noch immer ein intensives Aroma und können vielfältig verwendet werden.

Inhaltsstoffe und Heilwirkung: **Hoher Nährwert**

Die Blätter des Krausen Ampfers sind reich an Provitamin A, Vitamin C, Vitamin B_1, B_2, Proteinen und Mineralsalzen. Sie enthalten aber auch Pflanzenschleime (vor allem die jungen Blätter), Gerbstoffe und Oxalsäure.

Die Blätter wirken zugleich reizlindernd und adstringierend.

Die dicke, gelbliche Wurzel enthält viel Eisen und wird manchmal bei Blutarmut verordnet (sie erhöht den Hämoglobingehalt). Zudem kräftigt sie den Organismus und wirkt blutreinigend und (wegen ihres Gerbstoffgehalts) adstringierend. Weil sie so bitter schmeckt, verabreicht man sie für gewöhnlich in Pulver- oder Tablettenform. Die zerriebene Wurzel wurde früher äusserlich bei Wunden und Geschwüren verwendet, um den Heilungsprozess zu fördern.

Verwandte Arten

Von der Gattung *Rumex* gibt es in Europa 49 weitere Arten. Einige unter ihnen haben einen säuerlichen Geschmack (siehe *Rumex acetosa,* Seite 92–93).

Der **Alpen-Ampfer** *(Rumex alpinus)* bildet manchmal um Alphütten herum riesige Kolonien. Er ist an seinen breiten, rundlichen Blättern und den fleischigen, rot gestreifen Blattstengeln leicht zu erkennen. Seine Blätter schmecken überhaupt nicht bitter. Gekocht ergeben sie ein vorzügliches Gemüse. Die jungen, zarten Blätter kann man sogar in Salate geben. Früher war es in den Schweizer Alpen Brauch, aus den in Milchsäure gegärten Blättern des Alpen-Ampfers eine Art Sauerkraut zu machen, das man während der langen Wintermonaten ass. Die Blattstengel schmecken fleischig, saftig und angenehm säuerlich. Wenn man sie kocht, erinnern sie an Rhabarber. Sie sind aber süsser, und man kann aus ihnen köstliche Kompotte und Kuchen zubereiten.

Der **Garten-Ampfer** *(Rumex patientia)* wurde früher wegen seiner schmackhaften Blätter in Gemüsegärten angebaut. Man nennt ihn auch Englischen Spinat. Seine Blätter, wie auch die des **Schönen Ampfers** *(Rumex pulcher),* sind meistens so zart, dass man sie roh in Salaten essen kann.

Die anderen Arten dieser Gattung schmecken in rohem Zustand zu bitter und müssen unbedingt mehrmals abgekocht werden, um die Gerbstoffe zu beseitigen, die für den bitteren Geschmack und die adstringierende Wirkung verantwortlich sind. Noch besser werden die Blätter, wenn man sie beim letzten Durchgang in Milch kocht, denn das Milcheiweiss geht mit den Gerbstoffen eine Verbindung ein, die die bitteren und adstringierenden Eigenschaften mildert.

Verwechslungsgefahren

Den Krausen Ampfer kann man mit anderen Ampferarten, deren Blätter nicht säuerlich schmecken, verwechseln, da diese alle sehr ähnlich aussehen. Man erkennt den Krausen Ampfer aber schnell an seinen länglichen und gekräuselten Blättern. Da keine dieser Pflanzen giftig ist, wäre eine Verwechslung ohnehin unproblematisch.

Besonders wohl fühlt sich der Alpen-Ampfer auf Alpwiesen, deren Böden durch den Viehkot gedüngt werden und folglich sehr stickstoffhaltig sind.

Bergkuchen

Für 4 Portionen

Kuchenteig:
200 g Haferflocken, 100 g Mehl, 50 g Zucker, 1 Teelöffel Salz, 150 ml Sesamöl , 50 ml Wasser

Belag:
200 g Blattstengel des Alpen-Ampfers, 50 g gemahlene Haselnüsse, 300 g Joghurt, 2 Esslöffel Honig

1. Für den Kuchenteig Haferflocken, Mehl, Zucker und Salz vermischen. Zuerst das Öl und dann das Wasser unter kräftigem Rühren zugeben. Den Teig 30 Minuten ruhen lassen.
2. Den Teig mit den Handflächen in eine gefettete Springform drücken und an den Rändern gut hochziehen, damit der Kuchen einen schönen Rand bekommt. Etwas Teig für die Verzierung übrig lassen.
3. Die Blattstengel des Ampfers schälen, die Fasern entfernen und den Stengel in zwei bis drei Zentimeter grosse Stücke schneiden.
4. Den Kuchenboden mit den Nüssen ausstreuen, dann mit den zerkleinerten Ampferstengeln belegen. Den Joghurt aufschlagen, mit Honig süssen und darüber verstreichen.
5. Aus dem beiseite gelegten Teig Streifen schneiden und diese kreuzweise auf dem Kuchen anordnen. Im vorgeheizten Backofen bei 250 Grad etwa 30 Minuten backen.

Jedes Kuchenstückchen mit etwas Thymiansirup beträufeln (siehe Seite 117).

Sambucus nigra

Holunder

Caprifoliaceae, Geissblattgewächse

Blüten: Mai bis Juli
Früchte: September bis Oktober

Der Schwarze Holunder ist während seiner Blütezeit eine wahre Augenweide.

Beschreibung: **Eine herrlich duftende Blüte**
Der Schwarze Holunder ist ein Strauch oder kleiner Baum, dessen gefiederte Blätter beim Reiben einen eher unangenehmen Geruch verbreiten. Der stark verzweigte Stamm hat eine helle, mit korkähnlichen Warzen überzogene Rinde. Die Äste enthalten ein dickes, weisses Mark. Die grossen, gegenständigen Blätter sind fünf- bis siebenzählig gefiedert. Die Blattabschnitte sind spitzeiförmig und am Rand gezähnt. Die kleinen Blütenköpfchen mit ihren fünf weissen Kronblättchen verströmen einen intensiven Duft. Nachdem sich das Blattwerk entwickelt hat, bilden sich die endständigen, abgeflachten Blütenstände aus. Die Früchte des Holunders sind kleine, kugelförmige, schwarz glänzende Beeren, die einen violettfarbenen Saft und kleine Samen enthalten. Die Früchte bilden abgeflachte, doldenartige, herabhängende Fruchtstände.

Standort: **Ein Menschenfreund**
Der Holunder kommt überall in unseren Breiten vor. Er wächst bevorzugt in der Umgebung von Wohnhäusern, wo er früher noch in den Gärten angebaut wurde. Man findet ihn aber auch in Hecken und auf Schutthalden.

Namensursprung: **Ein Holz voller Melodien**
Der botanische Name *Sambucus* leitet sich vom griechischen Wort *sambukê* ab. So hiess in der Antike eine aus den hohlen Ästen des Holunders geschnitzte Flöte. Der Zusatz *nigra* beschreibt die schwarzen Früchte des Holunders.

Anwendung: **Duftende Blüten und saftige Früchte**
Die Holunderblüten verströmen einen betörenden Moschusduft, der Getränken und Speisen ein besonderes Aroma verleiht. Lässt man die Blüten in Wein ziehen, erhält man einen spritzigen Tropfen mit einem Anklang an Muskat. In der Gegend von Rivesaltes in Südfrankreich verleiht man dem dort gekelterten Wein heute noch mit Holunderblüten eine besondere Note. Auch Essig kann man vorzüglich verfeinern, indem man die Blüten darin einlegt. Für Kenner ist Holundersirup an heissen Sommertagen eines der besten und erfrischendsten Getränke. Äpfel, die man einige Wochen auf einem Bett aus ge-

Brennnesselravioli mit Holundersauce

Für 4 Portionen

300 g Nudelteig (Rezept Seite 63), 200 g junge Brennnesseltriebe, 50 g Butter, 50 g Zwiebeln, 50 g Pinienkerne, 40 g geriebener Käse, Salz, 150 g Crème fraîche, 50 g Holunderblüten

1. Den Nudelteig, wie auf Seite 63 beschrieben, zubereiten.
2. Die Brennnesseln in einem Teil der Butter dünsten. Abtropfen lassen, klein hacken und mit den fein geschnittenen Zwiebeln und den zerdrückten Pinienkernen, der restlichen weichen Butter und dem geriebenen Käse verrühren und mit Salz abschmecken.
3. Den Nudelteig ausrollen und in etwa fünf Zentimeter grosse Quadrate schneiden. Auf jedes Teigstück etwas Brennnesselmischung geben, zusammenklappen und am Rand fest zusammendrücken. Die Ravioli in kochendem Wasser garen, bis sie an die Oberfläche steigen. Abtropfen lassen und warm halten.
4. Die Crème fraîche erhitzen und darin eine gute Handvoll entstielter Holunderblüten ziehen lassen. Nach ungefähr 15 Minuten abgiessen und mit Salz und Pfeffer würzen.
5. Die Holundersauce über die Ravioli geben und servieren.

Holunderblütenkuchen

Für 4 Portionen

250 g Mürbteig (Rezept Seite 51), 100 g Holunderblüten, 75 g gemahlene Mandeln, 200 g Rahm, 1 Esslöffel Honig, 100 g brauner Zucker

1. Wie auf Seite 51 beschrieben, einen Mürbteig herstellen. Eine Kuchenform damit auslegen und den Teigboden im 180 Grad heissen Backofen 15 Minuten vorbacken.
2. Den Teigboden mit einer Schicht gemahlener Mandeln und dann mit einer dicken Schicht der entstielten Holunderblüten belegen.
3. Den Rahm mit dem erhitzten Honig aufschlagen und über die Blüten giessen. Den Kuchen mit dem Zucker bestreuen.
4. Im Backofen bei 250 Grad 30 Minuten backen, so dass der Zucker auf dem Kuchen karamelisiert.

trockneten Holunderblüten lagert, erhalten ein exotisches, nach Ananas schmeckendes Aroma.

Die entstielten Blüten passen roh gut in Salate oder Desserts. Mit ihnen werden Cremespeisen und Puddings aromatisiert, und auch Kuchen und Küchlein aus Holunderblüten sind immer etwas Besonderes. Um das zarte Aroma der Holunderblüten voll zur Geltung zu bringen, sollte man eher einen leichten Brandteig aus Stärkemehl, Salz und Wasser zubereiten, anstatt wie üblicherweise Mehl, Eier und Milch zu verwenden.

Reine Holundermarmeladen schmecken eher langweilig, deshalb sollte man sie vorzugsweise mit geschmacksintensiveren Früchten mischen. Wegen der vielen Samen kocht man die Holunderfrüchte eher als Gelees ein. Die Früchte kann man auch zu Saft, Sirup, gut lagerbarem, spritzigem rotem Wein und Essig verarbeiten oder zu Holundermus, einer Art ungezuckerter Marmelade, die durch Verdampfen des Saftes gewonnen wird. Bei all diesen Zubereitungsarten werden die ganzen Fruchtstände geerntet, entstielt und durch das Passiergerät gedreht, so dass Haut und Samen entfernt werden und nur der Saft übrig bleibt.

Der Schwarze Holunder wird manchmal als Obstbaum in Gärten angebaut, und in den deutschsprachigen Ländern werden zunehmend neue Varietäten gepflanzt. Der Holunder wurde früher als Schutzpflanze und Glücksbringer in grossen Ehren gehalten und in der Nähe von Häusern und Höfen angepflanzt, wo wir ihn heute noch oft finden. Für seine Fortpflanzung ist übrigens bestens gesorgt, da schon ein winziger Ableger genügt, um einen neuen Baum zu ziehen, vorausgesetzt man giesst ihn fleissig. Und ein eingesetztes Pflänzchen entwickelt sich binnen weniger Jahre zu einem stattlichen Strauch.

Inhaltsstoffe und Heilwirkung:
Zahlreiche Qualitäten

Holunderblüten enthalten Pflanzenschleime, Gerbstoffe, ein ätherisches Öl und Glykoside. Die Beeren haben einen hohen Gehalt an Provitamin A und Vitamin C. Des weiteren sind sie reich an Mineralsalzen, Fruchtsäuren und Zuckern. In den Blättern ist ein ätherisches Öl enthalten. Die Blüten wirken reizlindernd und schweisstreibend, und der köstliche Holunderblütentee wird bei Erkältungs- und Lungenkrankheiten empfohlen. Holunderblütenessig wird bei Erkältungen, Lungenkrankheiten, rheumatischen Erkrankungen oder Gicht und ebenso als Tinktur verwendet.

Die Holunderbeeren wirken leicht abführend und harntreibend. Die rohen Beeren sollte man nicht in übermässigen Mengen essen, da die kleinen Kerne im Inneren der Beeren giftige Substanzen enthalten, die zu Erbrechen führen können.

Die Blätter wirken harntreibend und blutreinigend. Sämtliche grünen Teile des Holunders können Erbrechen und Durchfall verursachen.

Das zähe, weisse Mark der Äste dient in der Mikroskoptechnik unter anderem zum Fixieren.

Verwandte Arten

Es gibt zwei weitere Arten der Gattung *Sambucus;* beide kommen in Mitteleuropa vor.

Der **Rote** oder **Trauben-Holunder** *(Sambucus racemosa)* ist ein Strauch oder kleiner Baum, den wir in kühlen Wäldern antreffen. Er trägt bereits im August Früchte, um einiges früher also als der Schwarze Holunder. Die cremeweissen Blüten bilden eiförmige Blütenstände; sie werden kaum verwendet. Aus den korallenroten Früchten aber lassen sich delikate Wildbeerengelees zubereiten. Die Früchte schmecken nach dem Kochen sehr gut, in roher Form aber können sie zu Erbrechen führen. Aus den vergorenen Früchten wird machmal Alkohol destilliert.

Der **Attich** oder **Zwerg-Holunder** *(Sambucus ebulus)* ist eine grosse, krautartige Pflanze, die wir am Wegrand finden. Er trägt flache Blütenstände aus weissen Blüten und schwarze Früchte. Die Früchte schmecken bitter und sind giftig.

Verwechslungsgefahren

Den Schwarzen Holunder könnte man mit den beiden oben beschriebenen Arten verwechseln.

Der Trauben-Holunder unterscheidet sich vom Schwarzen Holunder durch die Form der Blütenstände und die Farbe der Früchte.

Die Fruchtstände des Zwerg-Holunders sind aufgerichtet und sitzen auf starken Ästen, während jene des Schwarzen Holunders nach unten hängen.

Die kleinen, glänzenden Holunderbeeren bilden schwer herabhängende Dolden.

Trauben-Holunder-Gelee

Für 4 Portionen

1,2 kg Trauben-Holunder-Beeren, 1 kg Zucker

1. Die Holunderbeeren vorsichtig vom Fruchtstand pflücken und in einen grossen Topf geben.
2. Auf grosser Flamme quellen lassen und anschliessend im Passiergerät entsaften.
3. Den Saft durch ein feines Sieb passieren und mit dem Zucker kochen.
4. Das Gelee in ausgekochte Gläser füllen, abkühlen lassen und mit einer Schicht Wachs und einem Cellophanpapier luftdicht verschliessen.

Warten Sie einige Wochen, bevor Sie dieses wunderschön rote Gelee probieren, damit es sein köstliches Wildbeerenaroma voll entfalten kann. Man kann die Früchte auch mit Himbeeren oder roten Johannisbeeren einkochen oder das Gelee mit den Blättern oder den Früchten der Wald-Engelwurz verfeinern, die man mit den Früchten mitkocht, bevor sie durchpassiert werden.

Sanguisorba minor

Wiesenknopf

Rosaceae, Rosengewächse

Blätter: März bis November

Der Kleine Wiesenknopf steht vorzugsweise auf Wiesen, aber selbst wenn sich ihm eine Felsnische bietet, lässt er sich dort gerne nieder.

Beschreibung: **Anmutige Blattrosetten**

Der Kleine Wiesenknopf ist eine ausdauernde Pflanze, die kleine, buschige Blattrosetten bildet. Die grob gezähnten, unpaarig gefiederten Blätter bestehen aus 9 bis 25 eirunden Teilblättchen und haben eine matte, hellgrüne Farbe. Die niederliegenden oder aufrechten, kantigen und kaum verzweigten Stengel tragen ebenfalls Blätter, die aber aus weniger und eher länglichen Teilblättchen bestehen. Die winzigen Blütenköpfchen sind grün und rötlich gefärbt. Sie bilden endständige Ähren, die von April bis August in Blüte stehen.

Standort: **Sonnenbeschienene Böschungen**

Der Kleine Wiesenknopf kommt fast überall in unseren Breiten vor. Wir finden ihn auf trockenen Wiesen und Rasen, in lichten Wäldern, an Böschungen und am Wegrand.

Namensursprung:

Schon der Name sagt's, eine Heilpflanze

Der botanische Name *Sanguisorba* leitet sich vom lateinischen *sanguis* für Blut und *sorbeo* für aufsaugen ab, dies daher, weil die Pflanze blutstillend wirkt. Der Zusatz *minor,* kleiner, unterscheidet ihn von seinem Verwandten, dem Grossen Wiesenknopf *(Sanguisorba officinalis).*

Anwendung:

Ein in Vergessenheit geratenes Gewürzkraut

Bevor der Petersilie eine bevorzugte Stellung in unseren Gemüsegärten zufiel, wurden die Blätter des Wiesenknopfs verwendet, um Salaten, Suppen, Omeletten, Saucen und anderen Gerichten eine frische Würze zu verleihen. Für die einen schmeckt der Wiesenknopf nach Gurken, die anderen wiederum erinnern seine Gerbstoffe und sein bitteres Aroma eher an unreife Nüsse.

Die blassgrünen Blätter im Zentrum der Grundrosette sind besonders zart und am besten zu verwerten. Man kann bei den anderen Blättchen aber die harten Nervenfasern entfernen. Die Blätter wurden früher manchmal in Essig eingelegt. Bis Anfang dieses Jahrhunderts wurde der Kleine Wiesenknopf häufig in Gemüsegärten angebaut.

Der Kleine Wiesenknopf wird nur roh verwendet, denn beim Trocknen oder Kochen verliert sich sein feines Aroma.

Inhaltsstoffe und Heilwirkung:

Hilft bei Blutergüssen

Die Blätter des Kleinen Wiesenknopfs enthalten ein ätherisches Öl, einen Gerbstoff, Saponine, Vitamine, Mineralsalze und einige andere Substanzen.

Aufgrund ihres Gerbstoffgehalts wirken die Blätter adstringierend und blutstillend. Das ätherische Öl regt die Verdauung an und hilft bei Blähungen. Die Blätter werden bei Wunden und Verbrennungen äusserlich angewendet.

Verwandte Arten

In Europa gibt es sechs weitere Arten der Gattung *Sanguisorba.*

Von der Flora unserer Breiten wäre hier vor allem der **Grosse Wiesenknopf** *(Sanguisorba officinalis)* zu erwähnen, der auf feuchten Wiesen weit verbreitet ist. Er ist deutlich grösser als sein kleiner Bruder, und seine Blattabschnitte sind nicht rundlich, sondern länglich. In der Verwendung besteht kein Unterschied. Die Blätter des Grossen Wiesenknopfs sind allerdings zäher und weniger aromatisch als die des Kleinen Wiesenknopfs.

Die anderen Arten unterscheiden sich vom **Kleinen Wiesenknopf** nur anhand kaum auffallender Details der Blüten und Blätter.

Verwechslungsgefahren

Man kann den Kleinen Wiesenknopf mit seinen nahen Verwandten verwechseln. Da man aber alle gleich verwenden kann, bliebe eine solche Verwechslung ohne Folgen.

Vor der Blüte könnte man die Blätter des Kleinen Wiesenknopfs mit jenen der **Kleinen Pimpernelle** *(Pimpinella saxifraga)*, eines kleinen, auf Wiesen vorkommenden Doldengewächses, verwechseln. Sie ist ebenfalls essbar, hat aber nicht den charakteristischen Gurkengeschmack des Kleinen Wiesenknopfs.

Frankfurter Grüne Wildkräutersauce

Rezept von Jean-Marie Dumaine

200 g Wildkräuter (Wiesenknopf, Geissfuss, Beinwell, Bärenklau, Gundelrebe, Beifuss, Sauerampfer, Weinberg-Schnittlauch oder andere Kräuter), 3 Eigelb, 1 Esslöffel Senf, 2 Esslöffel Zitronensaft, Salz, Pfeffer, ½ l Sonnenblumenöl, 200 g Schlagrahm

1. Die Kräuter sehr fein hacken oder mit dem Wiegemesser zerkleinern.
2. Eigelb, Senf und Zitronensaft mit Salz und Pfeffer verrühren. Das Öl unter ständigem Rühren tropfenweise zugeben. Die Kräuter und den steif geschlagenen Rahm unterheben. Mit Salz, Pfeffer und Zitronensaft abschmecken.

Tips: Diese Sauce begleitet ausgezeichnet die gedämpften Blütenknospen des Bärenklaus.

Sie wird ganz einfach zur Remoulade, indem man gehackte hart gekochte Eier, Gürkchen und Kapern dazugibt.

Sonchus oleraceus

Gänsedistel

Asteraceae (Compositae), Korbblütengewächse

Junge Triebe, Blätter: März bis Oktober

Die Blätter der Gewöhnlichen Gänsedistel sind auch dann noch zart, wenn die Pflanze bereits voll entwickelt ist.

Beschreibung:

Die Blätter fühlen sich wie Gummi an

Die Gewöhnliche Gänsedistel ist ein einjähriges, unbehaartes Kraut, das sich anfühlt wie Gummi und einen weissen Milchsaft enthält. Die Stengel sind aufrecht aufstrebend, verzweigt, hohl und kantig. Die relativ grossen Blätter bilden eine grundständige Rosette. Die einzelnen kantig geformten Blattabschnitte sind am Rand fast dornig gezähnt und dem Boden zugewandt, wobei der oberste Blattabschnitt dreieckig und grösser als die anderen ist. Die Stengelblätter umfassen den Stengel mit spitzen Läppchen. Auf der Oberseite sind die Blätter mattgrün, auf der Unterseite bläulich. Der endständige Blütenstand wird von hellgelben, zungenförmigen Blüten gebildet. Sie blühen von Juni bis November. Die kleinen, länglichen Früchte haben oben ein kleines Flugorgan aus seidig glänzenden Härchen, und die Blütenköpfchen bilden später flaumige Bällchen, die aussehen wie kleine Pusteblumen.

Standort: **Ein harmloses «Unkraut»**

Die Gewöhnliche Gänsedistel ist bei den Gärtnern nicht gern gesehen, da sie mit Vorliebe auf bearbeiteten Böden auftaucht. Da sie aber keine tiefgreifenden Wurzeln ausbildet, breitet sie sich nicht allzu sehr aus. Man kann sie überall in unseren Breiten, oft in grösseren Beständen, in Gärten und auf Feldern finden.

Namensursprung:

Sie genoss schon in der Antike hohes Ansehen

Sonchus wurde die Gewöhnliche Gänsedistel in der Antike genannt, wo man sie als nahrhafte und wohlschmeckende Pflanze zu schätzen wusste. Das Adjektiv *oleraceus* steht für Pflanzen, die im Gemüsegarten angebaut werden.

Anwendung: **Köstlich als Wildpflanzensalat**

Die jungen Blätter der Gewöhnlichen Gänsedistel sind ausgesprochen zart und süss im Geschmack und bestens für Salate geeignet. Später kann man die Blätter kochen und auf alle möglichen Arten verarbeiten: in Suppen, Gemüsegerichten, in Milchsäure gegärt und vieles mehr. Die Blätter der Gewöhnlichen Gänsedistel, die nur selten ein wenig bitter schmecken, sind eines unserer besten Wildgemüse.

Bei der voll entwickelten Pflanze kann man noch bis zum Ende des Sommers die kleinen Triebe, die aus den Blattachseln spriessen, abpflücken und roh oder über Dampf gegart essen. Man kann die Gänsedistel ungefähr alle vierzehn Tage ernten, ohne dass ihre Lebenskraft darunter leidet.

Inhaltsstoffe und Heilwirkung:

Hier gibt sie sich bescheiden

Der Milchsaft enthält Proteine, Vitamine und Mineralsalze, doch besitzt die Gewöhnliche Gänsedistel keine nennenswerte Heilwirkung.

Verwandte Arten

In Europa kommen sieben weitere Arten der Gattung *Sonchus* vor.

Hierbei handelt es sich insbesondere um die **Rauhe Gänsedistel** *(Sonchus asper)* und die **Acker-Gänsedistel** *(Sonchus arvensis)*, die auf Feldern und Schutthalden vorkommen. Die Rauhe Gänsedistel hat glänzende, ganzrandige Blätter, die mit ihren zwei rundlichen, spiralförmig gewundenen Öhrchen den Stengel umfassen und genauso stechen können wie die einer echten Distel. Die Acker-Gänsedistel hat tief eingeschnittene Blätter und ebenfalls rundliche Öhrchen, die aber nicht spiralförmig sind.

Beide Arten sind essbar, wenn auch bei der Rauhen Gänsedistel nur die jungen, zarten Triebe verwendet werden, da die entwickelten Blätter zu dornig sind.

Verwechslungsgefahren

Es gibt viele Korbblütengewächse, die wie zum Beispiel der Löwenzahn gelbe Zungenblüten haben. In der Regel sind sie aber behaart, und ihre Blätter sind kleiner und nicht so stark gefiedert. Die Blätter der Gewöhnlichen Gänsedistel hingegen sind unbehaart, und die Mittelrippe ist an der Blattunterseite mit Dornen besetzt. Keine dieser anderen ähnlich aussehenden Pflanzen ist giftig.

Die Rauhe Gänsedistel sieht aus und sticht wie die echten Disteln. Man kann sie deshalb nur ganz jung ernten.

Gänsedistelsalat

Für 4 Portionen

400 g junge Gänsedisteltriebe und -blätter

Sauce:
20 g Sesammus (Tahin), 2 Esslöffel Wasser, 75 ml Olivenöl, 150 g Joghurt, Saft einer Zitrone, 1 Messerspitze Salz

1. Die Triebe und Blätter der Gänsedistel klein schneiden und in eine Salatschüssel geben.
2. Für die Sauce das Sesammus mit dem Wasser sämig verrühren. Das Olivenöl tropfenweise unter kräftigem Rühren zugeben und wie bei der Zubereitung von Mayonnaise zu einer steifen Masse schlagen. Anschliessend den Joghurt und Zitronensaft unterrühren.
3. Die cremige Salatsauce über den Salat geben.

Sorbus domestica

Speierling

Rosaceae, Rosengewächse

Früchte: September bis Oktober

Speierlingsbirnen werden die Früchte des Speierlings aufgrund ihrer Form genannt. Mit der Ernte sollte man sich allerdings gedulden, bis sie braun und überreif sind.

Die Früchte der Gewöhnlichen Eberesche sehen verlockend lecker aus, schmecken aber ausgesprochen bitter.

Beschreibung: **Ein Baum mit filigranem Blattwerk**

Der Speierling oder Spierling ist ein Strauch von einigen Metern Höhe, der im Laufe eines Jahrhunderts zu einem majestätischen Baum heranwachsen kann. Die Rinde des Stamms ist zuerst grünlichgrau und verfärbt sich im Laufe der Zeit dunkelbraun. Der Speierling trägt nur in den zwei oberen Dritteln Blätter, die in 13 bis 17, längliche und am Rand gezähnte Blattabschnitte unterteilt sind. Sie haben eine mattgrüne Färbung und sind, wenn sie noch jung sind, auf der Unterseite wollig behaart. Die voll entwickelten Blätter sind sowohl auf der Unter- als auch auf der Oberseite unbehaart. Die kleinen, weissen Blütenköpfchen bilden an den Ästen endständige, abgeflachte Blütenstände. Sie erscheinen von Mai bis Juni und bringen relativ grosse, apfel- bis birnenförmige Früchte hervor, die anfänglich grün, dann gelb mit roten Bäckchen und schliesslich, wenn sie reif und mürbe sind, dunkelbraun gefärbt sind. Sie enthalten mehrere schwarze Kernchen.

Standort: **Der Obstbaum vergangener Zeiten fühlt sich in Hecken wohl**

Der Speierling stammt ursprünglich aus Südeuropa und kommt in unseren Breiten als ein halbwildes Gewächs vor. Früher wurde er viel in Hecken gepflanzt, die für die Menschen eine wichtige Rolle spielten, da sie ihnen Brennholz, Zufutter für das Vieh und verschiedene kleine Früchte lieferten.

Namensursprung: **Kleine, herb schmeckende Früchte**

Sorbus leitet sich von den keltischen Wörtern *sor,* für bitter, und *mel,* für Apfel, ab und spielt auf die adstringierende Eigenschaft der Frucht dieses Strauchs an. Den Namen könnte man aber auch aus dem lateinischen Wort *sorbere,* trinken, herleiten, denn aus den Früchten des Speierlings werden schon seit Urzeiten vergorene Getränke hergestellt. Der Zusatz *domestica* verweist darauf, dass der Baum früher eine Kulturpflanze war.

Anwendung: **Eine exotische Frucht direkt vor unserer Haustüre**

Die Früchte des Speierlings, die Speierlingsbirnen genannt werden, sind zuerst grün; dann verfärben sie sich gelb mit rötlichen Bäckchen, und man könnte meinen, sie seien bereits reif. Jeder aber, der einen Biss in die vermeintlich reifen Früchte wagt, wird mit einem harten, bitteren Fruchtfleisch belohnt, bei dem es ihm den Mund zusammenzieht – sie sind ungeniessbar. Doch man muss sich nur noch ein wenig gedulden; innerhalb weniger Tage bis Wochen vollzieht sich eine seltsame Wandlung: Die Reife lässt die Frucht plötzlich weich, cremig, süss und aromatisch wie richtige Tropenfrüchte werden. Die Speierlingsbirnen gehören unbestritten zu den besten unter den Wildfrüchten. Allerdings sehen sie mit ihrer braunen Farbe wenig appetitlich aus, was sicher dazu betrug, dass sie heute kaum mehr jemand kennt.

Sie lassen sich als ganze rohe Früche, als Kompott oder, durch das Passiergerät gedreht, als Mus verwenden. Man kann sie zu Marmeladen oder Kuchen verarbeiten. Früher kelterte man aus ihnen einen vergorenen Wein, der in verschiedenen Gegenden sehr bekannt war.

Die reifen, mürben Früchte kann man unter dem Baum vom Boden auflesen. Früher, als der Speierling noch als Obstbaum anpflanzt wurde, wurden seine Früchte kurz vor der vollständigen Reife geerntet. Dann liess man sie wie die früher ebenfalls beliebten Früchte der **Echten Mispel** *(Mespilus germanica)* auf einem Bett aus Stroh oder Blättern nachreifen. Denn auch diese können erst gegessen werden, wenn sie voll ausgereift und mürbe sind.

Inhaltsstoffe und Heilwirkung:

Eine sehr süsse Frucht

Die mürben Früchte sind sehr nahrhaft und reich an Monosacchariden (insbesondere Invertzucker und Sorbit), Pektin und Vitamin C. Vor der vollen Reife enthalten sie grosse Mengen an Gerbstoffen. Die Kerne in den Früchten enthalten ein Glykosid, das bei Hydrolyse Blausäure freisetzt.

Das Sorbit erhöht die Gallen- und Bauchspeicheldrüsensekretion und beschleunigt die Darmperistaltik. Es unterstützt den Aufbau von Vitamin B_{12}, was vor allem für Vegetarier sehr nützlich ist.

Die in den Fruchtkernen enthaltene Blausäure könnte, wenn die Körnchen im Übermass gekaut werden, zu Vergiftungserscheinungen führen.

Das Holz des Speierlings wurde früher als Nutzholz verarbeitet: Aus dem selbstfettenden Holz wurden vor allem Mühlräder hergestellt.

Die Fortpflanzung des Speierlings gestaltet sich recht schwierig, da die Samen erst einen Tiermagen durchwandern müssen, bevor sie keimfähig sind.

Verwandte Arten

In Europa gibt es achtzehn weitere Arten der Gattung *Sorbus.*

Besonders erwähnenswert sind die Gewöhnliche Eberesche oder Vogelbeere, der Mehlbeerbaum und die Elsbeere.

Die **Gewöhnliche Eberesche** oder **Vogelbeere** *(Sorbus aucuparia)* bevorzugt Gebirgslagen, auch wenn sie in niederen Lagen wegen ihrer hübsch gefiederten Blätter und ihren mit roten Früchten besetzten Dolden gern als Zierpflanze angebaut wird. Die Früchte sind erst nach dem ersten Frost geniessbar, aber auch dann sollte man sie besser kochen und daraus beispielsweise eine süss-saure Sauce, wie die in Indien beliebten Chutneys, zubereiten. Aus den Früchten wird auch Alkohol destilliert.

Der **Mehlbeerbaum** *(Sorbus aria)* kommt in mittleren Gebirgslagen vor. Seine Blätter sind auf der Oberseite grün und auf der Unterseite silbrig-weiss gefärbt. Mit jedem kleinem Windstoss, der über die Bergrücken – dort gefällt es dem Mehlbeerbaum am besten – hinwegstreift, scheint die Landschaft plötzlich ihr Kleid zu wechseln. Die runden, kugelförmigen «Mehlbeeren» schmecken oft fade und mehlig. Wenn man die rohen oder gekochten Beeren jedoch mit etwas Honig süsst, schmecken auch sie ganz gut.

Die **Elsbeere** *(Sorbus torminalis)* mit ihren hübschen, charakteristischen Fiederblättchen finden wir häufig in den Wäldern der Ebenen. Ihre braunen und rot getüpfelten Beeren schmecken köstlich, wenn sie richtig weich und mürbe sind, und eignen sich vor allem zum Einkochen von Marmeladen.

Auf Felsböden im Hochgebirge finden wir die **Zwerg-Mehlbeere** oder **-mispel** *(Sorbus chamaemespilus),* die kaum einen Meter hoch wird. Ihre kleinen, kugelförmigen, orangeroten Früchte sind mehlig und markig. Sie sind zwar essbar, schmecken aber nicht besonders.

Verwechslungsgefahren

Der Speierling sieht der Eberesche täuschend ähnlich, nur ist diese im allgemeinen eher Strauch als Baum, und ihre Blattabschnitte sind fast bis zum Blattgrund gezähnt. Und natürlich erkennt man die Eberesche auf Anhieb an ihren kleinen roten Früchten, die auch den Winter überdauern. Verwechslungen mit anderen Arten der Gattung *Sorbus* oder anderen Bäumen sind eher unwahrscheinlich.

Speierling-Baiser

Für 4 Portionen

500 g Speierlingsbeeren, 100 ml Weisswein, 1 Esslöffel Honig, 20 g frischer Ingwer, 5 Eiweiss, 1 Prise Salz, 150 g Zucker

1. Die Speierlingsbeeren durch das Passiergerät drehen, um Schalen und Körner zu entfernen.
2. Das Mus auf niedriger Flamme in einem Topf mit dem Weisswein, dem Honig und dem geriebenen Ingwer eine Weile köcheln lassen. Das Kompott anschliessend in eine feuerfeste Form geben.
3. Das Eiweiss mit einer Prise Salz zu sehr steifem Schnee schlagen. Dann den Zucker nach und nach vorsichtig unterheben und so lange schlagen, bis sich der Zucker vollständig aufgelöst hat. Der Eischnee muss ganz weiss und glänzend sein.
4. Eine dicke Schicht Eischnee auf dem Kompott verteilen und im Backofen bei niedriger Hitze (160 Grad) etwa 10 Minuten langsam backen.

Das Speierling-Baiser warm oder kalt servieren, dazu den im Rezept verwendeten Weisswein reichen.

Stellaria media

Vogelmiere

Caryophyllaceae, Nelkengewächse

Gesamte Pflanze: fast ganzjährig

Beschreibung: **Zarte, grüne Blattbüschel**

Die Vogelmiere ist ein einjähriges, zweijähriges oder manchmal auch ausdauerndes «Unkraut», das den Boden oft mit einem dichten, grünen Teppich überzieht. Die Pflanzenstengel sind sehr dünn und rund und wachsen niederliegend oder aufrecht. Ein klar abgegrenzter Streifen von weissen Härchen zieht sich der Länge nach über den Stengel, und zwar einmal auf der einen und einmal auf der anderen Seite zwischen den einzelnen Verzweigungen. Die eher kleinen, spitz-eiförmigen Blätter sitzen gegenständig am Stengel und haben eine schöne, zartgrüne Farbe. Die fünf weissen Kronblättchen der Blüten sind jeweils bis zum Ansatz eingeschnitten und in zwei Teilblättchen unterteilt, so dass man meinen könnte, die Blüten hätten zehn Kronblättchen.

Standort: **Fette und feuchte Böden**

Die Vogelmiere breitet ihr grünes Blattkleid am Rande kühler Wälder, im Schutze einzeln stehender Kiefern, am Fusse von Mauern, auf Komposthaufen und in Gärten aus; sie bevorzugt ganz allgemein feuchte, schattige Standorte und nährstoffreiche Böden und kommt überall in unseren Breiten vor.

Namensursprung: **Weisse Sternchen**

Der botanische Name *Stellaria* leitet sich vom lateinischen Wort *stella* für Stern ab, da die Blüten in der Tat wie weisse Sternchen aussehen. Der Zusatz *media,* mittel, dient der Unterscheidung von anderen Arten, die teils grösser und teils kleiner sind als die Vogelmiere.

Den deutschen Namen Vogelmiere erhielt sie, weil ihre Samen für verschiedene Vögel ein besonderer Leckerbissen sind.

Anwendung: **Ein Wildpflanzensalat – unübertrefflich im Geschmack**

Die Vogelmiere stellt eine besonders gute Grundlage für Salate dar; ihre Blätter und Stengel sind zart und saftig und schmecken erfrischend und angenehm nussig. Man kann sie regelmässig auch in grösseren Mengen sammeln und verwendet sie gewöhnlich roh. Im Sommer lassen sich aus ihnen auch ganz köstliche Kaltschalen zubereiten.

Die Vogelmiere schmeckt aber auch gekocht sehr gut und ist vielseitig verwendbar. In Japan zählt die Pflanze zu den sieben Wildkräutern, die zum traditionellen Frühlingsreis gereicht werden.

Stengel, Blätter und Blüten werden zusammen geerntet, solange sie noch zart sind. Da ständig neue Pflanzen austreiben, ist dies fast das ganze Jahr über möglich. Wenn es zu trocken oder die Pflanze schon älter ist, werden die Stengel länger und härter. Dann sammelt man nur noch die Triebspitzen, die man mit den Fingern abzwickt oder mit einem Messer oder einer Schere abschneidet.

Inhaltsstoffe und Heilwirkung:

Ein wertvolles Gemüse

Die Vogelmiere enthält viel Vitamin C und Mineralsalze (vor allem Kalzium und Magnesium) und geringe Mengen an Saponinen.

Die frische Pflanze gilt als kräftigend, harntreibend und leicht abführend. Der Tee aus der Vogelmiere soll zudem schleimlösend wirken.

Verwandte Arten

In Europa gibt es von der Gattung *Stellaria* sechzehn weitere Arten.

Die bekanntesten Arten innerhalb unserer Flora sind *Stellaria nemorum, Stellaria holostea, Stellaria graminea, Stellaria aquatica* und *Stellaria alsine.* Sie sind alle nicht geniessbar.

Verwechslungsgefahren

Vor der Blüte könnte man die Vogelmiere mit dem **Acker-Gauchheil** *(Anagallis arvensis)* verwechseln. Dieses Primelgewächs ist, zumindest wenn man es roh isst, leicht giftig (wegen seines hohen Anteils an hämolytischen, d. h. den roten Blutfarbstoff auflösenden Saponinen). Der Acker-Gauchheil wächst häufig in Gärten. Seine Stengel sind kantig und behaart, die Unterseite der Blätter ist mit bräunlichen Punkten überzogen. Die Blüten sind ziegelrot oder leuchtend blau. Bei Menschen scheint der Acker-Gauchheil nicht allzu giftig zu wirken, wurde er doch früher manchmal als Gemüse zubereitet und in der Pflanzenheilkunde verwendet.

Die Blüten der Vogelmiere wirken wie kleine weisse Sternchen. Man erntet sie zusammen mit den Blättern und Stengeln.

Die Vogelmiere ist insbesondere von den anderen Arten der Gattung *Stellaria*, die zwischen den einzelnen Verzweigungen aber keinen Streifen aus weissen Härchen aufweisen, sowie von den ihr ähnlich sehenden, ebenfalls zur Familie der Nelkengewächse gehörenden verwandten Arten *(Moehringia trinerva*, verschiedene Hornkrautarten, *Cerastium* spp.) zu unterscheiden, die zwar nicht giftig, aber oft hart sind und keinen überragenden kulinarischen Genuss darstellen. Diese haben in der Regel eingeschnittene, aber nicht in zwei Teilblättchen unterteilte Kronblätter.

Vogelmierensuppe

Für 4 Portionen

400 g zarte, nicht faserige Vogelmieren, 150 g gekochte Kartoffeln, 50 ml Olivenöl, 1 Knoblauchzehe, 1 Teelöffel Salz, ¼ l Wasser, ¼ l Milch

1. Alle Zutaten zusammen in den Mixer geben und nur kurz durchmixen, damit die Kartoffeln nicht klebrig werden. Den Mixer nicht zu voll füllen; falls nötig, die Zutaten besser in mehreren Durchgängen mixen und am Schluss das Ganze zusammenrühren.
2. Die Suppe ganz vorsichtig erhitzen; sie darf nicht zum Kochen kommen, da die schöne grüne Suppe sonst einen hässlichen braunen Farbton annimmt.

Servieren Sie die Suppe warm mit einigen in Butter angebratenen Croûtons.

Symphytum officinale

Beinwell

Boraginaceae, Borretschgewächse

Blätter: April bis September

Beschreibung: Dichte Büschel aus spitzen Blättern

Der Gewöhnliche Beinwell oder die Echte Wallwurz ist eine hübsche, ausdauernde Pflanze, deren Stengel und Blätter mit kurzen, borstigen Härchen bedeckt sind. Die grundständigen, zugleich breit und länglich geformten, von feinen, netznervigen Äderchen durchzogenen Blätter richten sich zu grossen Büscheln auf und können bis zu 40 cm lang werden. Die kräftigen Stengel erreichen manchmal über einen Meter Höhe und tragen ebenfalls Blätter, die langgezogen am Stengel herablaufen und ihm so ein geflügeltes Aussehen verleihen. Die röhrenförmigen Blüten weiten sich oben glockenartig aus. Ihre Farbe variiert von einem blassen Gelb über Rosa bis zu einem kräftigen Violett. Die Blüten bilden am Sprossende einen eingerollten traubenähnlichen Blütenstand, der wie ein Skorpionschwanz aussieht und für die Familie der Borretschgewächse typisch ist. Der dicke, fleischige Wurzelstock gewährleistet, dass sich der Beinwell ungebremst verbreiten kann.

Standort: Er mag es feucht

Der Gewöhnliche Beinwell kommt überall in unseren Breiten häufig auf feuchten Wiesen, am Rande von Gräben und in kühlen Hecken vor, wo er unterschiedlich grosse Kolonien bildet.

Namensursprung:
Gebrochenes wird wieder ganz ...

Der botanische Name *Symphytum* leitet sich von den griechischen Wörtern *symphuô*, zusammenwachsen, und *phuton*, Pflanze, ab. In der Tat steht der Beinwell im Ruf, eine gute Heilwirkung bei Wunden und Knochenbrüchen zu haben. Aus dem Zusatz *officinalis* erkennen wir, dass der Gewöhnliche Beinwell früher zum Sortiment der Apotheker gehörte.

Anwendung:
Er steht Seezungenfilets in nichts nach

Die ganz jungen Beinwellblätter sind bestens als Salatzutat geeignet. Man kann sie nicht nur im Frühjahr, sondern auch im Sommer auf abgemähten Wiesen ernten, wo die Pflanze nach dem Grasschnitt reichlich nachwächst.

Die Blätter sind während des ganzen Sommers, selbst wenn sie schon sehr gross sind, verwendbar, und man kann von ihnen mühelos auch grössere Mengen sammeln. Die voll entwickelten Blätter sind allerdings zu rauh, als dass man sie roh essen könnte; durch ihre vielen Schleimstoffe sind sie aber hervorragend zum Eindicken von Suppen geeignet. Besonders gut sind sie, wenn man sie einrollt, in Bierteig taucht und ausbackt. Sie schmekken dann wie Seezungenfilets. Man kann sie nach griechischem beziehungsweise türkischem Vorbild auch wie gefüllte Weinblätter servieren.

Die zarten Stengelspitzen und Blattstengel schmecken, geschält und kurz in Salzwasser blanchiert, ebenfalls sehr gut. Man richtet sie mit einer Vinaigrette, einer würzigen Béchamelsauce oder einer Sauce Hollandaise an.

Inhaltsstoffe und Heilwirkung:
Nährstoffe im Überfluss

Die frischen Beinwellblätter enthalten etwa 5 Prozent Proteine (was beim Trockengewicht einem Anteil von fast 30 Prozent entspricht), die durch ihre ausgewogene Aminosäurenstruktur biologisch hochwertig und mit tierischem Eiweiss vergleichbar sind. Versuche in Grossbritannien ergaben, dass ein Beinwellfeld von einem Hektar Grösse ungefähr achtmal so viel Eiweiss liefert wie ein Getreidefeld derselben Grösse und fünfzigmal so viel wie das Vieh, das auf einer ebenso grossen Weidefläche gehalten werden kann. Beinwell enthält Vitamin B_{12}, von dem man früher annahm, dass es nur in tierischen Produkten vorkommt, ausserdem Pflanzenschleime, Gerbstoffe, Allantoin und insbesondere in Wurzel und Blättern Phyrrolizidinalkaloide.

Die dicke, fleischige Wurzel ist besonders reich an Pflanzenschleimen und enthält zudem Gerbstoffe, Zukker, Stärke und Asparagin. Früher wurde sie wegen ihrer wundheilenden Eigenschaft sehr geschätzt. Man legte frische, geriebene Wurzel auf Wunden, Verbrennungen und Knochenbrüche auf. Der Beinwell macht seinem Namen alle Ehre und unterstützt in der Tat das Zusammenwachsen gebrochener Knochen. Bei innerlicher Anwendung wirkt die Wurzel reizlindernd, adstringierend und schleimlösend. Sie kann der Neugier halber roh oder gekocht gegessen werden.

Der Gewöhnliche Beinwell ist eine widerstandsfähige und dennoch dekorative Pflanze, die mit Erfolg auf sich aufmerksam zu machen weiss.

Die Blätter des Gewöhnlichen Beinwells lassen sich mühelos in grösseren Mengen sammeln.

Bei Tierversuchen haben sich grössere Mengen der im Beinwell enthaltenen Alkaloide als giftig erwiesen. Sie greifen die Leberzellen an und können sogar kanzerogen wirken. Untersuchungen an Menschen und Haustieren scheinen allerdings zu belegen, dass der gelegentliche Verzehr angemessener Mengen unschädlich ist. Bis heute ist in diesem Rahmen noch kein einziger Vergiftungsfall bekannt geworden. Dennoch raten die zuständigen Behörden, die pflanzlichen Inhaltsstoffen anscheinend mehr misstrauen als chemischen, offiziell von der Verwendung des Beinwells als Tee oder sogar als Gemüse ab. In Grossbritannien und den Vereinigten Staaten wird der Beinwell oft in Gärten angepflanzt. Er ist, abgesehen von seinen Qualitäten als Nahrungs- und Heilmittel, nicht nur eine Zierde für seine Umgebung, seine kompostierten Blätter ergeben auch einen hervorragenden Humus.

Verwandte Arten

In Europa wachsen dreizehn weitere Arten der Gattung *Symphytum.*

In unseren Breiten ist der Gewöhnliche Beinwell wohl die bekannteste Art der Gattung.

Einige Arten werden in Gärten angepflanzt, insbesondere der **Blaue Comfrey** *(Symphytum x uplandicum),* eine Kreuzung aus dem Gewöhnlichen Beinwell und dem **Rauhen Beinwell** oder **Wallwurz** aus dem Kaukasus *(Symphytum asperum).*

Verwechslungsgefahren

Vor der Blüte könnte man die Blattrosetten des Gewöhnlichen Beinwells und des **Roten Fingerhuts** *(Digitalis purpurea)* miteinander verwechseln. Dies wäre ausgesprochen verhängnisvoll, da der Rote Fingerhut extrem giftig ist. Am leichtesten lässt sich der Unterschied durch Berühren feststellen, denn der Rote Fingerhut fühlt sich weich an und ist mit langen, wolligen Härchen überzogen. Der Beinwell dagegen fühlt sich so rauh an wie ein unrasiertes Kinn. Der Rote Fingerhut, der übrigens nährstoffarme Böden bevorzugt, trägt grosse, purpurrote, fingerhutförmige Blüten.

Beinwellfilets

Für 4 Portionen

Bierteig:
200 g halbweisses Mehl, 1/4 l Bier, 1 Prise Salz

28 schöne, möglichst gleich grosse Beinwellblätter,
100 g weicher Ziegenkäse, 150 g Pflanzenfett,
1 Zitrone, 1 Messerspitze Salz

1. Mehl, Bier und Salz zu einem eher flüssigen Bierteig verrühren.
2. Die Beinwellblätter auf einer Seite mit dem Ziegenkäse bestreichen. Jeweils zwei Blätter mit der bestrichenen Seite zusammenkleben.
3. Jedes Blattpaar in den Bierteig tauchen und im sehr heissen Fett auf beiden Seiten goldgelb ausbacken. Mit Zitronenschnitzen angerichtet servieren. Die Beinwellfilets werden nach Belieben mit Zitronensaft beträufelt.

Beinwell-Rouladen mit Brennnesselnudeln

Rezept von Jean-Marie Dumaine

Für 4 Portionen

Nudelteig:
100 g Brennnesselblätter, 200 g Mehl, 1 Ei, 1 Teelöffel Salz

Füllung:
100 g Quark, 2 Eigelb, 50 g Parmesan, Salz, Pfeffer

Rouladen:
8 Beinwellblätter, 1/4 l durchpassierte Tomaten

1. Die Brennnesselblätter blanchieren und pürieren.
2. Für den Nudelteig Mehl, Ei, Salz und das Brennnesselpüree zu einem festen Teig verarbeiten. Wenn der Teig zu weich ist, etwas davon wegnehmen und ein wenig Mehl unterarbeiten. Den Teig 20 Minuten ruhen lassen. Anschliessend mit einer Nudelmaschine zuerst dünn ausrollen, dann in Spaghetti schneiden. Eine Minute in kochendem Salzwasser garen. Abtropfen lassen.
3. Für die Rouladenfüllung Quark, Eigelb, Parmesan, Salz und Pfeffer verrühren und unter die Nudeln mischen.
4. Die Beinwellblätter 2 Minuten blanchieren. Mit kaltem Wasser abschrecken und abtropfen lassen.
5. Jeweils zwei Beinwellblätter überlappend nebeneinander legen. Die Nudel-Quark-Masse darauf verteilen. Aufrollen. Die Röllchen in eine gebutterte Auflaufform legen und die passierten Tomaten darüber verteilen. 25 Minuten bei 220 Grad im Backofen garen.

Tanacetum vulgare

Rainfarn

Asteraceae (Compositae), Korbblütengewächse

Blätter: Mai bis Oktober
Blütenköpfchen: Juni bis September

Der Rainfarn schmückt während seiner Blütezeit die Ränder unserer Wege und Strassen.

Beschreibung: **Gefiederte Blätter und gelbe Blüten**

Der Rainfarn ist eine grosse, ausdauernde Pflanze mit sehr dekorativen Blättern und Blüten, die beim Berühren einen starken balsamischen Duft verströmen. Die grossen Stengel sind kräftig, aufrecht aufsteigend und nach oben hin verzweigt. Die Blätter bilden anfangs grundständige Büschel. Sie sind doppelt fiederschnittig in längliche, am Rand gesägte bis gezähnte Blattabschnitte unterteilt. Die Stengelblätter umfassen den Stengel mit zwei Läppchen. Die aus winzigen, wunderschön goldgelben Röhrenblüten bestehenden Blütenköpfchen sitzen in doldig abgeflachten Blütenständen am Sprossende.

Standort: **Ein angenehmer Duft entlang des Weges**

Der Rainfarn kommt fast überall in unseren Breiten vor und steht häufig in unterschiedlich grossen Kolonien am Wegrand, an Böschungen oder auf Brachland.

Namensursprung: **Ein zäher Genosse**

Der botanische Name *Tanacetum* leitet sich vom griechischen Wort *tanaos* ab, was «hohes Alter» bedeutet, dies daher, weil der Rainfarn sich lange hält, ohne zu welken. Der Zusatz *vulgare*, gewöhnlich, verweist darauf, dass die Pflanze in unserer Flora sehr verbreitet ist.

Anwendung: **Ein ganz aussergewöhnliches Aroma**

Die Blätter des Rainfarns werden in erster Linie zum Aromatisieren von Likören verwendet. Sie werden zu diesem Zweck ausgiebig gezuckert, da sie sehr bitter sind. In Milch mitgekochte Blattteilchen verleihen Cremespeisen, Puddings, Schaumcremen und anderen Süssspeisen eine besondere Note. Auch in Pfefferminztee oder anderen Kräutertees kommt ihr Aroma gut zur Geltung. Am besten lässt man sie einige Zeit in kaltem Wasser ziehen, damit sich ihr bitterer Geschmack verliert. Mit etwas Zitrone und Honig verfeinert, ergeben sie dann erfrischende Getränke. Die Blütenköpfchen lassen sich wie die Blätter verarbeiten.

Zu Zeiten von Königin Elisabeth I. waren Rainfarnblätter in England wegen ihres würzigen Aromas und ihres medizinischen Geruchs sehr beliebt. Mit dem aus den Blättern gewonnenen Saft verfeinerte man süsse Omeletten, die in Anlehnung an den englischen Namen des Rainfarns «tansies» genannt wurden. Inzwischen sind die «tansies» allerdings aus der Mode gekommen.

Die Blätter können während der gesamten Lebensdauer der Pflanze gesammelt werden.

Inhaltsstoffe und Heilwirkung:
Nützlich, doch mit Vorsicht zu geniessen ...

Der Rainfarn enthält ein ätherisches Öl, das reichlich Thujon und Bitterstoffe enthält.

Er kräftigt den Organismus, fördert das Einsetzen der Monatsblutung und wird als Wurmmittel verwendet. Während der Schwangerschaft sollte man die Pflanze meiden. Sie wurde früher als Abtreibungsmittel eingesetzt, was für die betroffenen Schwangeren allerdings nicht ohne Risiko war. In hohen Dosen ist der Rainfarn schädlich für die Gesundheit. Bei der Verwendung von Rainfarnessenz als Wurmmittel kam es verschiedentlich zu Vergiftungsfällen.

Ein Strauss frischer Rainfarnblätter im Zimmer hilft mit seinem Geruch, Insekten zu vertreiben. Man kann den Rainfarn anscheinend auch als Insektizid einsetzen wie seine nahe Verwandte aus Jugoslawien und Albanien, die **Dalmatinische Insektenblume** *(Tanacetum cinerariifolium)*, die grossflächig zur Produktion von Insektenvertilgungsmitteln angebaut wird. Die Insektenblume enthält

Die zart gefiederten Blätter des Rainfarns verströmen beim Berühren einen intensiven, kampferartigen Geruch.

einen Wirkstoff, der Insekten tötet, ohne für Warmblüter und Menschen giftig zu sein.

Der Rainfarn wird manchmal als Zierstrauch oder Heilpflanze angebaut.

Verwandte Arten

Von der Gattung *Tanacetum* gibt es in Europa dreizehn weitere Arten.

Verwechslungsgefahren

Angesichts der oben beschriebenen ausgeprägten Merkmale des Rainfarns sind Verwechslungen ausgeschlossen. Allein der ausgeprägte Geruch genügt, um die Pflanze sofort zu erkennen.

Rainfarn-Garnelen

Rezept von Jean-Pierre Biojon, Paris

Für 4 Portionen

20 Riesengarnelen, 2 Rainfarnblätter, 1 Bund Schnittlauch, 100 g gesalzene Butter

1. Die Riesengarnelen aus der Schale lösen, die Köpfe entfernen und am Rücken einschneiden.
2. In den Einschnitt am Rücken der Garnelen ein Stückchen Rainfarnblatt geben. Den Schnittlauch kurz blanchieren und jede Garnele mit zwei blanchierten Schnittlauchhalmen umwickeln.
3. Die Garnelen bei schwacher Hitze in der Butter goldgelb braten. Sie müssen innen noch weich sein.

Sofort servieren.

Rainfarnlikör

Rezept von François Couplan und Jean-Marie Dumaine

100 g Blätter und Blütenköpfchen des Rainfarns, 400 g Zucker, 1 l Obstbranntwein

1. Den Rainfarn mit dem Zucker vermischen und fünf Tage im Alkohol ziehen lassen.
2. Den Alkohol durch ein Sieb filtern. Die Blätter und Blüten entfernen. Der Likör hat nun eine schöne Färbung und ein angenehmes Aroma erhalten.

Massvoll geniessen.

Rainfarn-Cocktail

Rezept von Jean-Marie Dumaine

20 ml Rainfarnlikör, 80 ml Tonic Water, 1 Kugel Zitronensorbet

Alle Zutaten in ein Cocktailglas geben und mit einem Blättchen Rainfarn garnieren.

Taraxacum officinale

Löwenzahn

Asteraceae (Compositae), Korbblütengewächse

Wurzel, Blätter: fast ganzjährig
Knospe, Blütenköpfchen: vor allem von April bis September, oft aber auch noch im Herbst und sogar im Winter

Der Löwenzahn gehört zu den am häufigsten gesammelten Wildpflanzen.

Beschreibung: Ein goldenes Blütenmeer auf Frühlingswiesen

Der Löwenzahn ist eine ausdauernde, stengellose Pflanze, die in allen Pflanzenteilen einen weissen Milchsaft enthält. Seine Blätter entfalten sich zu einer Grundrosette und können in Grösse und Form sehr unterschiedlich sein. Normalerweise haben die Blätter spitze, dem Boden zugewandte Läppchen. Sie können aber auch nur fein gezähnt und sogar ganzrandig sein. Der Blütenstengel ist unverzweigt, hohl und fühlt sich gummiartig an. An seinem Ende sitzt ein Blütenköpfchen aus goldgelben Zungenblüten. Die kleinen, länglichen Früchte sind an ihrem Ende mit einem Flugorgan aus feinen, seidigen Härchen versehen, die die für den Löwenzahn typischen flaumigen, kugelrunden Pusteblumen bilden. Die fleischige, aussen braune und innen weissliche Pfahlwurzel ist tief im Boden verankert.

Standort: Nicht nur auf Wiesen heimisch

Der Löwenzahn kommt überall in unseren Breiten – von den Küsten bis auf über 3000 Meter Höhe in den Alpen – auf Wiesen und Brachland, in Gärten und lichten Wäldern, am Wegrand und um Alphütten vor und wächst meist in grösseren Beständen.

Namensursprung: Ursprünglich arabisch

Das Wort *Taraxacum* geht auf das späte Mittelalter zurück und leitet sich wahrscheinlich vom arabischen Namen für ein ähnliches Korbblütengewächs, *tharakhchakon*, ab. Der Zusatz *officinale* macht deutlich, dass der Löwenzahn früher wegen seiner Heilwirkung geschätzt und in Apotheken verkauft wurde.

Anwendung: Ein Klassiker, den man mit Haut und Haar verspeisen kann

Der Löwenzahn wird seit mehreren Jahrtausenden von Menschen gesammelt, und dies hat sich bis heute nicht geändert. Löwenzahnsalat ist in unseren Breiten mit Sicherheit der bekannteste unter den Wildpflanzensalaten – und einer der besten. Der mehr oder weniger ausgeprägt bittere Geschmack ist ein Zeichen für die blutreinigende Wirkung des Löwenzahns. Nach dem langen Winter eignet er sich denn auch hervorragend für eine Frühjahrskur, die übrigens auch zu anderen Zeiten des Jahres gut tut. In der Regel sind die jungen Blätter zu Beginn des Frühjahrs am zartesten und am wenigsten bitter, aber es gibt zahlreiche Ausnahmen von dieser Regel, und auch grosse Blätter können noch hervorragend im Geschmack sein. Aus der Mitte der Blattrosette kann man das ganze Jahr über junge, frische Blätter ernten.

Oft schmecken die älteren Blätter gekocht besser. Man kann dieses ausgezeichnete Gemüse auf tausenderlei Art und Weise zubereiten. Früher war es üblich, aus Löwenzahn-, Brennnessel- und Wegerichblättern eine hervorragende Suppe zuzubereiten.

Trotz ihres bitteren Geschmacks kann man die Löwenzahnwurzel sowohl roh als auch gekocht essen. In Japan wird sie in Öl und ein wenig Sojasauce gebraten oder in Brandteig ausgebacken. Wie Chicoréewurzeln geröstet, liefert sie einen guten Kaffee-Ersatz. Lässt man die Wurzel mehrere Stunden bei niedriger Hitze köcheln, erhält man ein mild schmeckendes Mus.

Die goldgelben Blüten ergeben eine farbenfrohe Verzierung, die zudem noch lecker schmeckt. Man kann aus den Blütenköpfen einen intensiv gelb gefärbten Kräutertee zubereiten oder einen spritzigen «Wein» («dandelion wine») herstellen, der besonders in den angelsächsischen Ländern sehr beliebt ist. Der «Honig» aus den Löwenzahnblüten ist eigentlich eher ein dicker, gelber, aromatisch schmeckender Sirup.

Auch die grossen, in der Mitte der Rosette sitzenden Knospen kann man roh in Salate geben oder wie Kapern in Essig einlegen. Wenn man die hohlen Blütenstengel an ihrem Ende über Kreuz einschneidet, kringeln sie sich, und man erhält eine originelle, süsssauer schmeckende Verzierung für verschiedenste Gerichte.

Eine «veredelte» Varietät des Löwenzahns wird manchmal als Salatpflanze in Gemüsegärten angebaut.

Inhaltsstoffe und Heilwirkung:

Besonders der Leber zuträglich

Die Blätter enthalten viel Mineralsalze und Proteine (von hoher biologischer Wertigkeit); sie sind reich an Provitamin A (mehr als Karotten), Vitamin C und den Vitaminen B_1, B_2, und E. In der Wurzel findet sich Inulin (bis zu 25 Prozent des Wurzelgewichts), ein für Diabetiker verträglicher Zucker, und Gerbstoffe. Der Milchsaft der Wurzel enthält einen Bitterstoff (Taraxin, das auch im Lattich vorkommt) und Gummi.

Die Blätter und vor allem die Wurzel des Löwenzahns sind ein hervorragendes Blutreinigungsmittel, das die Ausscheidung fördert (wassertreibend, leicht abführend), die Leber aktiviert und den gesamten Organismus kräftigt.

Während des Zweiten Weltkriegs wurde in der Sowjetunion ein naher Verwandter des Löwenzahns angebaut, um aus dem im Milchsaft enthaltenen Gummi Autoreifen herzustellen!

Verwandte Arten

Der Löwenzahn ist eine Sammelbezeichnung für ungefähr 1200 Unter- oder Kleinarten (je nach Autor werden sie aber oft auch als eigenständige Arten beschrieben).

Verwechslungsgefahren

Während der Blütezeit ist eine Verwechslung fast auszuschliessen, denn die dem Löwenzahn ähnlich sehenden Korbblütengewächse haben normalerweise alle verzweigte Blütenstengel. Vor der Blüte ist eine Unterscheidung schon schwieriger, denn die Blätter des Löwenzahns können sehr unterschiedlich aussehen, und es gibt zahlreiche Pflanzen, die einen Milchsaft enthalten und deren Blätter gelappt oder gezähnt sind und Grundrosetten bilden. Das deutlichste Merkmal des Löwenzahns ist dann die Tatsache, dass er nicht behaart ist und dass in der Mitte der Grundrosette eine grosse Knospe sitzt, die gleichmässig von länglichen Hüllblättchen umschlossen ist. Glücklicherweise ist aber keine der Pflanzen, die dem Löwenzahn ähnlich sehen – die Korbblütengewächse mit Zungenblüten –, giftig oder vom Aussterben bedroht.

Tiramisu mit Löwenzahnkaramel und Akazienblüten

Rezept von Jean-Marie Dumaine

Für 8 Portionen

Löwenzahnkaramel:
500 g Löwenzahnwurzeln, 100 g Zucker, 1/4 l Wasser

Akaziencreme:
3 Eigelb, 80 g Honig, 1 Esslöffel Zitronensaft, 100 g Akazienblüten, 400 g Mascarpone

Biskuitteig:
4 Eier, 125 g Zucker, 125 g Mehl

1. Die Löwenzahnwurzeln gründlich abbürsten, 2 bis 3 Tage trocknen lassen und dann in Stückchen schneiden. In einer Pfanne zusammen mit dem Zucker unter ständigem Rühren karamelisieren. Mit dem Wasser bedecken und zugedeckt 30 Minuten ziehen lassen. Durchsieben und abkühlen lassen.
2. Für die Akaziencreme Eigelb, Honig und Zitronensaft im heissen Wasserbad 10 Minuten zu einem dicken Schaum schlagen. Die Akazienblüten fein hacken und unterrühren und den leicht aufgeschlagenen Mascarpone unterheben.
3. Für den Biskuitteig Eier und Zucker über dem Wasserbad zu einem dicken Schaum schlagen. Nach und nach das gesiebte Mehl unterheben. Den Teig in eine gebutterte Form, Cakeform oder Blech giessen und im Backofen bei 180 Grad etwa 20 Minuten backen. Auskühlen lassen und in der benötigten Grösse zurechtschneiden.
4. Eine Lage Biskuit in eine Cakeform geben, gleichmässig mit dem Löwenzahnkaramel beträufeln, Akazienblütencreme darüber verteilen, so dass der Biskuit bedeckt ist. Schicht für Schicht wiederholen, bis Creme und Biskuit aufgebraucht sind.
5. Das Tiramisu zugedeckt über Nacht in den Kühlschrank stellen. Mit Kakao bestreut servieren.

Löwenzahngelee

Rezept von François Couplan und Jean-Marie Dumaine

500 g Löwenzahnblüten, 4 unbehandelte Zitronen,
1 unbehandelte Orange, 1 1/2 l Wasser, 1 kg Gelierzucker

1. Die Löwenzahnblüten zusammen mit den in Stücke geschnittenen Zitronen und der Orange in einen grossen Topf geben. Mit dem Wasser aufgiessen und zugedeckt etwa 1 Stunde auf kleiner Flamme köcheln lassen.
2. Das Ganze durch ein Sieb streichen. Den Zucker unter den Saft rühren und nochmals 5 Minuten kochen lassen. Das Gelee in Gläser abfüllen und die Gläser sofort verschliessen.

Dieses schöne, goldgelbe, nach Honig schmeckende Gelee eignet sich besonders gut für Quarkspeisen (1/3 Gelee und 2/3 Quark).

Thymus serpyllum

Feld-Thymian

Lamiaceae (Labiatae), Lippenblütengewächse

Blätter und Blütenstände: Mai bis September

Der Feld-Thymian verströmt während seiner Blütezeit einen aussergewöhnlich aromatischen Duft.

Beschreibung: **Duftende Kissen**

Der Feld-Thymian, auch Sand-Thymian oder Quendel genannt, ist eine kleine, ausdauernde Pflanze, die flache und wenig ausladende Büschel bildet. Wenn man Teile der Pflanze zwischen den Fingern zerreibt, verströmen sie einen intensiven Duft. Die Stengel sind niederliegend und teilweise bogig aufgerichtet. Sie sind im unteren Teil holzig und bilden manchmal kleine Nebenwurzeln. Die eher kleinen, gegenständigen Blätter sind länglich und an der Spitze abgerundet. Die mit zwei einzelnen Lippen versehenen Blütenköpfchen haben eine intensive rosa Färbung, die je nach Standort und Unterart ganz verschieden sein kann. Die Köpfchen bilden endständige Blütenstände, die von Juni bis Oktober aufgehen.

Standort: **Der Feld-Thymian liebt trockene und sonnige Plätze**

Der Feld-Thymian kommt überall in unseren Breiten vor und steht bevorzugt an trockenen Böschungen, Wegrändern, auf felsigem Untergrund und ganz allgemein auf kalkhaltigen Böden.

Namensursprung: **Schon die alten Ägypter wussten ihn zu schätzen**

Mit dem lateinischen Wort *thymus* und dem griechischen Wort *thymos* wurden in der Antike die aromatischen Pflanzen aus der Familie der Lippenblütengewächse benannt. Diese beiden Bezeichnungen leiten sich vermutlich vom ägyptischen Wort *tham* ab. *Tham* nannte man im alten Ägypten eine duftende Pflanze, die man zum Einbalsamieren von Mumien verwendete. *Serpyllum* kommt aus dem Altgriechischen: *serpyllos* bezeichnete die eine oder andere Art der so zahlreich vertretenen Thymianpflanzen.

Anwendung: **Es lohnt sich, dieses aromatische Gewürz näher kennenzulernen**

Die zart und lieblich duftenden Blätter und Blütenstände des Feld-Thymians verfeinern Salate, Gemüsegerichte oder Suppen. Man sollte sie erst ganz am Schluss zugeben, damit sich ihr sehr flüchtiger Duft nicht verliert. Als Teeaufguss ist der Thymian ein köstliches Getränk. In Island aromatisierte man früher mit ihm gestockte Milch. Den verschiedensten Gerichten kann man ein köstliches Thymianaroma verleihen, indem man sie in einem geschlossenen Bräter auf einem Bett aus Thymian zubereitet.

Der Feld-Thymian kann während der ganzen Lebensdauer der Pflanze gesammelt werden. Man löst die Blätter vom holzigen Stengel, indem man die ganzen Stengel durch die Finger zieht. Das Aroma des Thymians kann je nach Standort ganz unterschiedlich sein. In den Bergen besitzt er meist eine leuchtende Farbe und einen ausgeprägten Duft, während er im Flachland eher blassere Farben und ein weniger intensives Aroma hat. Die besten Arten kann man trocken, da sich das Aroma beim Trocknen hält.

Natur und Heilen

Gesunde Ernährung

AT Verlag Aarau · Stuttgart

Christian Rätsch
Pflanzen der Liebe
Aphrodisiaka in Mythos, Geschichte und Gegenwart
Mit Rezepten und praktischen Anleitungen
208 Seiten, 272 farbige und 48 schwarzweisse Abbildungen, gebunden mit Schutzumschlag
Fr. 48.–/DM 48,–/öS 375,–

Dieser Bildband gibt einen umfassenden Überblick über die wichtigsten aphrodisisch wirksamen Pflanzen.

Richard E. Schultes
Albert Hofmann
Pflanzen der Götter
Die magischen Kräfte der Rausch- und Giftgewächse
Mit Pflanzenlexikon und Bildatlas
192 Seiten, viele farbige und schwarzweisse Abbildungen, gebunden mit Schutzumschlag
Fr. 48.–/DM 48,–/öS 375,–

Der Genuss von halluzinogenen Pflanzen ist seit Jahrtausenden Teil des menschlichen Lebens. Dieser Bildband gibt einen umfassenden Überblick über die wichtigsten halluzinogenen Pflanzen.

Christian Rätsch
Urbock – Bier jenseits von Hopfen und Malz
Neu
Von den Zaubertränken der Götter zu den psychedelischen Bieren der Zukunft
224 Seiten, durchgehend farbig und schwarzweiss illustriert, gebunden mit Schutzumschlag
Fr. 48.–/DM 48,–/öS 355,–

In alten Zeiten waren Bierzusätze mit psychedelischer, aphrodisischer und medizinischer Wirkung selbstverständlich. Dieses Buch beschreibt die Geschichte des Bieres, vom Zaubertrank der Götter bis zu den psychedelischen Bieren der Zukunft. Mit Rezepten zum Selberbrauen.

Michael van Straten
Guarana
Neu
Energiespendende und heilkräftige Samen aus dem Amazonas-Regenwald
184 Seiten, schwarzweisse Abbildungen, broschiert
Fr. 26.90/DM 26,90/öS 199,–

Guarana erlebte in jüngster Zeit als sanfter, natürlicher Energiespender einen grossen Aufschwung. Doch Guarana ist auch eine der heilkräftigsten Pflanzen aus dem Amazonas-Regenwald. Dieses Buch gibt eine Einführung zu Herkunft, Gewinnung und Verwendung.

Wolf-Dieter Storl
Heilkräuter und Zauberpflanzen zwischen Haustür und Gartentor
Neu
180 Seiten, farbige Abbildungen, gebunden mit Schutzumschlag
Fr. 34.–/DM 34,–/öS 251,–

Dieses Buch stellt ausführlich neun Wildkräuter vor, die ungebeten in fast jedem Garten wachsen. Es geht um ihre Heilkräfte, ihre Verwendung als Wildgemüse, ihre Ethnobotanik, ihren Einfluss auf Sage, Märchen, Aberglaube und Volksmedizin.

René Strassmann
Baumheilkunde
320 Seiten, Schwarzweissfotos, gebunden mit Schutzumschlag
Fr. 44.–/DM 44,–/öS 343,–

Das Buch erschliesst altes heilkundliches Wissen über die Heilkraft von 40 einheimischen Bäumen und Sträuchern und ihre Anwendung in der Medizin, in der Volksheilkunde und Esoterik.

Willy Küttel
Heilende Blütenessenzen
Bewusster leben mit Bach-Blüten
160 Seiten, illustriert, gebunden mit Schutzumschlag
Fr. 39.90/DM 39,90/öS 309,–

Ein Wegweiser für alle, die Blütenessenzen anwenden und ganzheitlich mit ihnen arbeiten wollen. Mit 38 grossformatigen stimmungsvollen Farbfotos und prägnanten begleitenden Beschreibungen.

Zeller/Schneeberger
Gesundheits-ABC
320 Seiten, über 320 Farbfotos, broschiert
Fr. 26.90/DM 26,90/öS 209,–

Ein informatives Nachschlagewerk über Naturheilmittel und ein ausgezeichneter Wegweiser für eine natürliche Lebensweise: Gesunde Ernährung, Wassertherapien, Klima-Kuren, Kräuterheilkunde, Homöopathie, Biochemie, Aromatherapie, Fussreflexzonen usw.

Hans Schneeberger/
Georg Zeller/Peter Oppliger
Grossmutters Hausmittel
192 Seiten, Schwarzweissillustrationen, broschiert
Fr. 24.90/DM 24,90/öS 194,–

Vermehrt besinnt man sich heute wieder auf altes Wissen über natürliche Heilwirkungen und Mittel zur Erleichterung des täglichen Lebens. Grossmutters Hausmittel sind aktueller denn je.

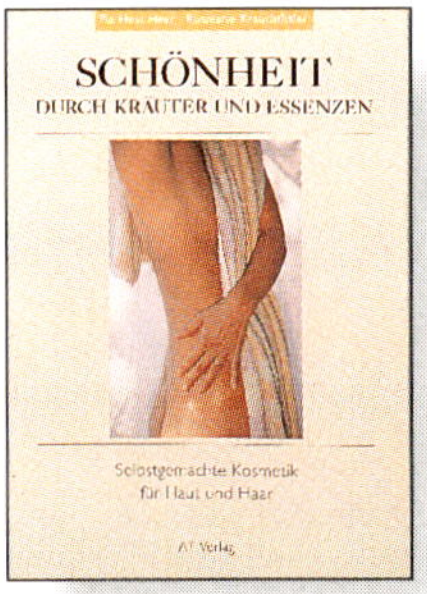

Hess Heer/Krauchthaler
Schönheit durch Kräuter und Essenzen
Selbstgemachte Kosmetik für Haut und Haar
160 Seiten, gebunden mit Schutzumschlag, 30 Farbfotos, zahlreiche Schwarzweissfotos
Fr. 39.90/DM 39,90/öS 309,–

Eine Fülle von Rezepten, basierend auf natürlichen Rohstoffen, Kräutern und Essenzen, laden ein zum Herstellen der eigenen Frischkosmetik: Cremes, Lotionen, Bäder und Shampoos, natürliche Haarfärbeprodukte, Parfums und vieles mehr.

Urs Schrag
Homöopathische Selbstbehandlung im Alltag
Praktische Anleitung zur Behandlung von akuten Erkrankungen
Mit Symptomeverzeichnis und Arzneimittelbeschreibung
160 Seiten, broschiert.
Fr. 26.90/DM 26,90/öS 199,–

Dieses Buch bietet eine Einführung in die Grundlagen der Homöopathie sowie eine fundierte praktische Anleitung zur homöopathischen Selbstbehandlung von akuten ungefährlichen Erkrankungen.

Claire Gauch
Die Macht der Zärtlichkeit
Wege zur intuitiven Kindermassage
88 Seiten, über 100 Abbildungen, broschiert
Fr. 28.90/DM 28,90/öS 225.–

Eine praktische Anleitung, die einen umfassenden Überblick über die Grundregeln der Massage, die verschiedenen Massagearten und die richtige Massage bei den verschiedensten Krankheitszuständen an Kindern aller Altersstufen vermittelt.

Patricia Kaminski Richard Katz
HANDBUCH DER KALIFORNISCHEN UND ENGLISCHEN BLÜTENESSENZEN
AT Verlag

Theo Gimbel
Heilen mit Farben
128 Seiten, farbig illustriert, broschiert
Fr. 29.90/DM 29,90/öS 233,–

Eine umfassende Darstellung der wissenschaftlichen Grundlagen der Farbtherapie, ihrer Behandlungsmethoden und Hilfsmittel. Mit Farbanwendungen und Übungen zur Selbstbehandlung.

René A. Strassmann
Duftheilkunde
184 Seiten, farbig illustriert, gebunden mit Schutzumschlag
Fr. 36.–/DM 36,–/öS 279,–

Eine fundierte Einführung in die ganzheitliche Duftheilkunde, die weit über die bekannte Aromatherapie hinausgeht. Mit zahlreichen Rezepten und praktischen Anleitungen. Für Laien und Fachleute eine reiche Quelle der Inspiration.

Jane Dye
Aromatherapie für Mutter und Kind
232 Seiten, farbig illustriert, broschiert
Fr. 32.–/DM 32,–/öS 250,–

Ein Praxisbuch für Frauen, die sich während der Schwangerschaft, zur Vorbereitung der Geburt und später in der Stillzeit sich und ihre Kinder mit den sanften Heilkräften der Aromatherapie behandeln wollen.

René Maurice Gattefossé
Gattefossés Aromatherapie
192 Seiten, gebunden mit Schutzumschlag
Fr. 36.–/DM 36,–/öS 279,–

Erstmals in deutscher Übersetzung, von Robert B. Tisserand neu bearbeitet und ausführlich kommentiert, liegt der Klassiker der modernen Aromatherapie von René Maurice Gattefossé vor.

John W. Armstrong
Urin – Wasser des Lebens
Erfahrungen und Heilanwendungen mit der Urintherapie
112 Seiten, broschiert
Fr. 19.90/DM19,90/öS 155,–

Altes volkskundliches Heilwissen zur Urintherapie wird heute wieder mit Erfolg angewendet. Die Erfahrungen, die der Autor mit dem körpereigenen Wirkstoff Urin bei vielen Patientinnen und Patienten sammelte, wurden in diesem Buch zusammengefasst.

Olivea Dewhurst-Maddock
Selbstheilung durch Klang und Stimme
128 Seiten, über 50 farbige Abbildungen, broschiert
Fr. 29.90/DM 29,90/öS 233,–

Eine reich illustrierte Einführung in die Grundlagen der Klangtherapie. Sie zeigt, wie Klang körperliche und seelische Blockaden lösen und dadurch Entspannung, Ausgeglichenheit und Harmonie wiederherstellen kann. Mit zahlreichen praktischen Übungen.

Gerd Ziesemann u.a.

Neu

Natürliche Farben – Anstriche und Verputze selber herstellen

144 Seiten, Farbfotos, Illustrationen und Tabellen, gebunden
Fr. 44.–/DM 48,–/öS 355,–

Herkömmliche, industriell gefertigte Farben schaden der Umwelt und der Gesundheit. Topffertige Mixturen aus dem Bioladen sind besser, aber oft recht teuer. Dabei stehen jahrhundertealte Rezepturen zur Verfügung, die ebenso haltbare Anstriche ermöglichen. Die ausschliesslich natürlichen Grundstoffe sind einfach zu verarbeiten, billig und absolut schadstofffrei.

Schillberg/Knieriemen

Naturbaustoff Lehm

196 Seiten, zahlreiche farbige und schwarzweisse Abbildungen, gebunden, 2. , überarbeitete Auflage
Fr. 54.–/DM 54,–/öS 399,–

Lehm ist ein jahrtausendealter, ökologisch und ökonomisch sinnvoller Naturbaustoff, der heute eine Renaissance erfährt. An Beispielen werden die modernen Lehmbautechniken für den Hausbau in allen Details erläutert.

Klaus Schillberg

Neu

Altbausanierung mit Naturbaustoffen

Ca. 200 Seiten, zahlreiche farbige und schwarzweisse Abbildungen, Illustrationen und Tabellen, gebunden
ca. Fr. 54.–/DM 58,–/öS 430,–
(erscheint im Oktober 1996)

Das Praxisbuch für Fachleute und Selbstbauer, die mit baubiologischen Mitteln Altbausanierungen vornehmen. Neben vielen Sanierungsbeispielen werden baufachtechnische Inhalte vermittelt. Über 400 Bezugsquellenadressen vervollständigen dieses Fachbuch und Nachschlagewerk für Selbstbauer, Architekten und Bauherren.

Andreas Winkler/
Hans C. Salzmann

Das Naturgarten-Handbuch für Praktiker

176 Seiten, 51 Farb- und viele Schwarzweissbilder, gebunden
Fr. 42.–/DM 42,–/öS 328,–

Eine Fülle praktischer Anregungen für alle Lebensbereiche des naturnahen Gartens, von der Anzucht und dem Umgang mit verschiedensten Pflanzen bis zur Gestaltung von Pionierflächen und Weihern.

Hans Peter Stahel

Baukunst und Gesundheit

228 Seiten, 7 Farbfotos, viele Schwarzweissabbildungen, gebunden
Fr. 46.–/DM 48,–/öS 375,–

Ein leicht verständlicher und für jedermann praktisch anwendbarer Ratgeber für menschengerechtes Bauen, Umbauen und Renovieren nach baubiologischen Grundsätzen.

Rose Marie Dähncke
200 Pilze
248 Seiten, 206 Farbfotos,
30 Skizzen
Fr. 42.–/DM 42,–/öS 328,–

180 Speisepilze und ihre verwechselbaren giftigen Doppelgänger werden dem Pilzsammler ausführlich vorgestellt. Tips für bestmögliche Verwertung und Haltbarmachung eines jeden Pilzes sowie eine Einführung in die grundlegenden Pilzkenntnisse und ein Kochteil vervollständigen das Buch.

Rose Marie Dähncke
Grundschule für Pilzsammler
128 Seiten, 84 Farbfotos,
broschiert
Fr. 19.90/DM 19,90/öS 155,–

Dieses handliche Buch vermittelt dem Pilzsammler alle nötigen Grundkenntnisse. Er lernt die 70 häufigsten Speisepilze und 14 ungeniessbare und giftige Pilze kennen.

Axel Meixner
Pilze selber züchten
96 Seiten, 12 Farbfotos, gebunden
Fr. 19.90/DM 19,90/öS 155,–

Eine Anleitung, wie man 15 Speisepilze erfolgreich selber zu Hause züchten kann, vom Austernpilz über den Shiitake bis zum Champignon.

Rose Marie Dähncke
1200 Pilze in Farbfotos
1200 farbige Abbildungen, zahlreiche Illustrationen, gebunden mit Schutzumschlag
Fr. 158.–/DM 168,–/öS 1310,–

Das neue Standardwerk der populären Pilzliteratur mit 1200 grossformatigen naturgetreuen Aufnahmen und übersichtlichen, prägnanten Angaben zur Bestimmung der Pilze. Unentbehrlich für jeden interessierten Pilzfreund.

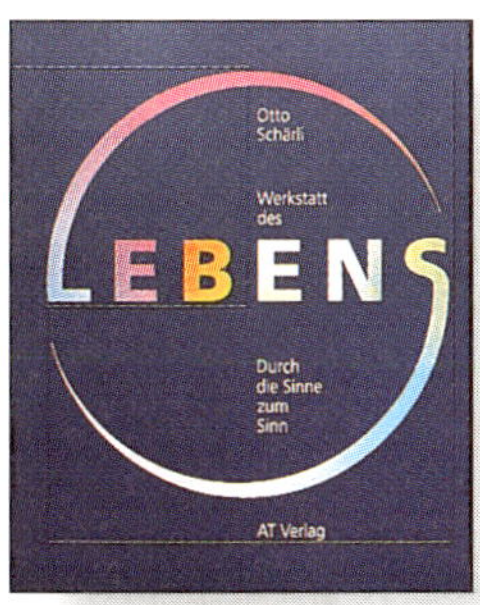

Otto Schärli
Werkstatt des Lebens
168 Seiten, illustriert, broschiert
Fr. 42.–/DM 42,–/öS 328,–

Das Werkbuch für Kopf, Herz und Hand lässt ganzheitlich schöpferisch tätig sein. Wahrnehmung wird geübt und hinterfragt, Sinneserfahrungen angeregt. Ein Buch für einzelne, Gruppen und Schulklassen, inspiriert von Hugo Kükelhaus.

Bruno Vonarburg
Natürlich gesund mit Heilpflanzen
280 Seiten, über 300 Farbbilder, 80 Schwarzweissillustrationen, gebunden
Fr. 58.–

Ein reich illustriertes Nachschlagewerk und ein wertvoller Ratgeber. 80 Heilpflanzen und ihre Verwendungen bei 80 Krankheiten werden ausführlich beschrieben.

(In Deutschland und Österreich beim Haug-Verlag erhältlich)

Jacqueline Fessel/Margrit Sulzberger/
Dr. med. Harry Trost

Neu

Trennkost bei Rheuma

Ein Ratgeber zur ganzheitlichen Behandlung – mit vielen neuen Kochrezepten
Ca. 120 Seiten, ca. 30 Farbfotos, gebunden
Fr. 29.90/DM 29,90/öS 221,–
(erscheint im Oktober 1996)

In diesem Koch- und Ernährungsfachbuch zeigen die Autorinnen, welche Ursachen Rheuma hat, welche Behandlungsmethoden es gibt und wie Rheuma mit einer originellen, abwechslungsreichen Trennkosternährung erfolgreich behandelt werden kann. Mit praktischem Monatsmenüplan.

Fessel/Sulzberger
Trennkost – leicht und schnell
104 Seiten, 30 Farbfotos, gebunden
Fr. 29.90/DM 29,90/öS 233,–

Vegetarische Trennkost einfach und schnell. Mit einem praktischen Monatsmenüplan in 92 Rezepten für den Alltag sowie feinen Gästemenüs. Trennkost, der ideale Weg, um auf gesunde Art abzunehmen, Verdauungsbeschwerden und Blähungen abzuhelfen und damit Wohlbefinden und Vitalität zu erlangen.

Jacqueline Fessel/
Margrit Sulzberger
Die schlanke Trennkost
104 Seiten, 30 Farbfotos, gebunden
Fr. 29.90/ DM 29,90/ öS 221,–

Eine kalorienarme, abwechslungsreiche und unkomplizierte Trennkosternährung, wie sie in diesem Buch vom bekannten Autorinnenduo angeboten wird, führt garantiert zum Erfolg: schlank in 30 Tagen!

Jacqueline Fessel
Margrit Sulzberger
Die schnelle Vollwert-Küche
144 Seiten, 50 Farbfotos, gebunden
Fr. 34.–/DM 34,–/öS 265,–

Eine gesunde, vollwertige und originelle Küche muss nicht zeitaufwendig sein. Diese 71 Rezepte werden in maximal 10 bis 30 Minuten zubereitet.

Fessel/Sulzberger/Mäder
Allergie-Kochbuch
Ein Ratgeber zur Selbsthilfe mit Vitalstoffen und vielen originellen Kochrezepten
120 Seiten, 30 Farbfotos, gebunden
Fr. 29.90/DM 29,90/öS 233,–

In diesem neuartigen Koch- und Ernährungsfachbuch für Allergiker zeigen die Autorinnen, welche Ursachen Allergien haben, wie der Stoffwechsel funktioniert und wie eine Allergie mit Vitalstoffen behandelt werden kann.

Carine Buhmann
Köstliche Vollwertküche für jeden Tag
132 Seiten, 35 Farbfotos, gebunden
Fr. 29.90/DM 29,90/öS 233,–

Unkompliziert, schnell und einfach zubereitet sind die über 100 Rezepte für den Alltag, die einen idealen Einstieg in eine gesunde, abwechslungsreiche Vollwertküche ermöglichen. Urteil der Zeitschrift «Öko-Test»: Empfehlenswert!

Carine Buhmann
Beiss nicht gleich in jeden Apfel
240 Seiten, broschiert
Fr. 29.90/DM 29,90/öS 233,–

Ein praktischer Ernährungsratgeber und ein hilfreiches Nachschlagewerk mit über 700 Antworten auf häufig gestellte Fragen zur Ernährung und Gesundheit, dazu Informationen über Diäten, Ernährungsrichtungen, Stoffwechselerkrankungen sowie Ernährungsempfehlungen.

Verena Krieger/Ute Gallus
Die Vollwert-Bäckerei
Vom täglichen Brot bis zur Festtagstorte
156 Seiten, 40 Farbbilder, gebunden
Fr. 34.–/DM 34,–/öS 265,–

Mit mehr als 100 vollwertigen Rezepten von Broten, Kuchen, Torten und Kleingebäck bis zu Cremen, Glasuren und Füllungen. Beliebte Klassiker und Neukreationen verlocken zum Geniessen.

Fessel/Sulzberger/Grasdorf
Getreide
120 Seiten, 50 Farbfotos, gebunden
Fr. 32.–/DM 32,–/öS 250,–

60 attraktive, zeitgemässe Rezepte, mit kulturgeschichtlichen Texten, vielen Informationen und stimmungsvollen Bildern von Getreide. Für Vollwert-Fans ein Muss und ebenso für alle, die gern kochen.

Fritz Furter-Thalmann
Heinz Knieriemen
Vollkornbrot und Gebäck
Rezepte von 10 Backprofis und einem Eigenbrötler
96 Seiten, gebunden, 14 Farbfotos und zahlreiche Schwarzweissabbildungen
Fr. 29.90/DM 29,90/öS 233,–

Backrezepte für Vollkornbackwaren von 10 Backprofis und einem Eigenbrötler. Das Buch vermittelt Grundkenntnisse und Zusammenhänge der Zutaten und deren Verarbeitung und regt mit einer Vielfalt von Vollkornbackrezepten zum eigenen Versuchen an.

Verena Krieger
Die Getreideküche
120 Seiten, 32 Farbfotos, gebunden
Fr. 28.90/DM 28,90/öS 225,–

Vollkorngerichte gehören zu einer zeitgemässen, gesunden Ernährung. Die Autorin zeigt, wie sich die Getreideküche ohne zusätzlichen Aufwand in den modernen Haushalt einfügt.

Karol Kovacovsky
Natürlich Naturküche
120 Seiten, 35 Farbfotos, gebunden
Fr. 32.–/DM 32,–/öS 250,–

Diese Sammlung erprobter Rezepte zeigt, wie aus Gemüse und Getreide raffinierte und doch einfach nachzukochende Gerichte entstehen. Mit Tips und Hintergrundinformationen zur konsequenten, vollwertigen und vegetarischen Naturküche.
«Das Kochbuch des Jahres 1991», «Die Weltwoche».

Verena Krieger
Die Tofuküche
96 Seiten, 24 Farb- und viele Schwarzweissfotos, gebunden
Fr. 29.90/DM 29,90/öS 233,–

Als «Fleisch des Feldes» bietet Tofu hochwertiges, rein pflanzliches Eiweiss. Sein Anbau ist ökologisch sinnvoll, er ist wohlschmeckend und unglaublich vielseitig. Das zeigen die 90 erlesenen Rezepte in diesem Buch.

Lesley Bremness
Das grosse Buch der Kräuter
288 Seiten, über 500 farbige Abbildungen, gebunden
Fr. 58.–/DM 58,–/öS 453,–

100 Kräuter, ihr Anbau und ihre Verwendung mit mehr als 500 farbigen Abbildungen. Ausführlicher Kräuterindex, wie man einen Kräutergarten plant und anlegt, Kräuter in der Küche, im Haushalt, als Schmuck, für die Gesundheit und Schönheit.

Verena Krieger
Natürlich und gesund Einmachen
112 Seiten, 34 Farbbilder, gebunden
Fr. 28.90/DM 28,90/öS 225,–

Ein praktischer Ratgeber für einfaches, natürliches und vitaminschonendes Einmachen, ohne weissen Zucker oder künstliche Konservierungsmittel und mit wenig Salz.

J. Fessel/M. Sulzberger
Schnelle Fischgerichte für Geniesser
96 Seiten, 25 Farbfotos, gebunden
Fr. 29.90/DM 29,90/öS 233,–

Raffinierte Fischgerichte, einfach und schnell – jedes in 15–30 Minuten zubereitet. Die Rezepte zeigen die ganze Vielfalt von delikaten, leichten Vorspeisen über exotisch inspirierte Suppen bis zu einer Fülle von verführerischen Kombinationen und neuen Kreationen.

Ralf Kabelitz
Cuisine du Jardin
Die Poesie der vegetarischen Küche
148 Seiten, 45 Farbfotos, gebunden mit Schutzumschlag
Fr. 78.–/DM 78,–/öS 609,–

Cuisine du Jardin präsentiert in über 80 Rezepten vegetarische Küche auf höchstem Niveau und führt den Leser in die Kochgeheimnisse der vegetarischen Haute-Cuisine ein. Meisterhafte Stimmungsfotos aus dem Garten der «Alten Stadtmühle» verleihen dem Kochbuch eine besondere Note.

Rose Elliot
Klassische vegetarische Küche
160 Seiten, gebunden, durchgehend farbig illustriert
Fr. 46.–/DM 46,–/öS 359,–

Neben klassischen vegetarischen Gerichten wird in diesem attraktiven Bildband mit über 200 farbigen Abbildungen und Schritt-für-Schritt-Anleitungen eine Fülle neuer Kreationen sowie Menüvorschläge für jede Gelegenheit präsentiert.

Ho Fu-Lung
Die vegetarische chinesische Küche
132 Seiten, 35 Farbbilder, gebunden
Fr. 32.–/DM 32,–/öS 250,–

120 ausgewählte Rezepte aus der traditionellen vegetarischen Küche Chinas – von Vorspeisen über vielfältigste Gemüse-, Reis- und Nudelgerichte bis zu Desserts und Getränken. Dazu eine kleine Esskulturgeschichte und alles Wissenswerte über Schneidetechniken, Garmethoden, die verwendeten Gemüse, Gewürze und Öle.

Verena Krieger
Hülsenfrüchte
Köstliche Rezepte aus der Vollwertküche mit Linsen, Erbsen und Bohnen
88 Seiten, 25 Farbbilder, gebunden
Fr. 28.90/DM 28,90/öS 225,–

Hülsenfrüchte sind ein fester Bestandteil der Vollwertküche und der modernen, gesundheitsbewussten Ernährung.
Mit 100 köstlichen Rezepten.

Verena Krieger
WWF Konsum & Umwelt
Ökoküche
88 Seiten, reich illustriert, gebunden
Fr. 24.90/DM 24,90/öS 194,–

Ein kritischer Überblick zur gesunden und umweltbewussten Ernährung mit Informationen über verkannte, oft verschwiegene Hintergründe und zahlreichen praktischen Tips und Hinweisen zum Einkaufen, Kochen und Essen.

Susanna Krebs
Gusti Pollak
Kefir – Der Alleskönner in der Küche
44mal Milchkefir, von der Suppe bis zum Dessert und alles über die Herstellung und Pflege.
84 Seiten, illustriert, gebunden
Fr. 24.90/24,90/öS 194,–

Milchkefir ist mehr als ein sagenumwobener Zaubertrunk für fast ewiges Leben: beim Kochen und Backen, als Vorspeise, Dessert und Getränk ist der Kefir ideal einsetzbar.

AT Verlag
Aarau · Stuttgart

Bahnhofstrasse 39–43
CH-5001 Aarau
Tel. 062/836 62 46
Fax 062/836 62 13

Bestellcoupon abtrennen und an untenstehende Adresse senden

Ja, ich bestelle gegen Rechnung zuzüglich Versandkostenanteil aus dem AT Verlag

_____ Expl. Armstrong, Urin – Wasser des Lebens, Fr. 19.90/DM19,90/öS 155,–
_____ Expl. Bremness, Das grosse Buch der Kräuter, Fr. 58.–/DM 58,–/öS 453,–
_____ Expl. Buhmann, Beiss nicht gleich in jeden Apfel, Fr. 29.90/DM 29,90/öS 233,–
_____ Expl. Buhmann, Köstliche Vollwertküche für jeden Tag, Fr. 29.90/DM 29,90/öS 233,–
_____ Expl. Dähncke, 1200 Pilze in Farbfotos, Fr. 158.–/DM 168,–/öS 1310,–
_____ Expl. Dähncke, 200 Pilze, Fr. 42.–/DM 42,–/öS 328,–
_____ Expl. Dähncke, Grundschule für Pilzsammler, Fr. 19.90/DM 19,90/öS 155,–
_____ Expl. Dewhurst-Maddock, Selbstheilung durch Klang und Stimme, Fr. 29.90/DM 29,90/öS 233,–
_____ Expl. Dye, Aromatherapie für Mutter und Kind, Fr. 32.–/DM 32,–/öS 250,–
_____ Expl. Elliot, Klassische vegetarische Küche, Fr. 46.–/DM 46,–/öS 359,–
_____ Expl. Fessel/Sulzberger, Die schlanke Trennkost, Fr. 29.90/ DM 29,90/ öS 221,–
_____ Expl. Fessel/Sulzberger, Die schnelle Vollwert-Küche, Fr. 34.–/DM 34,–/öS 265,–
_____ Expl. Fessel/Sulzberger, Schnelle Fischgerichte für Geniesser, Fr. 29.90/DM 29,90/öS 233,–
_____ Expl. Fessel/Sulzberger, Trennkost bei Rheuma, Fr. 29.90/DM 29,90/öS 221.–
_____ Expl. Fessel/Sulzberger, Trennkost – leicht und schnell, Fr. 29.90/DM 29,90/öS 233,–
_____ Expl. Fessel/Sulzberger/Grasdorf, Getreide, Fr. 32.–/DM 32,–/öS 250,–
_____ Expl. Fessel/Sulzberger/Mäder, Allergie-Kochbuch, Fr. 29.90/DM 29,90/öS 233,–
_____ Expl. Furter-Thalmann/Knieriemen, Vollkornbrot und Gebäck, Fr. 29.90/DM 29,90/öS 233,–
_____ Expl. Gattefossé, Gattefossés Aromatherapie, Fr. 36.–/DM 36,–/öS 279,–
_____ Expl. Gauch, Die Macht der Zärtlichkeit, 88 Seiten, Fr. 28.90/DM 28,90/öS 225.–
_____ Expl. Gimbel, Heilen mit Farben, Fr. 29.90/DM 29,90/öS 233,–
_____ Expl. Hess Heer/Krauchthaler, Schönheit durch Kräuter und Essenzen, Fr. 39.90/DM 39,90/öS 309,–
_____ Expl. Ho Fu-Lung, Die vegetarische chinesische Küche, Fr. 32.–/DM 32,–/öS 250,–
_____ Expl. Kabelitz, Cuisine du Jardin, Fr. 78.–/DM 78,–/öS 609,–
_____ Expl. Kaminski/ Katz, Handbuch Blütenessenzen, ca. Fr. 48.–/DM 48,–/öS 355,–
_____ Expl. Kovacovsky, Natürlich Naturküche, Fr. 32.–/DM 32,–/öS 250,–
_____ Expl. Krebs/Pollak, Kefir – Der Alleskönner in der Küche, Fr. 24.90/24,90/öS 194,–
_____ Expl. Krieger, Die Getreideküche, Fr. 28.90/DM 28,90/öS 225,–
_____ Expl. Krieger, Die Tofuküche, Fr. 29.90/DM 29,90/öS 233,–
_____ Expl. Krieger, Hülsenfrüchte, Fr. 28.90/DM 28,90/öS 225,–
_____ Expl. Krieger, Natürlich und gesund Einmachen, Fr. 28.90/DM 28,90/öS 225,–
_____ Expl. Krieger, Ökoküche, Fr. 24.90/DM 24,90/öS 194,–
_____ Expl. Krieger/Gallus, Die Vollwert-Bäckerei, Fr. 34.–/DM 34,–/öS 265,–
_____ Expl. Küttel, Heilende Blütenessenzen, Fr. 39.90/DM 39,90/öS 309,–
_____ Expl. Meixner, Pilze selber züchten, Fr. 19.90/DM 19,90/öS 155,–
_____ Expl. Rätsch, Pflanzen der Liebe, Fr. 48.–/DM 48,–/öS 375,–
_____ Expl. Rätsch, Räucherstoffe, ca. Fr. 48.–/DM 48,–/öS 355,–
_____ Expl. Rätsch, Urbock – Bier, Fr. 48.–/DM 48,–/öS 355,–
_____ Expl. Schärli, Werkstatt des Lebens, Fr. 42.–/DM 42,–/öS 328,–
_____ Expl. Schillberg, Altbausanierung, ca. Fr. 54.–/DM 58,–/öS 430,–

______ Expl. Schillberg/Knieriemen, Naturbaustoff Lehm, Fr. 54.–/DM 54,–/öS 399,–
______ Expl. Schneeberger/Zeller/Oppliger, Grossmutters Hausmittel, Fr. 24.90/DM 24,90/öS 194,–
______ Expl. Schrag, Homöopathische Selbstbehandlung im Alltag, Fr. 26.90/DM 26,90/öS 199,–
______ Expl. Schultes, Hofmann, Pflanzen der Götter, Fr. 48.–/DM 48,–/öS 375,–
______ Expl. Stahel, Baukunst und Gesundheit, Fr. 46.–/DM 48,–/öS 375,–
______ Expl. Storl, Heilkräuter und Zauberpflanzen, Fr. 34.–/DM 34,–/öS 251,–
______ Expl. Strassmann, Baumheilkunde, Fr. 44.–/DM 44,–/öS 343,–
______ Expl. Strassmann, Duftheilkunde, Fr. 36.–/DM 36,–/öS 279,–
______ Expl. van Straten, Guarana, Fr. 26,90/DM 26,90/öS 199,–
______ Expl. Vonarburg, Natürlich gesund mit Heilpflanzen, Fr. 58.–
______ Expl. Walther, Die Jahreszeiten im Haus, Fr. 26.90/DM 26,90/öS 209,–
______ Expl. Winkler, 2000 Pilze einfach bestimmen, Fr. 138.–/DM 148,–/öS 1095,–
______ Expl. Winkler/Salzmann, Das Naturgarten-Handbuch für Praktiker, Fr. 42.–/DM 42,–/öS 328,–
______ Expl. Zeller/Schneeberger, Gesundheits-ABC, Fr. 26.90/DM 26,90/öS 209,–
______ Expl. Ziesemann, Natürliche Farben, Fr. 44.–/DM 48,–/öS 355,–

Name ______________________ Strasse ______________________

PLZ/Ort ______________________ Datum/Unterschrift ______________________

Der Echte Thymian wächst in den Heidelandschaften Südfrankreichs, Italiens und Spaniens.

Inhaltsstoffe und Heilwirkung:

Verdauungsfördernd

Der Feld-Thymian enthält ein ätherisches Öl.

Kräutertees aus Feld-Thymian regen den Organismus an, fördern die Verdauung, wirken krampflösend und befreien die Atemwege. Es wird ihm auch eine antiseptische Wirkung zugeschrieben.

Aus Feld-Thymian gewonnene Essenzen sind sehr ätzend und können starke Hautreizungen und Rötungen, ja sogar Verbrennungen hervorrufen, wenn Mund- und Magenschleimhäute mit ihnen in Berührung kommen.

Verwandte Arten

In Europa gibt es 65 weitere Arten der Gattung *Thymus*.

Hinter dem Namen Thymian verbergen sich mehrere artverwandte Pflanzen, die der botanische Laie nur sehr schwer unterscheiden kann. So lässt sich auch erklären, warum einige Pflanzen ein intensiveres Aroma haben als andere. Allein der *Thymus serpyllum* hat noch eine Vielzahl von Unterarten. Sämtliche Arten und Unterarten können aber wie der Feld-Thymian verwendet werden.

Der **Echte** oder **Garten-Thymian** *(Thymus vulgaris)* ist in den Mittelmeerregionen als wild wachsende Pflanze verbreitet, wird aber häufig auch in Kräutergärten angebaut. Sein Duft ist weniger flüchtig als der des Feld-Thymians, weshalb man dieses Gewürz auch gut mitkochen kann. Die Blütenstände verströmen einen intensiveren Duft als die Blätter. In der Natur kommen übrigens verschiedene chemische Zusammensetzungen mit ganz unterschiedlichen Düften vor. Im Gegensatz zum niederliegenden Feld-Thymian wachsen die Stengel des Echten Thymians aufrecht.

Verwechslungsgefahren

Verwechslungen mit anderen niederliegenden Pflanzen, von denen einige mit dem Feld-Thymian eng verwandt sind und ihm sehr ähnlich sehen, sind unvermeidlich.

So gleicht der **Steinquendel** *(Calamintha acinos)* ein wenig dem Feld-Thymian und steht ebenfalls bevorzugt in höheren Lagen. Seine kleinen violettfarbenen Blütenköpfchen sind in der Mitte hell gefärbt und bilden im Gegensatz zu den dichten Köpfchen des Feldthymians locker angeordnete Blütenstände.

Meerbarbe in Thymiansauce

Rezept von Jean-Marie Dumaine

Für 4 Portionen

4 Meerbarben à 120 g, 1 Teelöffel Salz, 1 Messerspitze Pfeffer, 1 grosses Bund blühender Feld-Thymian, 4 Esslöffel Weisswein, 4 Esslöffel Olivenöl

1. Die Meerbarben ausnehmen. Innen salzen und pfeffern und mit einigen Stengeln Thymian füllen.
2. Die Fische mit Olivenöl einreiben und jeden einzeln in Alufolie einwickeln.
3. Im vorgewärmten Backofen ungefähr 15 Minuten bei 200 Grad garen.
4. Für die Sauce den Weisswein in einem kleinen Topf zum Kochen bringen, vom Herd nehmen und darin den restlichen vom Stengel gestreiften Thymian ziehen lassen. Salzen und pfeffern. Das Olivenöl unter ständigem Rühren nach und nach zugeben.
5. Die Meerbarben in der Folie anrichten und die Sauce getrennt dazu reichen.

Thymiansirup

100 g blühender Feld-Thymian, 100 ml Wasser, 1 Esslöffel Maisstärke, 1 gehäufter Esslöffel Zucker (25 g)

1. Die Thymianblüten von den Stengeln pflücken und zur Seite legen.
2. Das Wasser erhitzen und die Thymianstengel eine Viertelstunde darin ziehen lassen. Anschliessend den Sud durch ein Sieb filtern.
3. Die Maisstärke in wenig vom erkalteten Sud glattrühren.
4. Den restlichen Sud zurück auf den Herd stellen, den Zucker und die angerührte Stärke dazugeben und so lange kochen, bis der Sud eindickt. Zum Schluss die Blüten zugeben.

Dieser Sirup eignet sich zum Beispiel hervorragend als Begleitung zum Bergkuchen *Seite 95.*

Tilia cordata

Linde

Tiliaceae, Lindengewächse

Blüten: Juni bis Juli
Junge Blätter: April bis Juni oder an Wurzeltrieben auch noch später im Jahr

Glänzend und durchscheinend sind die jungen Blätter der Winter-Linde, die in Salaten köstlich zart schmecken.

Beschreibung:

Der mächtige Baum ist ein Freund der Bienen

Die Winter-Linde kann über 30 Meter hoch werden. Auf ihren lieblich duftenden Blüten lassen sich im Sommer mit Vorliebe Bienen nieder. Der dunkle, graubraune Stamm ist anfänglich glatt und später von tiefen Furchen durchzogen. Die herzförmigen Blätter sind am Rand gesägt. Die Unterseite der Blätter ist etwas heller als die dunkelgrüne Oberseite. Drei bis sieben gelblich-weisse Blütenköpfchen bilden am Ende des fast vollständig mit einem pergamentartigen Vorblättchen verwachsenen Blütenstengels einen kleinen doldenartigen Blütenstand. Die Blüten bringen eine kleine, kugelförmige und behaarte Frucht hervor, die in ihrem Inneren einen ölhaltigen Samen enthält.

Standort: Wälder und Parkanlagen

Die Winter-Linde finden wir wild wachsend in den bei uns so selten gewordenen Urwäldern. Sie wird aber vor allem als Schattenspender in Parkanlagen und Alleen angepflanzt.

Namensursprung:

Die herzförmigen Blätter gaben den Namen

Tilia war bei den alten Römern der Name für die verschiedenen Lindengewächse. Die Zusatz *cordata* bezieht sich auf die charakteristische Herzform der Lindenblätter.

Anwendung: Sozusagen ein «Salatbaum»

Die jungen Lindenblätter sind im Frühjahr, wenn sie sich gerade entfalten, durchscheinend und ausgesprochen zart. Sie sind von mildem Geschmack und enthalten viel Pflanzenschleime. Die Blätter eignen sich bestens für Salate, können aber auch gekocht verarbeitet werden. Insbesondere Suppen bekommen durch den Pflanzenschleim eine sämige Konsistenz. An Wurzeltrieben kann man bis spät in den Sommer hinein noch junge, zarte Blätter finden.

Die voll entfalteten Blätter sind eher zäh. Man kann sie aber trocknen, die Äderchen entfernen und die Blätter in der Kaffeemühle zu einem grünen Pulver mahlen und gesiebt mit Mehl vermischen. Aus dieser Mehlmischung lassen sich leckere Kuchen, schmackhafte und gleichzeitig nährstoffreiche Brote, Pfannkuchen und vieles andere mehr zubereiten.

Die lieblich duftenden Blüten verleihen Getränken und Nachspeisen, zum Beispiel Fruchtsalaten, eine angenehme Note. Lindenblütentee schmeckt köstlich und wirkt schmerzlindernd.

Das von den Früchten umschlossene ölhaltige Samenkorn kann man einfach so knabbern. Im 18. Jahrhundert stellte man aus den Samen einen ungewöhnlichen Schokoladenersatz her, der aber leicht verderblich war.

Inhaltsstoffe und Heilwirkung:

Die Blüten sind ein gutes Schlafmittel

Die Lindenblätter enthalten viel Proteine, Pflanzenschleime, Vitamin C und Mineralsalze. In den Blüten finden sich ein ätherisches Öl, Pflanzenschleime, Gerbstoffe, Glykoside und verschiedene andere Stoffe. Die Samen sind reich an fetten Ölen.

Die Blätter haben reizlindernde Wirkung. Als leichter Kräutertee wirken die Blüten beruhigend, krampflösend und schweisstreibend und regen den Blutdruck an. Verwendet man für den Tee aber zu viel Blüten oder lässt man ihn zu lange ziehen, verkehrt sich seine Wirkung, und er wirkt eher anregend und kann sogar Schlafstörungen hervorrufen.

Die Linde war früher bekannt für ihre Heilkraft bei Arthritis, Gallensteinen und Bluthochdruck. Leider wurden zur kommerziellen Nutzung dieser Heilwirkungen vor allem im Roussillon in Südfrankreich viele wild wachsende Lindenbäume zerstört.

Verwandte Arten

In Europa kommen sechs weitere Arten der Gattung *Tilia* vor.

Hierbei handelt es sich hauptsächlich um die **Sommer-Linde** *(Tilia platyphyllos)* und die **Holländische Linde** *(Tilia x vulgaris)*, eine Kreuzung aus Sommer- und Winter-Linde, die kräftiger und widerstandsfähiger gegenüber Trockenheit ist als ihre Eltern und die am häufigsten angepflanzte Art darstellt.

Verwechslungsgefahren

Man kann zwar die verschiedenen Lindenarten verwechseln; da sie aber alle auf gleiche Art verwendbar sind, ist dies nicht weiter schlimm. Die jungen, unbehaarten Blätter der Winter-Linde und der Holländischen Linde sind allerdings schmackhafter als die behaarten Blätter der Sommer-Linde.

Ausserhalb der Gattung der Linden wäre eventuell eine Verwechslung mit dem Haselnussbaum möglich, dessen behaarte Blätter jenen der Linden ähnlich sind. Die Haselnussblätter schmecken recht unangenehm und wirken adstringierend, giftig sind sie aber nicht.

Lindenblüten-Grütze mit Crêpes

Rezept von François Couplan und Jean-Marie Dumaine

Für 4 Portionen

10 g Agar-Agar, 1/4 l Wasser, 75 g Honig, 100 g frische Lindenblüten ohne Vorblättchen

1. Das Agar-Agar in etwas kaltem Wasser einweichen. Das restliche Wasser zum Kochen bringen und unter ständigem Rühren erst das flüssige Agar-Agar zugeben und vollständig auflösen und dann den Honig unterrühren.
2. Die Lindenblüten im Mixer oder mit dem Pürierstab mit der Agar-Agar-Lösung zu einer glatten, sämigen Masse rühren.
3. Die Masse auf einem Backblech etwa 1 cm dick ausstreichen und gut 12 Stunden in den Kühlschrank stellen.
4. Dann kann das Gelee zu Stäbchen geschnitten und in Crêpes eingerollt werden (Rezept für den Crêpeteig, siehe Seite 29).

Tragopogon pratensis

Bocksbart

Asteraceae (Compositae), Korblütengewächse

Wurzeln: Herbst bis Frühjahr
Blätter: April bis Juli
Knospen: Mai bis Juni
Blütenköpfchen: Mai bis August

Der Wiesen-Bocksbart sieht aus wie ein auf Stelzen gestellter Löwenzahn.

Beschreibung: **Ein Löwenzahn am Stiel**

Der Wiesen-Bocksbart ist eine zweijährige, unbehaarte, reichlich weissen Milchsaft führende Pflanze, die vor der Blüte oft für ein Süssgrasgewächs gehalten wird. Anfangs bilden die Blätter des Wiesen-Bocksbarts dichte, grundständige Büschel. Sie sind linealisch geformt, das heisst lang und mit parallelen Rändern, und sehr lang. An dem zylinderförmigen, aufrechten Stengel sitzen wenige Blätter, die diesen an ihrem Ansatz halb umfassen. Die endständigen grossen Blütenköpfe bestehen aus goldgelben, zungenförmigen Blüten. Sie sind an der Basis von einem Hüllkelch aus acht schmalen, länglichen Blättchen umgeben. Die winzigen, länglichen Früchte sind mit einem federartigen Flugorgan versehen und bilden wie beim Löwenzahn eine flaumige Pusteblume. Der Bocksbart treibt aus einer fleischigen, braunen Wurzel aus, deren Milchsaft sich an der Luft rötlich verfärbt.

Standort: **Eine Wiesenblume**

Der Bocksbart kommt fast überall in unseren Breiten häufig auf Wiesen und am Wegrand vor.

Namensursprung:

Schon die alten Griechen nannten ihn Bocksbart

Tragopogon hiess die Pflanze bei den alten Griechen. Dieser Name leitet sich von den griechischen Wörtern *tragos* für Bock und *pogôn* für Bart ab. Die wörtliche Übersetzung lautet also – genau wie der deutsche Pflanzenname – Bocksbart und spielt auf das flaumig behaarte Flugorgan der Früchte an. Der Zusatz *pratensis* verrät, dass die Pflanze hauptsächlich auf Wiesen wächst.

Anwendung:

Die fleischige Wurzel und die Blütenknospen

Die lange, fleischige Wurzel ist, wenn sie noch jung ist, sehr zart und von angenehm süsslichem Geschmack. Man kann die rohe Wurzel hacken und unter Salate geben oder auf verschiedenste Art gekocht zubereiten. Eine beliebte Zubereitungsart des kultivierten Bocksbarts ist das Ausbacken in Bierteig; dazu eignet sich die Wurzel des wilden Bocksbarts ebenfalls gut, obwohl sie etwas kleiner ist. Wir können sie aber auch *nature* mit einem Stückchen Butter, als Püree oder als Auflauf zubereiten. Früher wurde die Wurzel manchmal wie die des Chicorées geröstet und als Kaffee-Ersatz verwendet.

Die Wurzel wird am Ende des ersten und zu Beginn des zweiten Lebensjahres der Pflanze geerntet, bevor sich die Blütenstände ausbilden, danach wird sie holzig. Dies macht das Ganze allerdings etwas kompliziert, denn vor der Blüte kann man den Bocksbart nur schwer von anderen Wiesengräsern unterscheiden.

Die jungen Blätter sind angenehm zart und wohlschmeckend. Ihr Milchsaft schmeckt im Gegensatz zu dem der anderen Korbblütengewächse nicht bitter. Mit den Blättern lassen sich köstliche Salate anrichten, man kann sie aber auch gekocht verwenden.

Die Blütenknospen sind zart und schmecken süsslich. Man bricht sie einfach am Stengelende ab. Sowohl roh als auch kurz gedämpft schmecken sie knackig und aromatisch. Sie sollten nur kurz garen, damit sie ihren Biss behalten. Die Blüten des Bocksbarts zählen zu den Delikatessen unseres Pflanzenreichs und sind eine Zierde für Salate.

Inhaltsstoffe und Heilwirkung:

Nahrhaft und blutreinigend

Die Wurzel des Bocksbarts enthält Stärke und Inulin, einen für Diabetiker verträglichen Zucker. Der Milchsaft bekommt beim Trocknen an der frischen Luft eine gummiartige Konsistenz. Er enthält im übrigen auch Spuren von Gummi.

Die Bocksbartwurzel stärkt den Magen und fördert die Ausscheidung von Giftstoffen.

Verwandte Arten

In Europa kommen von der Gattung *Tragopogon* weitere neunzehn Arten vor.

Den **Grossen Bocksbart** *(Tragopogon dubius)* finden wir häufig am Wegrand. Er hat wie der Wiesen-Bocksbart goldgelbe Blütenköpfchen, die aber von zehn bis zwölf Hüllblättchen umschlossen sind.

Die **Haferwurz** *(Tragopogon porrifolius* subsp. *sativus)* stammt ursprünglich aus dem Mittelmeerraum und wird häufig im Gemüsegarten angebaut. Ihre Blüten sind schwärzlich-violett oder rötlich.

Verwechslungsgefahren

Äusserlich kann man den Bocksbart mit den Süssgrasgewächsen verwechseln, aber man braucht nur ein Blatt abzubrechen und den hervortretenden Milchsaft zu beobachten, um Klarheit zu bekommen. Auch mit den anderen Arten der Gattung *Tragopogon* ist eine Verwechslung möglich. Diese Pflanzen sind jedoch alle essbar.

Verschiedene **Schwarzwurzeln** (*Scorzonera* spp.) könnte man ebenfalls für einen Bocksbart halten; sie sind übrigens nahe mit ihm verwandt und ebenfalls essbar. Die Schwarzwurzeln sind meist sehr selten und sollten daher nicht gepflückt werden. Während die Blüten der Bocksbartarten länglich und linealisch geformte Hüllblättchen haben, die oft genauso lang sind wie die Blüten, sind die Hüllblättchen der Schwarzwurzeln meist kurz und wie Schuppen auf verschiedenen Ebenen unterhalb der Blüten angeordnet.

Die Knospen des Wiesen-Bocksbarts werden zusammen mit den zarten Stengelspitzen geerntet. Sie gehören zum Raffiniertesten, was unsere Pflanzenwelt zu bieten hat.

Bocksbartknospen «nature»

Für 4 Portionen

400 g junge, zarte Bocksbartknospen, 50 g Butter

1. Die Bocksbartknospen müssen so zart sein, dass sie aufbrechen, wenn man sie mit den Fingen leicht drückt. Die Knospen einige Minuten über Dampf garen. Darauf achten, dass sie knackig bleiben.
2. Mit Butterflocken bestreut anrichten und sofort auf den Tisch bringen.

Tussilago farfara

Huflattich

Asteraceae (Compositae), Korbblütengewächse

Blüten: Februar bis April
Blätter: April bis November

Zu Beginn des Frühjahrs, wenn die Schneeschmelze einsetzt, spriessen die anmutigen Blüten des Huflattichs bereits aus der Erde hervor.

Beschreibung: **«Der Sohn vor dem Vater»**

Der Huflattich ist eine ausdauernde Pflanze. Sein besonderes Merkmal ist, dass er blüht, bevor die ersten Blätter erscheinen. Mit dem Ende des Winters beginnen sich die einzeln am Sprossende sitzenden, goldgelben Blütenköpfchen zu entfalten. Sie tragen innen Röhrenblüten und aussen längliche, schmale Zungenblüten. Die Triebe sind meist rötlich gefärbt und mit Schuppenblättern besetzt. Erst nach der Blütezeit entwickeln sich die hellgrünen, festen Blätter, deren Stengel direkt aus der Erde austreiben. Die Blätter sind genauso breit wie lang, herzförmig und am Rand mit breiten etwas hervorstehenden Zähnchen versehen. Auf ihrer Oberseite fühlen sich die fleischigen Blätter glatt und gummiartig an, auf ihrer Unterseite sind sie weiss-wollig.

Standort: **Auf schweren und bearbeiteten Böden**

Der Huflattich bildet weitläufige Kolonien am Wegrand und an Böschungen, auf Schutthalten, Feldern und umgegrabenen Böden. Ganz allgemein steht er gerne dort, wo die Erde frisch und feucht ist und die Böden lehmig oder kalkhaltig sind. Er kommt überall in unseren Breiten vor.

Namensursprung: **Ein Hustenmittel**

Der Huflattich verdankt seinen botanischen Namen seiner Verwendung als Hustenmittel, denn *Tussilago* setzt sich aus den lateinischen Wörtern *tussis* für Husten und *agere* für verjagen zusammen; er ist also der Hustenvertreiber. Wegen seiner vorzeitigen Blüte hiess er übrigens früher bei den Botanikern auch *filius ante patrem* – der Sohn vor dem Vater.

Anwendung:
Wohlschmeckende Blüten und reichlich Blätter

Die Blütenköpfchen schmecken angenehm aromatisch, ähnlich wie die der Margerite oder der Chrysantheme. Die Stengel sind saftig und süss. Man kann die ganzen Stengel mit den Blüten roh für Salate oder als Verzierung verwenden. Unter Umständen sollte man die eher zähen Schuppenblätter der Stengel zuvor entfernen. Stengel und Blüten kann man über Dampf garen, aber noch besser schmecken sie, wenn man sie in etwas Butter in der Pfanne anbrät. Auch in Sorbets und Nachspeisen kommt sein feines Aroma hervorragend zur Geltung.

Die ganz jungen Blätter kann man mit dem saftigen, leicht süsslichen und aromatischen Blattstengel essen. Sie werden aber schnell gummiartig und ziemlich hart, so dass man sie dann nur noch gekocht verwenden kann, es sei denn, man bringt die Geduld auf, die filzigen Härchen an der Blattunterseite zu entfernen. Die Huflattichblätter ergeben ein gutes Gemüse und schmecken ein bisschen wie Artischocken. Man muss sie allerdings recht lange kochen, oder aber man bäckt sie in Pfannkuchenteig zu knusprigen Küchlein. Sie eignen sich auch für einen kräftigen Eintopf nach Art des in der Westschweiz tradionellen *Papet,* ein Eintopf aus Kartoffeln, Lauch und Würsten, den man sehr lange köcheln lässt.

Die Indianer liessen die Huflattichblätter zuerst trocknen und verbrannten sie dann. Die Ascherückstände verwendeten sie als Salzersatz, der allerdings ganz anders schmeckt als unser Tafelsalz, denn die Asche enthält viel Kalium und wenig Natrium – was übrigens auch unserer Gesundheit viel zuträglicher wäre.

Die jungen und besten Blätter sind an der Oberseite mit einem spinnwebenartigen Flaum überzogen, der nicht gerade zum Sammeln einlädt. Der Flaum ist aber nichts Schädliches und lässt sich leicht mit dem Finger abreiben.

Inhaltsstoffe und Heilwirkung:

Reizlindernde Wirkung

Die Huflattichblätter enthalten Pflanzenschleime, Harz, Gerbstoffe, ein ätherisches Öl, Inulin, Vitamin C, Mineralsalze und eine antibiotische Substanz.

Huflattich wirkt reizlindernd und schleimlösend. Man verwendet die Blätter und Blüten bereits seit der Antike als Heilmittel bei erkältungsbedingten Schleimhautentzündungen, Bronchitis, Kehlkopfentzündungen und bei verschiedenen anderen Atemwegserkrankungen. Früher wurde zur Linderung asthmatischer Beschwerden der Rauch der getrockneten Blätter inhaliert.

Der Huflattich gehört neben dem Eibisch, dem Klatsch-Mohn und dem Katzenpfötchen zur klassischen Pflanzenmischung für einen reizlindernden Tee, der in Frankreich unter dem Namen *Quatre-fleurs* (Vier Blüten) bekannt ist.

Die Blätter und Blüten des Huflattichs enthalten wie die des Beinwells (siehe Seite 108–111) Pyrrolizidinalkaloide. Von offizieller Seite wird von der Verwendung des Huflattichs als Tee oder Gemüse abgeraten, obwohl bis heute anscheinend noch keine Vergiftungsfälle bekannt wurden.

Verwandte Arten

Der Huflattich ist in Europa die einzige Art seiner Gattung.

Verwechslungsgefahren

In der Blütezeit ist der Huflattich unverwechselbar. Für seine Blätter gilt dies allerdings nicht, denn sie sehen den verschiedenen Arten des **Alpendost** (*Adenostyles* spp.) und der **Pestwurz** *(Petasites* spp.) sehr ähnlich. Man kann den Huflattich normalerweise anhand seiner nierenförmigen bis runden Blätter mit spitz und stark gezähntem Blattrand sowie seines Standorts unterscheiden. Die **Gewöhnliche Pestwurz** *(Petasites officinalis)* mit ihren riesigen Blättern wächst in der Regel am Rande von Gewässern; die Alpendostarten finden wir normalerweise im dichten und feuchten Untergehölz. Die Blätter dieser Pflanzen fühlen sich dünn an, und man spürt die hervortretenden Blattnerven deutlich, während die Blätter des Huflattichs sich fest und an der Oberseite gummiartig anfühlen und keine ausgeprägten Blattnerven besitzen.

Eine Verwechslung wäre nicht gefährlich, denn weder die Alpendost- noch die Pestwurzarten sind als giftig bekannt, allerdings sind ihre Blätter nicht so wohlschmeckend wie die des Huflattichs.

Die weichen, fleischigen Blätter des Huflattichs können den ganzen Sommer über gesammelt werden.

Traum aus Huflattichblüten

Für 4 Portionen

200 g Huflattichblüten mit Blütenstengel, 1 Esslöffel Olivenöl, 25 g Butter, 1 Prise Salz

1. Die Huflattichblüten sorgfältig waschen und gut abtropfen lassen.
2. Olivenöl und Butter zusammen in einer Pfanne erhitzen und die Huflattichblüten zugeben.
3. Die Blüten zart und goldbraun braten und warm servieren.

Huflattichkrapfen

Rezept von François Couplan und Jean-Marie Dumaine

Für 4 Portionen

Bierteig:
1/8 l Bier, 1 Eigelb, 125 g Mehl, 1 Prise Salz, 1 Teelöffel Öl, 5 g Hefe, 1 Eiweiss

1/2 l Öl, 250 g Huflattichblätter, 50 g Mehl

1. Für den Bierteig Bier, Eigelb, Mehl, Salz, Öl und Hefe verrühren. 1 Stunde an einem warmen Ort gehen lassen. Das Eiweiss steif schlagen und unter den Teig heben.
2. Das Öl in einem hohen Topf erhitzen. Es hat die richtige Temperatur, wenn an einem hineingetauchten Holzstäbchen kleine Blasen aufsteigen.
3. Die Huflattichblätter in Mehl wenden, in den Bierteig tauchen und im heissen Öl etwa 2 Minuten goldgelb ausbacken. Auf Küchenpapier abtropfen lassen.

Urtica dioica

Brennnessel

Urticaceae, Brennnesselgewächse

Junge Triebe: fast ganzjährig

Beschreibung:
Beim Anfassen weiss man sofort, woran man ist
Die Grosse Brennnessel ist eine ausdauernde, krautartige Pflanze mit Brennhärchen. Die dunkelgrünen Blätter sitzen gegenständig und kurz gestielt an dem aufrechten und unverzweigten Pflanzenstengel. Sie sind eirund, am Grund herzförmig eingeschnitten und am Rand dreieckig gezähnt. Die winzigen, grünlichen Blüten bilden verzweigte, locker herabhängende, traubenartige Blütenstände, wobei sich weibliche und männliche Blüten auf verschiedenen Pflanzen befinden. Sie blühen von Juni bis Oktober. Die Brennnessel hat lange, gelbliche Erdsprossen, anhand derer sie sich weiträumig verbreiten kann, und oft nimmt ein einzelner Wurzelstock ein ansehnliches Stück Boden für sich in Anspruch.

Standort: **Auf den nährstoffreichsten Böden**
Die Brennnessel bevorzugt stickstoffhaltige Böden. Wir finden sie überall in unseren Breiten am Wegrand, auf Schutthalden und dort, wo die Böden durch weidende Tiere gut gedüngt werden.

Namensursprung: **Eine Pflanze, an der man sich die Finger verbrennen kann**
Urtica, wie die Pflanze bei den Römern hiess, leitet sich vom lateinischen Verb *urere,* brennen, ab. Diese Namensgebung muss wohl nicht näher erklärt werden, man braucht die Pflanze nur anzufassen. Der Zusatz *dioica* bedeutet zweihäusig; das bedeutet, dass sich die männlichen und weiblichen Blüten auf verschiedenen Pflanzenstengeln befinden.

Anwendung: **Eine der wertvollsten Wildpflanzen**
Die Brennnessel wird seit Menschengedenken und auch heute noch recht häufig gegessen. Man kann die jungen Blätter gemischten Salaten beigeben (ihre brennenden Eigenschaften werden durch die anderen Salatpflanzen und die Sauce übertönt). Klein gehackt und mit Olivenöl, Butter oder Tofu vermischt, ergeben sie einen köstlichen Brotaufstrich.

Meist wird aus den Blättern aber die klassische Brennnesselsuppe zubereitet. In der Schweiz war die Brennnessel früher eine wichtige Zutat für die traditionelle «Hirsesuppe». Die Brennnesselblätter lassen sich aber auch in Omeletten, Quiches, Aufläufen, Soufflés oder im Teigmantel verarbeiten, und so mancher renommierte Küchenchef verwendet sie inzwischen als raffinierte Zutat für das eine oder andere Gericht. Ein mit Salz gesättigtes Konzentrat aus den abgekochten Blättern wurde früher zum Gerinnen der Milch verwendet.

Auch für Nachspeisen wie zum Beispiel Milchreis oder Pudding ist die Brennnessel gut geeignet. Verschiedene Zwischengerichte auf Griess- oder Maniokbasis, die in Frankreich zwischen den einzelnen Gängen serviert werden, schmecken noch besser, wenn man ihnen einige Messerspitzen Brennnesseltriebe beigibt (roh, gekocht oder püriert). Kuchen, Pfannkuchen, Waffeln oder Krapfen erhalten durch die Brennnessel eine unvergleichliche Geschmacksnote. Man kann aus ihr sogar Limonaden oder Sirup herstellen.

Die Brennnesselblätter kann man an der Sonne, im halb geöffneten Ofen oder einfach auf der Heizung trocknen und dann mit den Händen zerreiben (keine Angst, die getrockneten Blätter brennen nicht mehr). In den langen Wintermonaten kann man sie dann als Gewürz über verschiedenste Gerichte streuen. Sie geben ein intensives Aroma und sorgen mit ihren Vitaminen und Spurenelementen gleichzeitig dafür, dass wir den Winter gesund und munter überstehen.

Die Brennnessel wird in Südfrankreich kommerziell angebaut. Das in Dosen eingemachte «Unkraut» wird in den Vereinigten Staaten und in Japan zu stolzen Preisen verkauft!

Man sollte vorzugsweise nur die Triebspitzen pflücken. Sie schmecken besser als die entwickelten, älteren Blätter, die beim Kochen einen starken Fischgeruch entwickeln können. Regelmässig mit der Sense gemäht, kann man fast das ganze Jahr über die frisch nachwachsenden Triebe sammeln. Nach dem Sammeln verlieren die Brennnesseln mehr oder weniger rasch ihre brennenden Eigenschaften. Man kann sie auch ganz einfach «entwaffnen», indem man sie kurz befeuchtet.

Bei der Brennnessel werden nur die vier bis sechs obersten Blätter der Triebe gepflückt, da diese das feinste Aroma haben.

Aus den jungen Brennnesseltrieben kann man Suppen, Aufläufe und eine Vielzahl anderer Gerichte zubereiten. Sogar roh kann man sie essen!

Inhaltsstoffe und Heilwirkung: **Ein Heil- und Lebensmittel mit zahlreichen Qualitäten**

Die Brennnesselblätter sind besonders reich an Proteinen (5 bis 9 Prozent des Frischgewichts, das heisst ungefähr 40 Prozent des Trockengewichts, also fast doppelt so viel wie die Sojabohne), aber auch an Vitamin A und C und Mineralsalzen. Die brennende Wirkung ist auf die in den Brennhaaren enthaltenen Histamin- und Acetylcholinsubstanzen zurückzuführen, die allergische Reaktionen hervorrufen. Die Brennnessel enthält zudem Ameisensäure, die eine stark entzündungshemmende Wirkung haben soll.

Die Brennnessel wirkt entgiftend und gehört deshalb auch zu den Wildpflanzen, die für Frühjahrskuren verwendet werden. Bei Arthritis und rheumatischen Beschwerden wirkt das Brennen mit den Brennhaaren schmerzlindernd. Aus der Wurzel werden Lotionen hergestellt, die die Kopfhaut beleben und gut gegen Haarausfall sein sollen.

Was die Samen betrifft, die den ganzen Sommer über an den Blattachseln hängen, so behaupten einige, sie hätten eine aphrodisierende Wirkung. Wenn man sie in Butter röstet, sind sie eine wohlschmeckende Beilage für verschiedene Speisen.

Aus den Fasern der Stengel wurden früher vor allem in Nordeuropa Seile, Fäden und Stoff hergestellt.

Gärtner schätzen die Brennnesseljauche, die zwar übel riecht, aber ein hervorragender Pflanzendünger und Insektenvertilger ist. Zur Herstellung der Jauche muss man die Brennnesseln nur einige Tage in Wasser gären lassen.

Die unzähligen Härchen, die die Blätter und Stengel der Brennnessel überziehen, sind winzige mit Brennnesselgift gefüllte hohle Härchen. Sie bestehen aus Kieselerde und brechen bei der geringsten Berührung. Dabei wird die Haut durch die scharfe Bruchstelle angeritzt und eine Mischung aus allergenen Substanzen, insbesondere Histamin und Acetylcholin, kann in die Wunde eindringen. Ein Zehntel Milligramm des Brennnesselgifts kann bereits allergische Reaktionen auslösen. Das ist also die Erklärung dafür, dass nach dem Berühren einer Brennnessel an der betroffenen Stelle unansehnliche rote Punkte entstehen, die fürchterlich brennen. Aber gegen alles Übel gibt es eine Medizin: Wenn man die betroffene

Stelle mit einem Wegerichblatt einreibt, lässt das Jucken schon binnen kurzer Zeit nach.

Verwandte Arten

In Europa kommen von der Gattung *Urtica* sieben weitere Arten vor.

Die bekannteste unter ihnen ist die **Kleine Brennnessel** *(Urtica urens)*, eine kleine einjährige Pflanze, die wir häufig auf Schutthalden, Feldern und in Gärten finden. Die Kleine Brennnessel ist ebenfalls essbar.

Verwechslungsgefahren

Ausserhalb der Gattung *Urtica* ist eine Verwechslung ausgeschlossen, da die Flora unserer Regionen ansonsten keine brennenden Pflanzen kennt. Die Grosse Brennnessel – der Name sagt es bereits – ist grösser als die Kleine Brennnessel, und die männlichen und weiblichen Blüten sitzen auf verschiedenen Pflanzen. Man könnte die Grosse Brennnessel unter Umständen mit einigen **Taubnesselarten** *(Lamium* spp., siehe Seite 62–63) verwechseln, die allerdings nicht brennen und von April bis September grosse, weisse bis rosafarbene Lippenblüten tragen. Sie gehören zur Familie der Lippenblütengewächse. Und da die Taubnesseln ebenfalls ein gutes Wildgemüse sind, wäre eine Verwechslung auch weiter nicht verhängnisvoll.

Brennnessel-Brötchen

Für 4 Portionen

100 g Butter, 1 Esslöffel Olivenöl, Saft einer Zitrone, 1 Knoblauchzehe, 1 Teelöffel Salz, 150 g junge Brennnesseltriebe, 125 g Brot

1. Die weiche Butter mit dem Olivenöl, dem Zitronensaft, dem gepressten Knoblauch und dem Salz zu einer cremigen Masse verrühren.
2. Die rohen Brennnesseltriebe fein hacken und unter die Buttermasse rühren.
3. Das Brot aufschneiden, mit der Brennnesselbutter bestreichen und in mundgerechte Stückchen schneiden.
4. Die Häppchen mit verschiedenen essbaren Wildblüten verzieren.

Sie eignen sich hervorragend als Entrée oder zum Apéritif.

Brennnessel-Risotto

Rezept von Jean-Marie Dumaine

Für 4 Portionen

1 Zwiebel, 200 g Risotto- oder Rundkornreis, 100 ml Weisswein, 400 ml Gemüsebrühe, 200 g Brennnesselspitzen, 2 Esslöffel Olivenöl, 30 g Mascarpone, 60 g Parmesan, Salz, Pfeffer

1. Die gewürfelte Zwiebel in heissem Olivenöl glasig dünsten. Den Reis zugeben und unter ständigem Rühren ebenfalls glasig dünsten. Mit dem Weisswein ablöschen und 15 Minuten auf kleiner Flamme quellen lassen. Nach und nach die Gemüsebrühe unterrühren und einköcheln lassen. Der Reis soll «al dente» sein.
2. Die Brennnesseln grob hacken und im Olivenöl andünsten.
3. Brennnesseln, Mascarpone und Parmesan unter den Reis rühren. Sollte das Risotto zu fest sein, nach Bedarf etwas Gemüsebrühe zugeben. Mit Salz und Pfeffer abschmecken.

Veronica beccabunga

Bachbunge

Scrophulariaceae, Rachenblütengewächse

Gesamte Pflanze: April bis September

Der Name der Bachbunge weist bereits darauf hin, dass die Pflanze mit Vorliebe in der Nähe von Gewässern steht – und zuweilen auch gerne mitten darin.

Beschreibung: Dicke Blätter und blaue Blüten

Die Bachbunge ist eine ausdauernde Wasserpflanze mit fleischigen Stengeln und Blättern. Die runden, oft rötlichen Stengel sind zuerst niederliegend und richten sich dann bogenförmig auf. Sie tragen kurzgestielte, gegenständige, am Rand stumpf gezähnte Blätter von rundlicher, elliptischer Form und hellgrüner Färbung. Die kleinen Blüten bestehen aus vier pastellblauen, unregelmässig grossen Kronblättchen (das oberste ist am grössten) und zwei Staubblättern. Sie bilden in den oberen Blattachseln lange, aufgerichtete, gegenständige Blütenstände, die von Mai bis September blühen.

Standort: Eine Wasserpflanze

Die Bachbunge streckt ihre Wurzeln am liebsten in klare Bäche oder stets feuchte Böden. Sie kommt überall in unseren Breiten vor und bildet oft schöne Kolonien.

Namensursprung: Im Gedenken an die heilige Veronika

Den botanischen Namen *Veronica* erhielt die Pflanze, weil die kleine, blaue Blüte an den Abdruck von Jesus' Gesicht auf dem Schweisstuch der heiligen Veronika erinnern soll, mit dem sie ihm auf dem Kreuzgang den Schweiss von der Stirn gewischt hatte. *Beccabunga* ist die etwas ungenaue Übertragung des deutschen Pflanzennamens, Bachbunge, in die lateinische Sprache.

Anwendung: Ein leicht bitter schmeckender Salat

Die ganze Pflanze ist zart und knackig und kann roh als Zutat für gemischte Salate verwendet werden. Sie schmeckt wie die Brunnenkresse ein wenig scharf und hat eine leicht bittere Note. Aus diesem Grund und auch weil sie bevorzugt im Wasser steht, wird die Bachbunge im Französischen auch «cresson-de-cheval» (Pferdekresse) genannt. Die Bachbunge kann nur in Verbindung mit anderen Gemüsesorten gekocht werden; allein schmeckt sie zu bitter. Sie lässt sich gut mit anderen Wildpflanzen und Gartengemüsen für verschiedene Rezepte auf Mehl-

und Eierbasis (weisse Saucen, Pudding, Omeletten usw.) verwenden.

Die fleischigen Blätter und Stengel können während der gesamten Lebenszeit der Pflanze gesammelt werden – man sollte aber darauf achten, dass man sie nicht mit der ganzen Wurzel ausreisst, was recht schnell passieren kann.

Inhaltsstoffe und Heilwirkung:

Vorsicht vor gefährlichen Parasiten!

Die Bachbunge ist reich an Vitamin C und galt lange Zeit als wirksames Mittel gegen Skorbut.

Wie bei der **Brunnenkresse** (*Nasturtium officinale,* siehe Seite 66–67) muss man sehr darauf achten, dass sie nicht vom Grossen Leberegel *(Fasciola hepatica)* befallen ist, einem Parasiten, der das Vieh befällt und seine Larven auf Wasserpflanzen ablegt. Der Grosse Leberegel kann im menschlichen Organismus riesige Leberzysten verursachen. Falls das Gewässer, an dem man die Bachbunge sammeln möchte, in seinem Oberlauf Weiden durchfliesst und folglich eine Verseuchung mit dem Parasiten nicht auszuschliessen ist, ist es unbedingt ratsam, die Pflanze vor der Verwendung abzukochen, um allfällig vorhandene Leberegel abzutöten.

Verwandte Arten

In Europa gibt es von der Gattung *Veronica* 61 weitere Arten.

Verwechslungsgefahren

Man kann die Bachbunge mit zwei anderen Arten der Gattung *Veronica* verwechseln, die ebenfalls im Wasser oder an sehr feuchten Orten wachsen. Der **Wasser-Ehrenpreis** *(Veronica anagallis-aquatica)* hat einen vierkantigen Stengel und stengellose, im oberen Pflanzenteil spitze Blätter. Der **Schild-Ehrenpreis** *(Veronica scutellata)* hat stengellose, schmale Blätter und weisse Blüten mit violetten Äderchen. Alle anderen Wasserpflanzen sind nicht fleischig und haben keine blauen Blüten.

Die anderen Arten aus der Gattung der *Veronica* sind kleine, behaarte, fleischige und in der Regel ziemlich schmächtige Pflanzen, die man vorwiegend auf Rasenflächen, am Wegrand oder auf bearbeiteten Böden findet. Sie unterscheiden sich von der Bachbunge schon allein durch die Tatsache, dass sie trockene Böden bevorzugen. Aus einer Pflanze unter ihnen, dem **Echten Ehrenpreis** *(Veronica officinalis),* wurde früher ein Kräutertee zubereitet, der als kräftigend und magenstärkend galt und der «Allerweltsheil» genannt wurde. In Frankreich war dieser Tee unter dem weltmännischen Namen «Thé d'Europe» (Europatee) bekannt. Die der Gattung Veronica angehörenden Pflanzen sind alle ungiftig.

Die fleischigen Blätter der Bachbunge werden mit den Stengeln gepflückt und als schmackhafter Salat zubereitet.

Bachbungensalat

Für 4 Portionen

300 g Bachbungenblätter und -stengel sowie andere Wild- oder Kultursalate, 100 g geriebene Karotten

Sauce:
2 Esslöffel Olivenöl, 1 Esslöffel Apfelessig, 1 Knoblauchzehe, gepresst, 1 Esslöffel geröstete Sesamkerne, 1 Prise Meersalz

1. Die Blätter und Stengel der Bachbunge und die anderen Salate in dünne Streifen schneiden, mischen und in einer Salatschüssel anrichten.
2. Mit den Karotten einen Kranz um den Salat legen. Die gelbe Farbe der Karotten steht in schönem Kontrast zum Grün des Salats.
3. Alle Saucenzutaten miteinander verrühren. Die Sauce zum Salat reichen.

Viola riviniana

Veilchen

Violaceae, Veilchengewächse

Blätter: fast ganzjährig
Blüten: März bis Mai

Von den anmutigen Veilchen können sowohl die Blätter als auch die Blüten verzehrt werden.

Beschreibung: **Herzförmige Blütenblättchen**
Das Wald-Veilchen ist eine kleine, ausdauernde, leicht behaarte Pflanze von unverwechselbarem Aussehen. Die kurzen Pflanzenstengel entwickeln sich aus den Blattachseln der Grundrosette. Die dunkelgrünen, langstieligen Grundblätter sind breit bis eirund, herzförmig eingeschnitten und am Rand stark gezähnt. Die oberen Stengelblätter sind am Ende zugespitzt. Die charakteristischen Blütenköpfchen haben hellila gefärbte Kronblättchen, wobei sich die beiden Seitenblättchen dem unteren Kronblättchen zuwenden, das an seinem Ansatz mit einem Sporn versehen ist. Das Wald-Veilchen ist geruchlos. Unter den Blätter verborgen, entwickeln sich später kleine grünliche Blüten, die, ohne sich zu öffnen, die Samen bilden.

Standort: **Im Schatten der Wälder versteckt**
Das Wald-Veilchen finden wir überall in Europa, wo es in kühlen Wäldern und Hecken hübsche Kolonien bildet.

Namensursprung: **Ein römischer Name**
Das Veilchen, die Freude aller Spaziergänger, Gärtner und Verliebten, wurde zu Zeiten der Römer *viola* genannt, und dieser Name blieb ihm in der botanischen Bezeichnung bis heute erhalten. Der Zusatz *silvestris* bedeutet «aus den Wäldern» und weist auf seinen bevorzugten Standort hin.

Anwendung: **Ein gutes Suppengemüse**
Veilchenblätter sind mild und zart, können roh in Salaten oder gekocht in Gemüsegerichten gegessen werden. Wegen ihrer Pflanzenschleime ist es günstiger, wenn man sie mit anderen Pflanzen zusammen verarbeitet. Sie eignen sich aber auch, wie Maniok, gut zum Eindicken von Suppen. Im Süden Amerikas war es unter den schwarzen Einwohnern Brauch, aus den dort heimischen Veilchenarten eine dicke, sämige Suppe zu kochen.

Die Blätter bleiben zart und können so während der ganzen Lebensdauer der Pflanze gesammelt werden. Man pflückt sie ohne den eher harten Blattstengel.

Auch die Blüten der nichtduftenden Veilchen haben einen leichten Duft und einen angenehmen Geschmack. Es gibt keine schönere Verzierung für Salate, Nachspei-

Veilchensuppe

Für 4 Portionen

100 g Zwiebeln, 3 Esslöffel Olivenöl, 400 g Veilchenblätter, 200 g Kartoffeln, 1 Knoblauchzehe, 1 l Wasser, 1 Teelöffel Salz, 1 Halbliter-Becher Veilchenblüten (20 g), 50 g Crème fraîche

1. Die gehackten Zwiebeln in einem tiefen Topf im Olivenöl andünsten.
2. Die Veilchenblätter grob hacken, zugeben und mitdünsten.
3. Die Kartoffeln schälen und würfeln und zusammen mit dem gehackten Knoblauch beifügen. Mit einem Teil des Wassers aufgiessen, so dass das Gemüse bedeckt ist. Das Salz zugeben und die Suppe köcheln lassen.
4. Wenn die Karoffeln gar sind, das restliche Wasser und die rohen Veilchenblüten dazugeben und die Suppe mit dem Mixstab pürieren.
5. Kurz vor dem Servieren ein bis zwei Esslöffel Crème fraîche unterziehen.

Überbackenes Veilchen-Kartoffel-Püree

Für 4 Portionen

300 g Veilchenblätter, 300 g Kartoffeln, 2 Eier, 150 ml Milch, 50 g geriebener Käse, 50 g Butter, 2 gehäufte Esslöffel Paniermehl

1. Die Veilchenblätter über Dampf garen und dann fein hacken.
2. Die Kartoffeln kochen und pürieren. Die Eier, die Milch und anschliessend zwei Drittel des geriebenen Käses unterrühren.
3. Die gehackten Veilchenblätter darunterziehen. Das Püree in eine geölte Auflaufform geben. Mit dem restlichen Käse, Butterflocken und Paniermehl bestreuen.
4. Im 230 Grad heissen Backofen 20 Minuten überbacken und heiss servieren.

sen und andere Gerichte als diese lieblichen Blüten. Aus den Blüten des **Wohlriechenden Veilchens** *(Viola odorata)* werden Konfitüren hergestellt, so wie es im Nahen Osten mit den Rosenblüten üblich ist. Da sie gut duften und eine hübsche Verzierung sind, fanden die Veilchenblüten seit jeher Verwendung in der Küche. In England wurden sie im 14. Jahrhundert zusammen mit Reisbrei, Mandeln und Rahm zu einer Art Pudding gekocht. Heutzutage werden die Blüten in Zucker kandiert, gefärbt und als Zierwerk für Torten und Gebäck verwendet. Man kann aus ihnen auch raffinierte Kraftbrühen zubereiten.

Inhaltsstoffe und Heilwirkung:

Eine ganz milde Wirkung

Die Veilchenblätter enthalten ausgesprochen viel Provitamin A und Vitamin C sowie Mineralsalze und – wie die Blüten auch – einen hohen Anteil an Pflanzenschleimen.

Die Blätter wirken reizlindernd und schleimlösend. Die Wurzeln können bei übermässigem Genuss wegen ihres hohen Gehalts an Violin zu Erbrechen führen. Violin ist ein Alkaloid, das dem Emetin der Brechwurzel sehr ähnlich ist.

Verwandte Arten

In Europa gibt es 91 weitere Arten der Gattung Viola.

Die meisten Pflanzen haben nichtduftende Blüten. Nur das **Wohlriechende Veilchen** *(Viola odorata)*, das **Weisse Veilchen** *(Viola alba)*, das **Hügel-Veilchen** *(Viola collina)*, das **Wunder-Veilchen** *(Viola mirabilis)* und das **Duftende** oder **Parma-Veilchen** *(Viola suavis)* sind wirklich duftende Veilchenarten. Das **Wohlriechende Veilchen** *(Viola odorata)* wird wegen seiner duftenden Blüten und seines anmutigen Aussehens kultiviert.

Die Stiefmütterchen sind Veilchenarten, bei denen die Seitenblätter der Blütenköpfchen sich dem obersten Blütenblättchen zuneigen. Sie wachsen auf Wiesen, Feldern und Alpwiesen. Ihre Blätter sind nicht herzförmig. Die sehr kleinen Pflanzen sind wegen ihres markanten Geschmacks nicht zum Verzehr geeignet, können aber als Gewürz verwendet werden.

Verwechslungsgefahren

Es ist teilweise schwer, die einzelnen Veilchenarten voneinander zu unterscheiden. Eine Verwechslung mit anderen Arten der Gattung der Veilchen *(Viola)* wäre aber ungefährlich, denn keine dieser Pflanzen ist giftig und die meisten sind essbare Wildpflanzen.

Das **Echte Stiefmütterchen** *(Viola tricolor)* wirkt zwar schleimlösend, blutreinigend, wasser- und schweisstreibend, man sollte es aber nicht im Übermass essen, da es Hautausschläge hervorrufen kann. Das Echte Stiefmütterchen schmeckt stark nach Medizin (Geschmack und Geruch von Salizylsäuremethylester).

Die in den Bergen wachsenden Veilchen und Stiefmütterchen sollte man unbedingt stehen lassen, da einige von ihnen vom Aussterben bedroht und geschützt sind.

Vor der Blüte kann man die Blätter des Wald-Veilchens mit jenen der **Ährigen Teufelskralle** *(Phyteuma spicatum,* siehe Seite 74–75*)* verwechseln, die jedoch unbehaart, hellgrün und in der Mitte oft schwarzgefleckt sind.

Kurzbeschreibung zusätzlicher Pflanzen

Amelanchier ovalis *Rosaceae,* Rosengewächse **Felsenbirne**	Felsige und sonnenbeschienene Hänge, lichte Wälder	Früchte: August bis Oktober
Atriplex patula *Chenopodiaceae,* Gänsefussgewächse **Ruten-Melde**	Am Wegrand, auf Brachland und Feldern, in Gärten	Blätter: Mai bis September
Bellis perennis *Asteraceae,* Korbblütengewächse **Gänseblümchen**	Auf Wiesen und am Wegrand	Blätter: ganzjährig Blütenköpfchen: fast ganzjährig
Chamomilla suaveolens *Asteraceae,* Korbblütengewächse **Strahllose Kamille**	Auf Wegen, Schutthalden und Trittrasen	Blütenköpfchen: Mai bis November
Echium vulgare *Boraginaceae,* Rauhblattgewächse **Natternkopf**	Am Wegrand und an trocknen Orten	Blätter: April bis Oktober Blüten: Juni bis Oktober
Geum urbanum *Rosaceae,* Rosengewächse **Nelkenwurz**	In Wäldern und Hecken	Wurzeln: ganzjährig Junge Blätter: April bis Juni
Glechoma hederacea *Lamiaceae,* Lippenblütengewächse **Gundelrebe**	Auf Wiesen, Rasen, in Hecken und Wäldern	Blätter: April bis Oktober
Hypochoeris radicata *Asteraceae,* Korbblütengewächse **Ferkelkraut**	Auf Wiesen und Weiden, am Wegrand	Blattrosette: fast ganzjährig
Lactuca serriola *Asteraceae,* Korbblütengewächse **Wilder Lattich, Kompasspflanze**	Auf Brachland, am Wegrand und an Böschungen	Junge Blätter: April bis Juni
Lapsana communis *Asteraceae,* Korbblütengewächse **Rainkohl**	Auf Feldern, Wegen und Brachland	Blätter: Februar bis Juni

Die Felsenbirne kann roh gegessen werden, sie schmeckt saftig, aromatisch und süsslich. Man macht aus ihr auch Kompott, Marmeladen, Kuchen usw.	Getrocknet sehen Felsenbirnen Rosinen verblüffend ähnlich und werden auch genauso verwendet.
Die Blätter sind zart und angenehm im Geschmack und können sowohl roh (in Salaten) als auch gekocht verwendet werden. Man kann sie wie Spinat auf vielerlei Arten zubereiten.	Die Ruten-Melde ist eine nahe Verwandte der Gänsefussgewächse (*Chenopodium* spp., siehe Seite 36–39), mit denen man sie auch gerne verwechselt.
Die Blätter sind zart und knackig und eignen sich sehr gut als Zutat für Salate, die man gleichzeitig mit den Blütenköpfchen verzieren kann. Aus den Blütenköpfchen wird eine Art Wein hergestellt, indem man sie in gezuckertem Wasser gären lässt. Die Knospen kann man wie Kapern in Essig einlegen.	Das Gänseblümchen widersteht normalerweise auch dem härtesten Frost und kann daher das ganze Jahr über, auch im Winter, gesammelt werden. Die Blätter und Blüten enthalten Gerbstoffe, Pflanzenschleime, Saponine und ein ätherisches Öl.
Die kleinen Blütenköpfchen verströmen einen angenehmen Geruch, wenn man sie zwischen den Fingern zerreibt. Sie sind als Zutat für Salate und Nachspeisen bestens geeignet.	Die Strahllose Kamille enthält ein tief blaues ätherisches Öl. Sie fördert die Verdauung und wirkt krampflösend und schmerzlindernd.
Obwohl die Blätter beim Berühren etwas stechen, kann man sie gekocht ohne weiteres essen. Sie schmecken dann ähnlich wie jene des mit ihm nah verwandten Beinwells. Die Blüten dienen zum Verzieren von Speisen.	Der Natternkopf wirkt wie alle Pflanzen aus der Familie der Rauhblattgewächse reizlindernd.
Die Wurzeln riechen wie Gewürznelken und werden wie diese als Gewürz verwendet. Man bereitet aus ihnen einen köstlichen «Milch-Tee» zu. Die jungen Blätter können Salaten beigegeben werden.	Verwendet werden insbesondere die dünnen, duftenden Wurzeln, die den dicken Wurzelstock umgeben.
Die Blätter verströmen einen ungewöhnlichen Duft und ergeben ein raffiniertes Gewürz für Salate, Suppen, Getreidegerichte und Saucen.	Bis ins 17. Jahrhundert wurde die Gundelrebe noch als Bierwürze verwendet.
Die Blätter sind zart, knackig, schmecken überhaupt nicht bitter und ergeben köstliche Salate.	Die Blätter sind besonders gut, bevor sich der Blütenstengel entwickelt.
Man sammelt vorzugsweise die noch hellgrünen, zarten Triebe, denn die älteren Blätter sind zäh und sehr bitter. Wenn man sich die Mühe macht, den extrem bitteren Milchsaft aus den ansonsten zarten und knackigen Blättern auslaufen zu lassen, schmecken sie sehr gut in Salaten. Die älteren Blätter kann man nur gekocht verwenden. Sie lassen sich auf viele Arten zubereiten.	Der Milchsaft wirkt beruhigend und wurde früher bei Entziehungskuren als Ersatzdroge für Opium verwendet.
Die jungen Blätter der Grundrosette, die vor der Entwicklung des Blütensprosses gesammelt werden, stellen eine gute Salatzutat dar, schmecken aber auch gekocht als Gemüse bestens.	Die älteren Blätter werden zunehmend bitter und müssen deswegen ein bis zweimal abgekocht werden, bevor man sie essen kann.

Oenothera biennis *Oenotheraceae*, Nachtkerzengewächse **Nachtkerze**	Am Strassen- und Waldrand, an Bahndämmen, Böschungen, auf Schutthalden und Brachland (urspr. aus Nordamerika)	Wurzeln und junge Blätter: Herbst bis Frühjahr Blüten: Juli bis September
Prunus padus *Rosaceae*, Rosengewächse **Trauben-Kirsche**	Feuchte Wälder	Juni bis August
Pteridium aquilinum *Polypodiaceae*, Tüpfelblütengewächse **Adlerfarn**	In Wäldern, auf Heiden, Feldern und kieselsäurehaltigen Böden	Wurzelstock: fast ganzjährig Triebe: März bis Mai
Pulmonaria officinalis *Boraginaceae*, Rauhblattgewächse **Lungenkraut**	In kühlen Wäldern und an schattigen und feuchten Orten	Blätter und Blüten: März bis November
Ranunculus ficaria *Ranunculaceae*, Hahnenfussgewächse **Scharbockskraut**	In kühlen Wäldern und Hecken, auf feuchten Feldern	Junge Blätter: März bis Mai
Reynoutria japonica *Polygonaceae*, Knöterichgewächse **Spitzblättriger Knöterich**	Auf Brachland und am Rande von Gewässern (ursprünglich aus Ostasien)	Junge Stengel und Triebe: März bis Mai
Sedum telephium *Crassulaceae*, Dickblattgewächse **Fetthenne**	Auf Felsen, Mauern und in trockenen, lichten Wäldern	Blätter: ganzjährig
Silene inflata *Caryophyllaceae*, Nelkengewächse **Aufgeblasenes Leimkraut**	Am Wegrand, an Böschungen, auf sandigen Böden und Feldern	Junge Triebe: März bis Mai
Stachys silvatica *Lamiaceae*, Lippenblütengewächse **Wald-Ziest**	In Wäldern und Hecken, auf kühlen, trockenen Böden	Junge Triebe und Blätter: April bis Oktober
Vaccinium vitis-idaea *Ericaceae*, Heidekrautgewächse **Preiselbeere**	Im Wald	Früchte: August bis September

Die fleischige Wurzel kann roh oder gekocht gegessen werden, solange der Blütenspross noch nicht ausgebildet ist. Die Blätter werden als Gemüse gekocht, und die gelben Blüten sind eine wahre Zierde für Salate und andere Gerichte.

Wurzel und Blätter brennen oft am Gaumen, sogar noch nachdem sie gekocht wurden. Daher ist es besser, sie in Verbindung mit anderen Gemüsepflanzen zuzubereiten.

Die schwarzen, säuerlich schmeckenden Früchte der Trauben-Kirsche haben kaum Fruchtfleisch und sind adstringierend. In rohem Zustand sind sie kein besonderer Genuss. Man kann aus ihnen aber eine vorzügliche Marmelade kochen.

In der Blütezeit gehört die Trauben-Kirsche zu den schönsten unserer einheimischen Bäume. Sie hätte es verdient, häufiger angepflanzt zu werden.

Früher wurde der gemahlene Wurzelstock mit Mehl vermischt und zum Backen von Brot oder zum Kochen von Brei verwendet. Die kleinen Triebe kann man in Wasser kochen und wie Spargel mit einer Sauce anrichten. In Ostasien sind sie sehr beliebt.

Man sammelt nur die ganz jungen, zarten, kreuzförmigen Triebe, die sich leicht mit den Fingern abbrechen lassen. Später werden sie holzig und sind nicht mehr geniessbar.

Die Blätter des Lungenkrauts schmecken mild wie die des mit ihm nahe verwandten Beinwells. Aus ihnen kann man, insbesondere solange sie jung sind, gute Salate zubereiten. Später sollten sie besser gekocht werden, dann ergeben sie ein zartes Gemüse. Ihre Blüten sind eine schöne Verzierung für Salate.

Das Lungenkraut wirkt reizlindernd. Seit der Antike wurde es als Heilmittel für Erkrankungen der Atemwege verwendet. Die weissen Tupfen der Blätter erinnern ein wenig an Lungenbläschen, woraus man nach der Signaturenlehre seine Heilwirkung sowie seinen Namen ableitete.

Die Blätter sind eine gute Zutat für gemischte Salate. Sie sollten vor der Blütezeit gesammelt werden, denn danach werden sie herb. Zum Verzieren von Salaten kann man einige Blütenköpfchen verwenden.

Das Scharbockskraut galt früher als ein spezifisches Mittel gegen Hämorrhoiden. Nach der Signaturenlehre des Paracelsus leitet sich diese Anwendung aus der leicht geschwollenen Form der Wurzeln ab.

Die Stengel sollte man sammeln, solange sie sich noch weich anfühlen. Die jungen Stengel schmecken ähnlich wie Rhabarber leicht säuerlich und dennoch ein wenig süss. Man kann sie schälen und roh unter Salate mischen oder kurz kochen und Saucen und Süssspeisen aus ihnen zubereiten. Die jungen, beblätterten Triebe sind ebenfalls essbar.

Der Spitzblättrige Knöterich ist in Japan ein beliebtes Gemüse. Dort werden die Blätter während des Wachstums abgedeckt, so dass sie weiss werden. Man macht sie oft in Salz als eine Art Sauerkraut haltbar.

Die saftigen, zarten und fleischigen Blätter sind eine gute Salatzutat. Man sollte aber von jeder Pflanze nur einige wenige Blätter pflücken, um die Pflanze nicht allzu sehr zu schwächen.

Bei Verbrennungen und Verletzungen kann man die Blätter auf die Wunde legen, um die Schmerzen zu lindern und den Heilungsprozess zu fördern. Zuvor aber muss man das feine Häutchen von den Blättern abziehen.

Die ganz jungen Triebe sind zart und knackig und schmecken süsslich wie Erbsen. Sie werden roh oder über Dampf gegart gegessen. Sobald die Stengel entwickelt sind, muss man die Blätter in Wasser abkochen, damit sie etwas milder im Geschmack werden.

Vor der Ausbildung der Pflanzenstengel schmecken die Triebe am besten. Später werden sie bitter und brennen am Gaumen, so dass man den süsslichen Geschmack erst nach einer Weile wieder wahrnehmen kann. Mit ein- bis zweimaligem Abkochen kann man diese unerwünschten Eigenschaften beseitigen.

Die jungen Triebe und Blätter sind eine raffinierte Salatzutat. Durch sie erhalten klare Suppen und Brühen eine besondere Note.

Wenn man den Wald-Ziest zwischen den Fingern zerreibt, verbreitet er einen steinpilzartigen Geruch.

Preiselbeeren schmecken säuerlich und leicht bitter, werden nach dem ersten Frost aber besser im Geschmack. Dann kann man sie auch roh, zum Beispiel in Fruchtsalaten, essen. Man macht aus ihnen köstliche Marmeladen und säuerliche Saucen, die vor allem zu Wildgerichten gereicht werden.

Der Tee aus den Blättern hat eine antiseptische Wirkung auf die Harnwege und senkt den Blutzuckerspiegel.

Bibliografie

Bestimmungsbücher

Binz, A. und Ch. Heitz: Schul- und Excursionsflora für die Schweiz, 18. Auflage, Schwabe, Basel, 1986

Fitter, R. und A., M. Blamey: Pareys Blumenbuch, 2. Auflage, Verlag Paul Parey, Hamburg, 1986

Fritsch, K.: Excursionsflora für Österreich und die ehemals österreichischen Nachbargebiete, Cramer, Lehre, 1973

Garcke, A.: Illustrierte Flora. Deutschland und angrenzende Gebiete. Gefässkryptogamen und Blütenpflanzen, 23. Auflage, Parey, Berlin und Hamburg, 1972

Hess, H., E. Landolt und R. Hirzel: Flora der Schweiz, 3 Bände, 2. Auflage, Birkhäuser, Basel, 1976–1980

Lauber, K. und G. Wagner: Flora Helvetica (mit Bestimmungsschlüssel), Paul Haupt Verlag, Bern, 1996

Oberdorfer, E.: Pflanzensoziologische Excursions Flora, Ulmer Verlag, Stuttgart, 1983

Schauer, T. und C. Caspari: BLV Pflanzenführer in Farbe, 7. Auflage, BLV, München, 1996

Schmeil, O. et al.: Flora von Deutschland und seinen angrenzenden Gebieten, 87. Auflage, Quelle und Meyer, Heidelberg, 1982

Thommen, E.: Taschenatlas der Schweizer Flora, Birkhäuser Verlag, Basel, 1983

Bücher über essbare Wildpflanzen

Bocksch, M. und I. Bott: Gesunde Wildkräuterküche. Bewährte Rezepte mit Kräutern und Früchten, BLV, München, 1984

Cretti, L.: Wilde Beeren und Früchte, Kümmerly + Frey, Bern, 1985

Goossens, S.: Krüter der vier Jahreszeiten. Rezepte für Küche, Keller und Kosmetik, Bastei Lübbe, Wien, 1981

Grau, Jung und Münker: Beeren, Wildgemüse, Heilkräuter, Mosaik Verlag, München, 1983

Graupe, F. und S. Koller: Delikatessen aus Unkräutern. Das Wildpflanzen-Kochbuch, Verlag Orac, Wien, 1992

Heiss, E.: Wildgemüse und Wildfrüchte. Eine wertvolle Ergänzung und Aufwertung unserer heutigen Nahrung, Johann Herp GmbH, München, 1980

Helm, E. M.: Feld-, Wald- und Wiesen-Kochbuch. Erkennen, Sammeln, Zubereiten und Einkochen von Wildgemüsen und Wildfrüchten, Wilhelm Heyne, München, 1978

Klemme, B. und D. Holterman: Delikatessen am Wegesrand, Walter Rau Verlag, Düsseldorf, 1995

Launert, E.: Der Kosmosführer Wildkräuter, Wildsalate, Heilpflanzen, Kräutertees, Beeren, Pilze, Franckh-Kosmos, Stuttgart, 1982

Laux, H. E.: Wildbeeren und Wildfrüchte, Franckh-Kosmos, Stuttgart, 1982

Laux, H. und H. E.: Kochrezepte für Naturfreunde. Wildgemüse, Wildfrüchte, Würzkräuter, Erkennen, Sammeln, Zubereiten, Kosmos/Gesellschaft der Naturfreunde, Stuttgart o. J.

Lichtenstern, H.: Wildgemüse, Wildfrüchte, Hausteepflanzen, Gewürzpflanzen, Goldmann, München, 1972

Marti, O.: Die Natur im Kochtopf. 650 Rezepte aus Oskis Kräuterküche, Ex Libris Verlag, Zürich, 1985

Marti, O.: Ernten ohne zu säen, Ex Libris Verlag, Zürich, 1985

Meuninck, J.: Essbare Wildpflanzen. Outdoor Handbuch 5, Conrad Stein Verlag, Kronshagen, 1992

Pahlow: Wildgemüse Kompass, Gräfe und Unzer-Verlag, München

Prost, G.: Wildfrüchte, Pietsch, Stuttgart, 1986

Quinche, R.: Wildfrüchte, Ott Verlag, Thun, 1973

Quinche, R. und E. Bossard: Wildsalate, Wildgemüse, Ott Verlag, Thun, 1980

Raithelhuber, J.: Arzneikräuter und Wildgemüse, Falken Verlag, Niedernhausen, 1972

Recht, W.: Ernte am Wegrand, Ulmer Verlag, Stuttgart, 1985

Reuss, P.: Kochen mit Wildpflanzen, Heyne Verlag, München, 1995

François Couplan

Dr. François Couplan, Ethnobotaniker, lehrt seit 1975 in den Vereinigten Staaten und seit 1980 in Europa in Praxisseminaren die Nutzanwendung wild wachsender Pflanzen. Er leitet zudem Kurse für ein «sanftes Überlebenstraining», in denen die Teilnehmer das Leben in und mit der Natur hautnah erfahren können. Neben seiner wissenschaftlichen Ausbildung hat François Couplan alle fünf Kontinente bereist, um sein Wissen über Wildpflanzen zu vertiefen. Seine Forschungen haben ihn von Europa bis nach Amerika, Asien, Afrika, in den Nahen Osten und zu den Inseln des Pazifiks geführt, wo er die Beziehung zwischen Mensch und Pflanzenwelt eingehend studierte. Er lebte innerhalb der Gemeinschaft verschiedener Indianerstämme Nordamerikas, deren Traditionen und Gebräuche sein Wissen über Wildpflanzen nachhaltig bereichert haben.

François Couplan ist Autor zahlreicher Pflanzenbücher und schreibt regelmässig für französische, schweizerische und deutsche Zeitschriften. Er ist der Gründer des Institut de Recherches sur les Propriétés de la Flore IRPF (Institut zur Erforschung der Pflanzeneigenschaften) und hat eine neue Form der Landwirtschaft entwickelt, die «natürliche Landwirtschaft», die zum Ziel hat, die Wildpflanzen sozusagen als halbwilde Pflanzen anzubauen. Derzeit erforscht er die Ernährungsgewohnheiten der Menschen in der Altsteinzeit. Des weiteren versucht er auf Tagungen, in Seminaren, Büchern, Veröffentlichungen, Medienberichten und in persönlichen Beratungsgesprächen Gastwirte und Öffentlichkeit vom Wert der in Vergessenheit geratenen Wildpflanzen zu überzeugen. Zu diesem Zweck arbeitet er auch in verschiedenen Ländern mit bekannten Küchenchefs zusammen, so etwa mit Marc Veyrat in Annecy, Jean-Georges Vongerichten in New York und Jean-Marie Dumaine in Sinzig, Deutschland.

Weitere Werke des Autors

Mangez Vos Soucis, Alternatives, Paris 1983

Encyclopédie des plantes comestibles de l'Europe
Vol. 1: Le Régal Végétal, Debard, Paris 1984;

Équilibres Aujourd'hui, Flers 1989 (Neuauflage)
Vol. 2: La Cuisine sauvage, Debard, Paris 1984;

Équilibres Aujourd'hui, Flers 1989 (Neuauflage)
Vol. 3: Les Belles Vénéneuses, Équilibres Aujourd'hui, Flers 1990

Les Plantes Sauvages Comestibles, Guide Point Vert, Hatier, Paris 1985

Retrouvez les Légumes Oubliés, Flammarion-La Maison Rustique, Paris 1986

Vivre en Pleine Nature, Bordas, Paris 1987

Promenades Gastronomiques, Sang de la Terre, Paris 1992

Guide des Plantes Sauvages Comestibles et Toxiques, Delachaux et Niestlé, Lausanne 1994

L'herbier de la Gruyère, L'Aire, Vevey 1994

Saveurs sauvages de la Gruyère, in Zusammenarbeit mit Judith Baumann, L'Aire, Vevey 1994

Le Jardin au Naturel, in Zusammenarbeit mit Françoise Marmy, Bordas, Paris 1995

L'alimentation végétale potentielle de l'homme avant et après la domestication du feu au Paléolithique inférieur et moyen en région méditerranéenne française, Diss., Institut de Paléontologie Humaine, Muséum d'Histoire Naturelle, Paris 1996

L'Herbier gourmand, in Zusammenarbeit mit Marc Veyrat, Hachette, Paris 1997

Verzeichnis der Pflanzen

Nach botanischen Bezeichnungen

Nach deutschen Bezeichnungen

Verzeichnis der Rezepte

Dank

Ich möchte an dieser Stelle allen danken, die mich bei der Verwirklichung meines Buchprojekts unterstützt haben, insbesondere Petra Wucher, die das Projekt von Beginn an begleitet und mein Manuskript übersetzt hat; Urs Hunziker, meinem Verleger, und Monika Schmidhofer, der Lektorin des Verlags, ohne deren Zutun das Buch nicht erschienen wäre, Jean-Marie Dumaine, Restaurantbesitzer und leidenschaftlicher Wildpflanzensammler, von dem ein grosser Teil Rezepte in diesem Buch stammen, und schliesslich meiner Frau Françoise für ihre unermüdliche Unterstützung. Nicht zuletzt geht mein Dank auch an Renate Meier; durch den Artikel, den sie über mich in der Zeitschrift «Raum und Zeit» publizierte, eröffnete sie mir einen Zugang zum deutschsprachigen Raum.